Undine Ruge · Daniel Morat (Hrsg.)

Deutschland *denken*

Undine Ruge · Daniel Morat (Hrsg.)

Deutschland
denken

Beiträge für die
reflektierte Republik

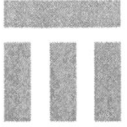

VS VERLAG FÜR SOZIALWISSENSCHAFTEN

VS VERLAG FÜR SOZIALWISSENSCHAFTEN

VS Verlag für Sozialwissenschaften
Entstanden mit Beginn des Jahres 2004 aus den beiden Häusern
Leske+Budrich und Westdeutscher Verlag.
Die breite Basis für sozialwissenschaftliches Publizieren

Bibliografische Information Der Deutschen Bibliothek
Die Deutsche Bibliothek verzeichnet diese Publikation in der Deutschen Nationalbibliografie;
detaillierte bibliografische Daten sind im Internet über <http://dnb.ddb.de> abrufbar.

1. Auflage 2005

Lektorat: Frank Schindler

Der VS Verlag für Sozialwissenschaften ist ein Unternehmen von Springer Science+Business Media.
www.vs-verlag.de

Umschlaggestaltung: KünkelLopka Medienentwicklung, Heidelberg

Gedruckt auf säurefreiem und chlorfrei gebleichtem Papier

ISBN-13: 978-3-531-14604-1   e-ISBN-13: 978-3-322-80729-8
DOI: 10.1007/978-3-322-80729-8

Inhalt

Einleitung

Deutschland *denken*
Plädoyer für die reflektierte Republik

Undine Ruge und Daniel Morat

Deutschland ist in Bewegung geraten. Und das keineswegs erst mit der im März 2003 verkündeten „Agenda 2010" der rot-grünen Bundesregierung. Schon mit der Revolution von 1989/90 hat sich die politische Tektonik Deutschlands wie des gesamten europäischen Kontinents verschoben. Doch erst jetzt, mit 15jähriger Verspätung, scheinen die grundlegenden Veränderungen im öffentlich-politischen wie gesellschaftlichen Bewusstsein anzukommen und damit die Wahrnehmung unserer Gesellschaft zu verändern. Nicht nur die Umbaupläne für die seit Bismarck bestehenden Sozialsysteme sind ein Indiz für diesen Wandel; auch das von Gerhard Schröder verkündete „Ende der Nachkriegszeit" signalisiert ein gewandeltes deutsches Selbst- und Geschichtsbewusstsein.

Die von der Politik adressierten Wandlungsprozesse sind seit dem „Reformherbst 2003" nicht nur von Auseinandersetzungen zwischen den Parteien und von Protesten auf der Straße begleitet worden. Sie haben auch eine vielstimmige Reformdebatte ausgelöst, die in Zeitungen und Zeitschriften, Büchern und Fernsehsendungen ausgetragen wird. Dieser anschwellende Reformgesang ist allerdings nicht nur durch eine einseitige ökonomische „Standort Deutschland"-Ausrichtung geprägt. Er wird auch von der Klage über das angebliche „Versagen" oder „Verstummen" der Intellektuellen begleitet. Tatsächlich hatten viele vor allem altbundesrepublikanische Intellektuelle mit Irritation und Skepsis auf Mauerfall und Wiedervereinigung reagiert, ohne deshalb ihre früheren Annahmen und Urteile über Deutschland zu revidieren oder auch nur nachhaltig zu korrigieren. Während die Alten also nicht viel Neues zu sagen hatten, flüchteten die Jungen, so die Klage, in unpolitische Selbstbespiegelungen *à la* „Generation Golf".

An diesem Punkt setzt das vorliegende Buch ein: Es versteht sich nicht in erster Linie als Generationenbuch, aber es versammelt die Stimmen vornehmlich jüngerer Publizistinnen und Publizisten, Wissenschaftlerinnen und Wissenschaftler der Jahrgänge 1963 bis 1977, die den Vorwurf des Unpolitischen nicht auf sich sitzen lassen und Deutschland fünfzehn Jahre nach der Wiedervereinigung intellektuell neu vermessen wollen. Die Autorinnen und Autoren gehören keiner einzelnen, klar zu benennenden Generation an – aber für alle bildet 1989 einen wesentlichen biographischen und intellektuellen Bezugspunkt. Diese Zäsur hat ihr Bewusstsein dafür geschärft, dass die Wahrnehmung politischer und gesellschaftlicher Problemzusammenhänge tatsächlich etwas mit dem Alter zu tun hat und dass sich jeder Generation je neue Denk- und Handlungsaufgaben für die Zukunft stellen. Zu diesen gehört es zunächst, die Kategorien und Begriffe der überkommenen Debatten und Gesellschaftsbeschreibungen zu überprüfen und sich zu fragen, ob die aktuellen Probleme mit diesen Begriffen noch angemessen erfasst werden können. Im vorliegenden Fall geschieht das für „Deutschland" in doppelter Weise: einerseits im Hinblick auf Deutschland als Republik und republikanisches Gemeinwesen (Kapitel II); andererseits im Hinblick auf die strukturellen Herausforderungen, die sich durch die Folgen der Wiedervereinigung und den demografischen Wandel für den deutschen Sozial- und Parteienstaat sowie durch den internationalen Terrorismus für die westlichen Wohlstandsgesellschaften insgesamt stellen (Kapitel III). Dem voraus geht eine grundsätzliche Reflexion auf die Rolle und Bedeutung intellektueller Tätigkeit selbst, mithin darauf, wie Deutschland im oben genannten Sinn zu *denken* ist (Kapitel I).

Nachdenken über Deutschland

Es gibt in Deutschland eine lange, nicht selten unheilvolle Tradition des Nachdenkens über die eigene Nation und das dubiose „deutsche Wesen". „Wer über Deutschland räsoniert", polemisiert Maxim Biller (2001: 83f.) daher zu Recht, „wer es intellektuell bestimmen und somit auch feiern und konstituieren will, wird jedesmal als Brandstifter und Mörder enden." Nun ist die deutsche Geschichte wahrlich nicht arm an Mördern, und nationalistische Brandstifter hat es auch nach 1989 wieder gegeben. Doch vor allem verweist Biller mit der Behauptung, dass „das Nachdenken und Sprechen über Deutschland" immer schon ein „leeres, aussichtsloses Unterfangen" gewesen sei, auf einen spezifischen Selbstwiderspruch, an dem auch alle seit der Wiedervereinigung periodisch aufflammenden Nationalismus- und Patriotismusdiskussionen kranken: Die deutsche „Normalität" und das „gesunde Nationalbewusstsein" bleiben immer genau so lange aus, wie man darüber schreibt, redet und beides einfordert. Das ist das Grunddilemma aller Aufforderungen zu mehr nationalem Selbstbewusstsein und Vaterlandsliebe. Daher ist alles Reden über vorhandene oder fehlende Liebe zum „Vaterland", über Befindlichkeiten und nationale Stimmungslagen tatsächlich ebenso unfruchtbar und politisch bedenklich, wie die in Deutschland weit verbreitete Neigung zur Nationalpsychologie, die *Jan-Werner Müller* in seinem Beitrag kritisiert. Patriotismus funktioniert, wenn überhaupt, dann nicht als *Pos-*

tulat, sondern nur als gemeinwohlorientierte *Praxis* der gesellschaftlichen „Selbstverbesserung", wie *Paul Nolte* argumentiert.

Maxim Biller hat aber auch Unrecht. Denn über Deutschland und seine umstrittenen Gründungstraditionen nachzudenken, bedeutet nicht zwangsläufig, es auch intellektuell bestimmen und seine Identität festlegen zu wollen. Wenn „Deutschland" nicht – wie in der Tradition des deutschen Kulturnationalismus üblich – als überzeitliche und essentialistisch gedachte Größe bestimmt wird, sondern als je aktuelle Wirklichkeit der Gesellschaft innerhalb der Grenzen des Nationalstaats mit dem Namen „Bundesrepublik Deutschland", dann bedeutet über Deutschland nachzudenken zunächst einmal nichts anderes als Gesellschaftskritik zu betreiben. Die nationalstaatliche Ebene, die trotz überlappender Loyalitäten zur lokalen, regionalen und europäischen Ebene noch immer den zentralen Bezugspunkt für die politische Identität der Bürgerinnen und Bürger und damit der Vergesellschaftung bildet, erweist sich dabei als der primäre Rahmen, in dem konstruktive Kritik als Beitrag zur Gestaltung dieser Gesellschaft stattfinden kann.

Wenn in diesem Buch also über die neue Bundesrepublik nachgedacht wird, dann soll damit kein Beitrag zur grassierenden deutschen Befindlichkeitsdebatte geleistet werden. Die hier verfochtene *reflektierte Republik* versteht sich im Sinne eines *sich seiner selbst bewussten Gemeinwesens* gerade als Gegenentwurf zur „selbstbewussten Nation". Letztere unterliegt mit vollem Recht dem Verdikt Maxim Billers. Als Mitglieder des deutschen Gemeinwesens sind wir zwar auch „Erben" der deutschen Geschichte und stehen in einer spezifisch deutschen Tradition der Selbsterforschung. Ein nicht unerheblicher Teil dieser historischen Hypothek geht aber gerade auf die bisweilen obsessive Beschäftigung mit dem zurück, was „deutsch" ist oder sein soll. Selbst die meisten Kritiker des „deutschen Wesens", die die alte Bundesrepublik erfolgreich vom deutschen Sonderweg abzubringen versuchten, blieben in ihrer Kritik vielfach diesem deutschen Sonderbewusstsein verhaftet. Es ist daher an der Zeit, „Deutschland" einmal ohne Innerlichkeit und tragisches Tremolo und in seinen internationalen Bezügen zu denken.

Die Aufforderung zur Reflexion und damit zur Aufdeckung, Analyse und Überprüfung der Grundlagen unserer Republik stellt somit einen Beitrag zur demokratischen Selbstaufklärung der Gesellschaft dar. In „Deutschland *denken*" liegt der Schwerpunkt auf dem *Denken* eines Gemeinwesens, dem wir als Autorinnen und Autoren angehören und für das wir uns mit verantwortlich fühlen, nämlich (in unserem Fall) des deutschen.

Die Aufgabe der Reflexion

Die Sorge um Deutschland ist also nicht per se unter Nationalismusverdacht zu stellen. Den Verdacht mangelnder Reflektiertheit müssen sich die Krisen- und Reformdebatten der letzten Monate und Jahre allerdings gefallen lassen. Denn der allgegenwärtige Ruf nach Lösungsvorschlägen für die aktuellen Probleme folgt einseitig einem Primat der Praxis. Praxis im vollen Sinn ist aber nie theoriefrei und Theorie nicht unpraktisch. Die produktive Verbindung von Theorie und Praxis, die durch den vorherrschenden Imperativ des Handelns verdeckt wird, wieder sichtbar werden zu lassen, ist die Aufgabe der Reflexion.

Die Beschwörung des deutschen Abstiegs, man möchte fast sagen: Untergangs, ist längst zu einem Dauerbrenner in den öffentlichen Debatten geworden. In der Öffentlichkeit dominieren dabei vor allem Autoren und Politiker, die ökonomisch begründete Niedergangsszenarien des „Standorts" entwerfen und dem „Patienten Deutschland" eine Radikalkur verordnen wollen (Steingart 2004; Sinn 2003). Dabei werden nicht mehr „nur" die wirtschaftlichen, sondern auch die grundlegenden politischen Fundamente der Republik infrage gestellt. Je dramatischer die wirtschaftliche Krise dargestellt wird, umso radikaler fallen die propagierten Reformvorschläge aus, die häufig einen politischen Systemwechsel mit deklarieren. Die Ökonomen gerieren sich als Rundum-Experten; in populistischer Manier wecken sie Erwartungen an eine Politik, die im Handstreich von oben radikale Reformen dekretieren soll, ohne sich im „Klein-Klein" des demokratisch-föderalen Verhandlungsprozesses zu verlieren. Der Ruf nach klarer Entscheidung, Führungsstärke und Einschränkung des Föderalismus, gepaart mit einem klassisch neoliberalen Wirtschaftsprogramm, zeugt nicht nur von einer weit gehenden Unkenntnis des demokratischen Politik- und Regierungsprozesses in Deutschland, sondern offenbart auch einen tief sitzenden Antiparteien- und Antiparlamentarismusaffekt, wie *Frank Decker* in seiner Analyse der deutschen Politikverdrossenheit deutlich macht.

In diesen Forderungen spiegelt sich darüber hinaus ein grundsätzliches Defizit an öffentlicher Reflexion über die gesellschaftlichen Grundlagen und die Bedingungen von Politik in unserer Gesellschaft. Angesichts dieser Situation erscheint eine Neubewertung der Aufgabe von Intellektuellen und der Funktion intellektueller Tätigkeit für die Gesellschaft als dringend erforderlich. Denn mit dem Ende des Ost-West-Konflikts haben sich auch die Voraussetzungen des politischen Engagements von Intellektuellen grundlegend gewandelt.

Unter den Bedingungen der Systemkonkurrenz gab es stets eine Position des Anderen, ein *tertium comparationis*, das es den Intellektuellen des jeweiligen Staates erlaubte, sich in eine grundsätzliche Distanz zu ihrer Umgebung zu setzen und einen vollständigen Systemwechsel wenigstens als Möglichkeits- oder auch als Bedrohungshintergrund ihrer Gesellschaftskritik zu projizieren. Wenn 1989 auch nicht das Ende der Geschichte gebracht hat, so doch das Ende dieser doppelten Vergleichskonstellation und zugleich das Ende der Großtheorien. Der „Sieg" des westlichen Systems von Demokratie und Kapitalismus führte gleichsam zu einer perspektivischen Verflachung des politisch und theoretisch Möglichen, die nicht nur von Ewiggestrigen des linken Lagers bedauert wurde. Im Gegenteil, die neue (scheinbare) Alternativlosigkeit des politischen Alltagsgeschäfts ist in besonderer Weise zu einem Problem der jüngeren Generationen geworden. Während vor allem die Altbundesrepublikaner von den Ressourcen und antrainierten Denkreflexen ihrer intellektuellen Vor-Wende-Biographien und deren ideologischen Grabenkämpfen zehren konnten, schien das Ende des Systemkonflikts gerade auf die politische Phantasie der Jüngeren einen lähmenden Einfluss auszuüben. Da politisches und intellektuelles Engagement, wollte man ernst genommen werden, nicht mehr mit Grundsatzkritik und Maximalforderungen zu betreiben war, haben sich die Jahrgänge ab 1965 vielfach mit politischen Äußerungen zurückgehalten und sich damit den Vorwurf des Unpolitischen zugezogen. Dieser Vorwurf war allerdings noch immer an den vertrauten Protestformen der alten Bundesrepublik orientiert, während die jüngeren Generationen lediglich auf die de facto gewandelten Bedingungen der Politik reagierten, unter denen den Problemen nicht mehr einfach mit der Parole „Phantasie an die Macht" beizukommen war (Mangold 2003).

Diese Situation hat sich mit dem 11. September 2001, der neuen Bedrohung durch den internationalen Terrorismus und der militärischen Antwort der USA erneut geändert; aber auch die innenpolitischen Auseinandersetzungen um die „Agenda 2010", für die „Hartz IV" zur Chiffre geworden ist, führten zu einer Repolitisierung des öffentlichen Bewusstseins. Durch die wachsende Polarisierung der (Welt)Gesellschaft ist der Bedarf an politischen Alternativen erneut gewachsen. In dieser Situation ruft *Juli Zeh* in ihrem Beitrag, in dem sie zunächst den Hang ihrer Generation zur Privatisierung des Politischen beschreibt, ihre Schriftstellerkolleginnen und -kollegen dazu auf, sich wieder öffentlich zu politischen Fragen zu äußern und, wie M. Rainer Lepsius (1990) den Beruf der Intellektuellen beschreibt, Kritik zu üben.

Die zentrale Funktion dieser intellektuellen Kritik besteht darin, das Gegebene nicht einfach als solches zu akzeptieren, sondern auf seine Hergestelltheit hinzuweisen und dadurch das Bewusstsein für Alternativen zu schaffen. Es geht um die Rückgewinnung eines *tertium comparationis*, nicht mehr notwendigerweise als Systemalternative, sondern als Eröffnung eines Möglichkeitsraums innerhalb des demokratischen Systems. Dies gelingt nur durch die Einnahme einer Position der Distanz.

Diese Distanz bedeutet nicht Praxisferne; und intellektuelles Engagement kann sich darin nicht erschöpfen. Letzteres hat auch Heinz Bude betont, der mit seiner Ende der 1990er Jahre ausgerufenen „Generation Berlin" eine neue intellektuelle Haltung zugleich gefordert und konstatiert hat, die durch das Ende des Systemgegensatzes 1989/90 notwendig geworden sei und sich von der Haltung der Kritik – wie sie die 68er einnahmen – unterscheide. Der neue Typus des „unternehmerischen Intellektuellen" habe die komfortable Position der distanzierten Beobachtung verlassen und verfolge stattdessen „intellektuelle Strategien der Definition in experimenteller Absicht" (Bude 2001: 39). Aber Budes Begriff der Definition ist missverständlich, denn es geht nicht um Festlegung, also Schließung von Alternativen, sondern um Öffnung. Der Schwerpunkt muss auf dem von ihm genannten experimentellen Charakter der intellektuellen Definitionen liegen, die sich der Wirklichkeitserprobung stellen. Dabei besteht die Aufgabe der Intellektuellen aber gerade nicht in der für jede Praxis notwendigen Komplexitätsreduktion. Intellektuelle sollten zunächst Komplexität herstellen, indem sie es sich zur Aufgabe machen, „potenzielle Alternativen und Gegenmodelle zu den je institutionalisierten Weltdeutungen und Praxisformen zu produzieren" (Gumbrecht 2002: 144). Erst diese Komplexität macht es möglich, die Wirklichkeit in ihren Widersprüchen und Möglichkeiten zu erfassen, um ihr angemessene Lösungsvorschläge entwickeln zu können – auch wenn dieses Buch nicht für sich in Anspruch nimmt, konkrete Reformvorschläge zu präsentieren.

In diesem Sinn lässt sich statt von Kritik oder Definition von der intellektuellen Aufgabe der Reflexion sprechen. Denn Reflexion besagt zunächst nichts anderes als das erneute Umwenden und Betrachten einer Sache, wodurch diese in neuem Licht und somit in ihren zuvor unentdeckten Möglichkeitsdimensionen erscheint. Spricht man in dieser Weise von Reflexion, geraten auch die Sozial- und Kulturwissenschaften stärker in den Blick. Denn diese eröffnen, wie *Robin Celikates* in seinem Beitrag darlegt, durch die „Offenlegung der Umstrittenheit und Konflikthaftigkeit der sozialen Realität und ihrer Deutungen" genau den oben genannten Möglichkeitssinn sozialer Akteure. Indem sie verdeutlichen, dass es keine ungedeutete Wirklichkeit, keine objektive Wirklichkeitsbeobachtung und daher auch keine soziale Praxis ohne theoretische Vorannahmen gibt, erlauben sie es, die in den vorgefundenen Praktiken impliziten Wirklichkeitsdeutungen offen zu legen und dadurch kritisierbar zu machen. Darin liegt ihre politische Funktion.

Kultur- und Sozialwissenschaftler haben also eine spezifische Expertise, die nicht nur ihren Disziplinen eine gesellschaftliche Bedeutung verschafft, sondern sie auch für die Rolle öffentlich agierender Intellektueller prädestiniert: Sie sind Virtuosen der Aufdeckung von Strukturen sozialer Wirklichkeit und von im gesellschaftlichen Handeln vielfach unbewusst enthaltenen Normen und Deutungen. Dies gilt auch für Historiker, die ihre Disziplin nicht länger als nationalpolitische Legitimationswissenschaft, sondern als historische Kulturwissenschaft verstehen. *Habbo Knoch* plädiert in seinem Beitrag daher für eine Neubestimmung der öffentlichen Aufgabe der Geschichtswissenschaft. Denn auch wenn diese seit ihrer akademischen Etablierung im 19. Jahrhundert stets ein öffentliches Mandat ausübte, steht mit der aktuellen Rückkehr des Politischen eine Neubewertung des geschichtswissenschaftlichen Gegenwartshorizonts an – nicht nur wegen der veränderten deutschen Geschichts- und Erinnerungskultur, sondern auch wegen der gegenwärtigen Globalisierung des historischen Bewusstseins und der politischen Moral.

Auch eine gegenwartsbezogene Geschichtswissenschaft kann also zur gesellschaftskritischen Reflexion beitragen und etwa durch den Aufweis der historischen Kontingenz des Gewordenen die Eröffnung des oben genannten Möglichkeitshorizonts befördern. Dabei ist in erster Linie danach zu fragen, inwieweit die historisch gewachsenen, vielfach aber verdeckten Annahmen und Wahrnehmungen, die den gegenwärtigen Reformen und Debatten bewusst oder unbewusst zugrunde liegen, überhaupt noch tragfähig und den Problemen angemessen sind. Gleiches gilt für die dabei verwendete Sprache, welche die stattfindenden Gesellschaftsveränderungen vielfach noch nicht auf den Begriff zu bringen vermag. Darin verbirgt sich wiederum ein generationelles Problem. Denn unsere (auch analytische) Sprache ist ebenso wie unsere Wirklichkeitswahrnehmung biographisch erworben und wurde in den Jahren der intellektuellen Bildung geprägt. Deshalb bedarf es immer wieder einer reflektierten Erneuerung des begrifflichen und analytischen Apparats, die notwendigerweise zur Aufgabe der je nachwachsenden Generation wird. Diese Erneuerung erfolgt allerdings nicht kontinuierlich, sondern ist vielfach an historische Ereignisse gebunden, die ihrerseits Momente historischer Ungleichzeitigkeit und Verzögerung produzieren. Dies zeigt sich wiederum an der Revolution von 1989.

Die Republik als Projekt

„Die nachholende Revolution wirft kein neues Licht auf unsere *alten* Probleme", schrieb Jürgen Habermas angesichts des Herbstes 1989, wie *Alexander Cammann* in seinem Beitrag zitiert. Darin kommt deutlich der Unwille der alten Bundesrepublikaner zum Ausdruck, sich auf die *neuen* Probleme der vereinigten Republik einzulassen. Zugleich wird hier eine mangelnde Distanz deutlich, die sich bis heute noch immer nicht eingestellt zu haben scheint: Viele Intellektuelle sind in den Problemstellungen und ideologischen Gräben der alten Bundesrepu-

blik stecken geblieben, ohne die mit der friedlichen Revolution und der Wiedervereinigung grundsätzlich veränderte Konstellation wahrnehmen zu können, mit
der sich auch der Anspruch an Gesellschaftskritik gewandelt hat.

In der Spaltung der Lebensverhältnisse zwischen Ost und West verberge
sich, so Heinz Bude (2001: 78), auch eine „Spaltung der Interpretationsverhältnisse". Die berühmte „Mauer in den Köpfen" scheint auch nach fünfzehn Jahren
nicht verschwunden. Die Frage ist nur, wen diese Mauer trennt, zwischen wem
also die Interpretationsverhältnisse gespalten sind: Vielleicht verläuft sie immer
weniger zwischen Ost und West, sondern zunehmend auch zwischen den Generationen. Denn es gibt durchaus eine junge Generation in West- und Ostdeutschland, die durch die Ereignisse von 1989/90 nachhaltig geprägt wurde und für die
sich daher neue gemeinsame Zukunftaufgaben stellen. In ihrer Eigenschaft als
ideelle Ressource für die gesellschaftliche Vergemeinschaftung in der „Berliner
Republik" ist die (Gründungs)Revolution von 1989 aber erst noch (wieder) zu
entdecken, wie *Alexander Cammann* argumentiert.

Dass vor dieser Generation gemeinsame Zukunftaufgaben stehen, bedeutet
allerdings nicht, dass sie automatisch gemeinsame Wirklichkeitsdeutungen, politische Positionen oder gar Lösungsvorschläge vertritt. Die Ansichten über die
zukünftig zu gestaltende Republik können auseinander gehen; dies zeigt sich
nicht zuletzt an den Beiträgen dieses Buchs. Allen hier versammelten jüngeren
Autorinnen und Autoren eint aber erstens das Bewusstsein, dass es diese Republik als ein gemeinsames Projekt zu gestalten gilt, und zweitens, dass es zur
praktischen Durchführung eines solchen Projekts der Reflexion und des produktiven Streits über alternative Ideen und theoretische Modelle bedarf. Denn die
oben formulierte Einsicht, dass es keine ungedeutete Wirklichkeit gibt, legt offen, dass auch der gesellschaftliche Zusammenhalt nicht naturgegeben ist, sondern gestiftet werden muss. Hierbei gibt es Modelle, die diese Stiftung verschleiern, und solche, die sie reflexiv offen legen.

Paul Nolte argumentiert, dass der Projektcharakter des Gemeinwesens eine
Haltung der kontinuierlichen „Selbstverbesserung" erfordert, eine Form des
wohlverstandenen Patriotismus als bürgerschaftliches Engagement für das freie
Leben. Ein solcher freiheitlicher Patriotismus kann gleichzeitig als neuer Republikanismus verstanden werden. Denn für eine republikanische Politik resul-
tieren die normativen Quellen des öffentlichen Lebens aus dem demokratischen
Prozess kritischer Selbstrevision (Richter 2004). Während *Nolte* zur Begründung
eines solchen neuen Republikanismus auch auf amerikanische Vorstellungen wie
Richard Rortys (1998) Idee des „Achieving Our Country" zurückgreift, vergleicht *Jan-Werner Müller* in seinem Beitrag britische, französische und deutsche Modelle politischer Solidaritätsbegründung und plädiert schließlich für
einen erneuerten Verfassungspatriotismus bundesdeutscher Provenienz, der so-

wohl der „Berliner Republik" als auch dem vergemeinschafteten Europa als liberale Leitkultur dienen könnte. Auf Theorieangebote aus der alten Bundesrepublik greift auch *Jens Hacke* zurück, der die intellektuelle Fundierung der westdeutschen Demokratie durch die politische Philosophie des Liberalkonservatismus in Erinnerung ruft und für dessen skeptische Haltung des Pragmatismus und des *Common sense* gerade in Zeiten der (angeblichen) Krise wirbt. Der Liberalkonservatismus als „Nicht-Krisentheorie" (Odo Marquard) erlaubt eine realistische Besinnung auf die Stärken des eigenen Gemeinwesens womöglich leichter als die Radikalkuren der Untergangsrhetoriker.

Die Beiträge von *Müller*, *Nolte* und *Hacke* machen also einerseits deutlich, dass die Suche nach den ideellen Fundamenten des Gemeinwesens nicht national beschränkt sein muss und vor allem nicht durch den starren Blick auf die „deutsche Nation" zu lösen ist. Andererseits verweisen sie auf verschiedene deutsche Traditionen von Verfassungspatriotismus bis Liberalkonservatismus, die der theoretischen Fundierung der „Berliner Republik" dienen könnten. *Alexander Cammann* zeigt, dass wir dafür auch die ideellen Ressourcen der friedlichen Revolution von 1989 nutzen sollten.

Die fortdauernde Skepsis gegen sich als genuin deutsch ausgebende Traditionen ist gleichwohl ein begründetes Erbe der nationalsozialistischen Diktatur, mit dem sich auseinander zu setzen auch eine Aufgabe der „Berliner Republik" bleibt. Dass die (west)deutsche Erinnerungs- und Geschichtspolitik sich in ihrer eigenen Geschichte aber in Aporien und Blindstellen ganz eigener Art hineinmanövriert hat und dass auch hier in vielem eine Überprüfung der impliziten Annahmen und vermeintlichen Gewissheiten notwendig ist, verdeutlicht *Uffa Jensen* in seinem Beitrag. Indem *Jensen* an die hinter die nationalsozialistischen Verbrechen zurückreichende Geschichte der jüdischen Integration im 19. Jahrhundert erinnert, zeigt er gleichzeitig die Verbindungslinien zwischen der aktuellen Integrationsdebatte und der Holocaust-Erinnerung auf und legt wiederkehrende gesellschaftliche Exklusionsmechanismen offen, die mit jeder Nationsstiftung einher gehen und sich auch heute reproduzieren.

Alte und neue Herausforderungen

Wenn die (gesamtdeutsche) Republik als gemeinsames Zukunftsprojekt erkannt ist, dann stellt sich zugleich die Frage, welches die zentralen sozialen und politischen Herausforderungen sind, die unser Gemeinwesen in den nächsten Jahren und Jahrzehnten prägen werden und auf die es geeignete Reaktionsmuster entwickeln muss.

Grundsätzlich ist Deutschland denselben Tendenzen ausgesetzt, die auch die anderen europäischen Staaten betreffen: Das eigenartige, ja paradoxe Zusammenwirken von De- und Transnationalisierungsentwicklungen einerseits (globalisierte Wirtschaft, Europäische Union, Regionalismus etc.) und einer Renaissance klassisch nationalstaatlicher Zuständigkeiten andererseits (Schutz der Bürgerinnen und Bürger vor Terrorismus und Naturkatastrophen, Einhegung des globalen Kapitalismus, Ausgleich von gesellschaftlichen Ungleichheiten etc.). Mit diesen Entwicklungen fällt die Wiedergewinnung nationaler Souveränität zusammen, durch die sich das politische Handeln Deutschlands im Innern wie nach Außen in dem Maße neu gestaltet hat, wie sich das internationale System durch neue Kriege und neue Unübersichtlichkeit grundlegend veränderte. Die Kommunikationsrevolution hat dazu beigetragen, dass sich eine internationale Medienöffentlichkeit entwickelt hat, mit deren Wirkungen der internationale Terrorismus ebenso kalkuliert wie die Entwicklungs- und Katastrophenhilfe, da sich weltweite Empathie – Schrecken wie Mitleid und Solidarität – über entsprechende Fernsehbilder herstellen lässt.

Wird die Handlungsfähigkeit nationaler Regierungen generell eingeengt, so kommen im deutschen Fall spezifische Hindernisse für die Gestaltungsmacht der Regierung hinzu: durch das seit 1989/90 veränderte Parteiensystem wie durch die strukturellen Blockaden des Föderalismus. Dass die dadurch entstehende Politikverdrossenheit nicht durch Dezisionismus und Wettbewerb aufzulösen ist, sondern im Gegenteil nur durch mehr Konsens, führt *Frank Decker* in seinem Beitrag aus.

Zu den vielen grundlegenden Veränderungen, in denen Deutschland begriffen ist, gehört auch der Abschied vom Sozialstaat alter, also Bismarckscher Prägung – den vor allem der demografische Wandel, aber auch Überlegungen der gerechten Gesellschaftsgestaltung notwendig machen. *Elisabeth Niejahr* macht deutlich, dass die Politik dafür ein neues, integriertes Konzept von Sozialpolitik entwickeln muss, das Bildung als primäre Aufgabe begreift und die notwendigen Reformen der Sozialversicherungssysteme mit einer zielgerichteten Familienpolitik und neuen Wegen der Finanzierung kombiniert.

Hinzu kommt der von vielen Beobachtern postulierte und mit vielen Ungleichzeitigkeiten einhergehende Übergang von der modernen Industriegesellschaft zu einer postmodernen Wissensökonomie, der die Nationalstaaten vor gravierende Herausforderungen stellt. Die Erkenntnis dieses historischen Wandels führt auch zur Erkenntnis des Niedergangs bestimmter historischer Formationen, der neue Verlierer innerhalb der nationalen Gesellschaften wie innerhalb der Europäischen Union produziert. Es entstehen beim Wandel der Arbeitsgesellschaft „Räume der funktionalen Irrelevanz", wie *Tobias Dürr* in seinem Beitrag schreibt, die Menschen ausschließen und zu „Überflüssigen" werden lassen.

Dürr argumentiert, dass die Politik diese Entwicklungen zur Kenntnis nehmen und darauf mit neuem Realismus reagieren muss. Mit den Mitteln der dicht beschreibenden Reportage zeigt er, dass Reflexion nicht reine Abstraktion bedeuten muss, sondern nah an den Menschen ihren Ausgang nehmen kann: Sein Porträt der Arbeitslosen von Senftenberg und ihres Protests gegen die Arbeitsmarktreformen im Sommer 2004 macht deutlich, dass ihre Revolte scheiterte, weil sie weder sprachmächtige Anführer noch zur neuen Gegenwart passende, zukunftsträchtige Begriffe besaßen.

Die letzten drei Beiträge des Buchs thematisieren in unterschiedlicher Form die Folgen der neuen Herausforderung des international agierenden Terrorismus, wie sie sich seit den Anschlägen vom 11. September 2001 und in den Antworten der westlichen Gesellschaften gezeigt haben. *Karsten Fischer* erläutert in seinem Beitrag die Entstehung und Struktur des neuartigen „Dschihadismus" und macht deutlich, dass dieser weder direkt aus dem Islam hervorgeht noch ein Aufbegehren der unterdrückten arabischen Welt darstellt, sondern als „Provokationsterrorismus" ein ganz und gar modernes Elitenprojekt ist, das in vielem auf westliche Formen des antimodernen Fundamentalismus zurückgeht. Die zentrale Herausforderung für die demokratischen Wohlstandsgesellschaften, so *Fischer*, besteht darin, sich der ihnen von den Terroristen aufgezwungenen Radikalisierung zu verweigern.

Diese Herausforderung besteht nicht nur im Außen-, sondern auch im Innenverhältnis der demokratischen Gesellschaften. *Hilal Sezgin* schildert in ihrem Beitrag Formen der Ausgrenzung und der Festlegung auf religiöse Bekenntnisse, mit denen deutsche Muslime seit dem 11. September verstärkt konfrontiert werden. Die Suche nach dem „wahren" Islam wird durch (internationale) fundamentalistische Fanatiker einerseits und durch die mehr oder weniger wohlmeinende christliche Mehrheitsgesellschaft andererseits zu einer Anforderung an die in Deutschland lebenden Muslime, der sie sich kaum entziehen können, ohne in Rechtfertigungszwang zu geraten. *Sezgin* verdeutlicht dadurch auch, wie schlecht die teilsäkularisierten Gesellschaften auf die gegenwärtige Rückkehr der Religion vorbereitet sind und wie häufig unreflektierte Vorannahmen und Denkmuster den Blick auf das Gegenüber verstellen.

Albrecht von Lucke erkennt in der Todeslogik der Terroristen, vor allem aber in der „Radikalisierung im Denken des Angegriffenen" Zeichen einer allgemeinen Rückkehr des Freund-Feind-Denkens in die Politik. Er macht zugleich deutlich, wie sehr die „Berliner Republik" bereits in Gefahr steht, von dieser Wiederkehr geprägt zu werden und damit die in der alten Bundesrepublik erreichte „Entfeindung" der Politik aufzugeben. Die von *von Lucke* konstatierte Polarisierung der Weltverhältnisse und der wechselseitigen Feinderklärungen stellt dabei in erster Linie einen Sieg der *terribles simplificateurs* dar.

In dieser Situation erhält die Aufgabe der Reflexion eine neue Virulenz. Es ist an ihr, die binäre Logik des Freund-Feind-Denkens zu unterwandern und gegenüber dem Schwarz-Weiß des „Wer nicht für uns ist, ist gegen uns" die Rettung der Graustufen und der Differenzierungen zu unternehmen. Hier sind die Intellektuellen als „Verkomplizierer" und als Katalysatoren von Komplexität in besonderer Weise gefragt. Nur durch die Wiedereinführung von Differenzierungen in die Politik kann die Freiheit in der demokratischen Auseinandersetzung bewahrt und verteidigt werden. Nur in der *reflektierten Republik* bleibt das Gemeinwesen als offenes Projekt erkennbar. Dafür bedarf es gleichermaßen des intellektuellen wie des bürgerschaftlichen Engagements.

Literatur

Biller, Maxim (2001), *Deutschbuch*, München.

Bude, Heinz (2001), *Generation Berlin*, Berlin.

Gumbrecht, Hans Ulrich (2002), „Riskantes Denken. Intellektuelle als Katalysatoren von Komplexität", in: Uwe Justus Wenzel (Hg.), *Der kritische Blick. Über intellektuelle Tätigkeiten und Tugenden*, Frankfurt a. M., S. 140-147.

Lepsius, M. Rainer (1990), „Kritik als Beruf. Zur Soziologie der Intellektuellen", in: ders., *Interessen, Ideen und Institutionen*, Opladen, S. 270-285.

Mangold, Ijoma (2003), „Graue Mäuse und abenteuerliche Herzen. Eine Selbstbefragung zur Politik der Zukunft", in: *Kursbuch*, Nr. 154, S. 86-97.

Nolte, Paul (2004), *Generation Reform. Jenseits der blockierten Republik*, München.

Richter, Emanuel (2004), *Republikanische Politik. Demokratische Öffentlichkeit und politische Moralität*, Reinbek bei Hamburg.

Rorty, Richard (1998), *Achieving Our Country: Leftist Thought in Twentieth-Century America*, Cambridge, Mass.

Sinn, Hans-Werner (2003), *Ist Deutschland noch zu retten?*, München.

Steingart, Gabor (2004), *Deutschland. Der Abstieg eines Superstars*, München/Zürich.

Kritik *denken*

Auf den Barrikaden oder hinter dem Berg
Die jungen Schriftsteller und die Politik*

Juli Zeh

Im Jahr 2003 erhielt ich den Ernst-Toller-Preis der Stadt Neuburg an der Donau für politisches Engagement in der Literatur. In meiner Dankesrede am 31. Januar 2004 zeichnete ich das fiktive Szenario einer Jurysitzung, in der man sich anschickt, einen politischen Preis an einen lebenden Autor zu verleihen. Das sah in etwa so aus:

Der Vorsitzende spricht ein paar einleitende Worte – „Ich freue mich sehr, dass wir auch dieses Jahr wieder (...) Wir sind hier zusammengekommen, um (...) Mit vereinten Kräften werden wir (...)" – und wendet sich dann an die Juroren:
„Liebe Freunde, wir kommen zu Ihren Vorschlägen. Bitte nennen Sie reihum die Namen Ihrer Kandidaten. Aber denken Sie daran: Jeder nicht mehr als drei."
Dumpfes Schweigen; Blättern in mitgebrachten Unterlagen.
„Ich bitte Sie, meine Damen und Herren. Ihre Favoriten."
Schließlich räuspert sich jemand: „Von Jahr zu Jahr wird es schwieriger, uns gehen die politischen Schriftsteller aus!"
Ein anderer ruft dazwischen: „Die sind uns schon vor zwanzig Jahren ausgegangen!"
Darauf der Vorsitzende, streng: „Bewahren Sie Haltung! Schriftsteller sind nicht wie Mehl oder Butter, die einem ausgehen können."
„Doch!", schreit die Erste.
„Nein!", schreit der Zweite.
„Politische Schriftsteller schon", meint ein Dritter.
„Ich schlage vor...", meldet sich eine ruhige Stimme.
„Ja, schlagen Sie etwas vor!" rufen die anderen.
„Ich schlage vor, dass der Vorsitzende zuerst seine Kandidaten nennt."

---

* *Anmerkung der Herausgeber:* Dieser Text geht auf eine Rede zurück, die Juli Zeh anlässlich der Verleihung des Ernst-Toller-Preises am 31. Januar 2004 in Neuburg an der Donau gehalten hat. Am 14. März 2004 erschien unter dem Titel „Wir trauen uns nicht" eine gekürzte Fassung der Rede in der *Zeit*, die eine Diskussion in den Feuilletons auslöste. Für „Deutschland *denken*" hat Juli Zeh ihre Rede im Lichte der kritischen Reaktionen noch einmal überarbeitet.

Zustimmendes Murmeln und Nicken. Der Vorsitzende wird rot.

„Günter Grass", sagt er schließlich.

Gelächter von links, verächtliches Schnauben von rechts.

„Der hat den Preis schon", sagt jemand spöttisch. „Und wenn nicht, wird trotzdem jeder glauben, er hätte ihn bereits."

„In dem Fall", meint der Vorsitzende, „finden wir schnell jemand anderen. Vielleicht aus dem Osten, drüben waren sie doch immer politisch. Wie wär's mit – Christa Wolf?"

„Hat in ihrem Leben schon 186 Literaturpreise erhalten. Reicht das nicht?"

„Heiner Müller!" ruft ein anderer begeistert.

„Ist tot", murmelt der Vorsitzende.

„Also doch", seufzt die Frau mit dem ausgehenden Schriftstellerkontingent.

„Warum nicht jemand Jüngeres?" sagt der mit der ruhigen Stimme. „Sollten wir nicht die frischen Kräfte ehren, die angetreten sind, um unser Land zu verändern? Junge Menschen, die sich etwas in den Kopf setzen und dafür kämpfen? Die ihre Utopien leben? Deren Postanschrift mit ‚Auf den Barrikaden' angegeben werden müsste?"

Betretenes Schweigen. Niemand blättert.

„Herr Wichmann von der CDU", sagt einer.

„Der schreibt nicht", flüstert ein anderer.

Im Publikum wurde gelacht, es lachten auch die Juroren, selbst wenn Ähnlichkeiten mit der Wirklichkeit natürlich höchstens zufällig vorhanden waren.

Aber im Ernst: Längst ist es ein Standardvorwurf, fast schon ein Stereotyp geworden, dass wir, die schreibende Zunft und vor allem die Jüngeren unter uns, im schlimmsten Sinne unpolitisch seien.

Wir halten keine Parteibücher. Wir benutzen unsere Texte nicht als Träger politischer Inhalte. Ob wir wählen gehen und was, wissen bestenfalls unsere engsten Freunde. In einer Rede wie der von mir gehaltenen rufen wir nicht aus: Nieder mit Schröder! Oder: Tötet George Bush! Oder: Stoppt die Steuerreform! Falls wir eine Meinung haben, teilen wir sie höchstens in aller Bescheidenheit mit, am liebsten am Wohnzimmertisch und unter kostenfreier Mitlieferung sämtlicher Gegenpositionen.

Ich kenne viele Autoren, die von ihren eigenen Texten oder sogar von der Literatur an sich sagen, sie sei geradezu verpflichtet zu politischer Abstinenz; Kunst und Künstler dürften sich nicht in den Dienst überindividueller Zwecke stellen. Über solche abstrakten Fragen ist in der Vergangenheit zu Genüge gestritten worden. Einigermaßen neu scheint mir der Umstand zu sein, dass die zeitgenössische Abkehr der Literatur vom Politischen keinesfalls einem ästhetischen Konzept entspringt. Sie hat nichts mit *l'art pour l'art* zu tun. Sie entspringt auch keinem politischen Konzept. Sie ist – einfach da. Eine Selbstverständlichkeit, zu der es keine Alternative zu geben scheint.

Natürlich ist dies kein flächendeckendes Phänomen, denn sozio-kulturelle Phänomene sind niemals flächendeckend. Es geht um Trends und Häufigkeiten. Während in der viel beleuchteten Generation der '68er politisches Schreiben nicht nur zum guten Ton gehörte, sondern fast schon obligatorisch war, und im ostdeutschen Teil unseres Landes auch in den nachfolgenden Jahrzehnten eine Auseinandersetzung mit dem politischen System aus nachvollziehbaren Gründen einen festen Stellenwert innerhalb des literarischen Tagesgeschäfts inne hatte, scheint für die Jungen und Jüngsten unter uns, gleich ob Fräulein oder Wunder, der Politik etwas Anrüchiges, ja Altbackenes anzuhaften.

In ihrer Erwiderung zu dieser Behauptung wies Tanja Dückers in einem Artikel in der *Süddeutschen Zeitung* (vom 24. März 2004) darauf hin, dass in den Werken vieler zeitgenössischer Autoren durchaus eine Auseinandersetzung mit politischen Fragen zu finden sei. Als Beispiele nennt sie unter anderem Kathrin Röggla, Ingo Schulze und Thomas Meinecke, in deren Werken ich das Politische nur mit Mühe aufspüren kann, sowie Günter Grass, Christa Wolf und Walter Kempowski, die aus meiner Sicht nicht zu den jüngeren Autoren zählen, und schließlich Marcel Beyer und Lena Kugler, die sich in „Flughunde" bzw. „Wie viele Züge" einer Auseinandersetzung mit der NS-Zeit gewidmet haben. Abgesehen davon, dass sich den aufgezählten Beispielen eine ellenlange Liste von mir bekannten Neuerscheinungen aus den letzten zwei Jahren entgegenhalten ließe, in denen es in bekannter Manier vor allem um Privates, um Liebes-, Hass- und Familiengeschichten geht, die nur von der Psychologie der Figuren regiert werden, nicht aber von einem zeitgeschichtlichen, gesellschaftlichen und somit politischen Zusammenhang, fällt an den von Tanja Dückers erwähnten Werken auf, dass die dort stattfindende Beschäftigung mit politischen Fragen aus historisierender Sicht erfolgt, also im Rückblick beispielsweise die nationalsozialistische Zeit oder die ostdeutsche Vergangenheit beleuchtet, während Stellungnahmen zu wirklich aktuellen Themen, die einen Schriftsteller aufgrund gegenwärtiger, emotionaler politischer Bewegung zur Feder greifen lassen könnten, eher unterbleiben. Auch Tanja Dückers kommt letztlich zu dem Schluss: „Alle literarischen Werke nehmen Abstand von der Analyse der Gegenwart." Das ist es, was ich meine.

Eine solche Beobachtung darf nicht als Kritik, schon gar nicht als Literaturkritik an den genannten Werken verstanden werden. Es gibt immer „solche und solche" – Autoren, die sich politisch betätigen wollen, und solche, die davon Abstand nehmen. Wenn sich aber die überwiegende Mehrheit einer Schriftstellergeneration die letztgenannte Haltung zulegt, kommt dem eine gewisse Auffälligkeit zu, deren Hintergründe Beachtung verdienen.

Nun will ich keineswegs ins Klagelied von der Politikverdrossenheit einstim-
men. Meines Erachtens beruht dieses Phänomen allein auf einem terminologi-
schen Missverständnis: Gemeint ist in Wahrheit gar nicht die Politik-, sondern
die Parteienverdrossenheit. Die Angehörigen meiner Generation sind echte Ein-
zelgänger; sie mögen sich nicht mit einer Gruppe identifizieren. Wenn einer
schon Schwierigkeiten hat, eine Familie zu gründen – wie soll er dann einer
Partei beitreten? Wer sich heute als Teil einer Bewegung versteht, gerät schnell
in den Verdacht eines Mangels an individueller Persönlichkeit und eines reich-
lich uncoolen, wenn nicht gar gefährlichen Herdentriebs. Man mag in Deutschland keine Uniformen mehr, weder stoffliche noch geistige. Dass diese Abnei-
gung in einem Land, dessen Bevölkerung traditionell zu Übertreibungen neigt,
schnell zum fanatischen Antikollektivismus mutiert, vermag nicht einmal sonderlich zu überraschen. Eine Folge daraus ist leider die Unfähigkeit, legitime
Interessen gemeinsam durchzusetzen und auf diese Weise am demokratischen
Leben teilzunehmen. In der Demokratie zählt die Mehrheit, und die Mehrheit ist
nun mal in gewissem Sinn eine Gruppe.

Ein Schriftsteller muss aber, um politisch zu sein, nicht nur *keiner* Partei
angehören; er muss nicht einmal politische Literatur schreiben. Er kann Schriftsteller und politischer Denker in Personalunion sein, ohne dass das eine Mittel
zum Zweck des anderen würde. Was wäre von ihm überhaupt zu erwarten? Er
müsste zu bestimmten politischen Themen eine Meinung entwickeln und diese
von Zeit zu Zeit öffentlich kundtun. Mehr als jeder andere hat er die Chance,
politisch zu agieren und trotzdem seine Herdenphobie zu pflegen. Lässt man nun
die lebende Schriftstellergeneration vor dem geistigen Auge vorbeiziehen, wird
man sich in den meisten Fällen ergebnislos fragen: War X für oder gegen den
Irakkrieg? Was meint Y zum Reformstau? Wie steht es nach Z's Meinung um
die Fortentwicklung der Demokratie?

Befragt man X, Y und Z in der Kneipe bei Bier und Wein, werden sie mit
großer Wahrscheinlichkeit zu allen diesen Fragen etwas sagen können. Fragt
man sie weiter: „Warum schreibt ihr das nicht auf, wie es eurer Profession entspricht?", werden sie Unklares murmeln. Das bringt doch nichts. Das ist nicht
mein Job. Ich trenne Politik und Literatur, ich will mich vor keinen Karren span-
nen lassen.

Man hat, unendlich paradox, die Politik zur Privatsache erklärt.

Dafür gibt es einen Grund: Die öffentliche Meinung hat die Schriftsteller
aus dem Dienstverhältnis entlassen, und letztere haben nicht einmal versucht,
Kündigungsschutzklage dagegen zu erheben. Wenn heutzutage ein Bedarf nach
Meinung entsteht, fragt man einen Spezialisten. In schlimmen Bedarfsfällen
gründet man eine Kommission. Es gibt Balkanspezialisten, Irakspezialisten,
Steuer-, Ethik- und Jugendspezialisten, Spezialisten für Demokratie oder Men-

schenrechtsfragen, und es gibt fast ebenso viele Kommissionen. Die Schriftsteller haben sofort eingesehen, dass sie weder Spezialisten, noch eine Kommission sind. Sie sind Experten für Alles und Nichts, für sich selbst, für Gott und die Welt.

Die moderne Menschheit unterliegt einem fatalen Irrtum, wenn sie vergisst, dass Politik etwas ist, das, im Guten wie im Bösen, von Menschen für Menschen gemacht wird, und nicht etwa eine Wissenschaft, die nur in den Laboratorien der globalen Wirtschaft und des internationalen Verbrechens erforscht und verstanden wird. Um politisch zu sein, braucht man keine Partei; und man braucht vor allem kein staatlich anerkanntes Expertentum. Vielmehr braucht man zweierlei: Gesunden Menschenverstand und ein Herz im Leib. Wem diese Betrachtungsweise naiv erscheint, der hat sich, vermutlich unbemerkt, schon recht weit vom ursprünglichen Ideengehalt unserer Staatsform entfernt. In einer Demokratie geht die Staatsgewalt vom Volke aus, und dies darf nicht nur ein leeres Lippenbekenntnis sein. Das Volk ist kein Expertengremium. Wenn tatsächlich ein großer Teil der Bevölkerung dem Gefühl erläge, die Politik sei zu kompliziert, zu abgehoben, vielleicht auch zu langweilig und vor allem zu undurchlässig, um den Einzelnen noch etwas anzugehen, befände sich das demokratische System in einer Krise.

Es ist nun durchaus nicht so, dass uns Schriftstellern Herz und Verstand abhanden gekommen wären. Wir trauen uns nur nicht mehr, sie öffentlich zu gebrauchen. Wir fürchten die Frage: Woher wisst Ihr das?

Nach meiner politischen Einstellung befragt, würde ich antworten, dass ich meinen Kinderglauben an die Gerechtigkeit noch nicht verloren habe. Ich würde anführen, dass ich meine juristischen Kenntnisse bislang ausschließlich darauf verwende, ehrenamtlich gegen demokratischen Kolonialismus auf dem Balkan, gegen ugandische Kriegsverbrecher und gegen die Telekom zu kämpfen. Trotzdem gehöre ich keiner Partei an, und niemand, am allerwenigsten ich selbst, wäre in der Lage zu sagen, ob ich „links" bin oder „rechts".

Mehr als Rechts und Links, Rot oder Schwarz stützt mich der feste Glaube, dass der Literatur *per se* eine soziale und im weitesten Sinne politische Rolle zukommt, weil es ein natürliches Bedürfnis der Menschen ist zu erfahren, was andere Menschen – repräsentiert durch den Schriftsteller und seine Figuren – denken und fühlen. Allein deshalb darf die Literatur auf dem Gebiet der Politik nicht durch den Journalismus ersetzt oder verdrängt werden, und sie soll sich nicht hinter ihrem fehlenden Experten- und Spezialistentum verstecken. Sie steht vielmehr in der Verantwortung, die Lücken zu schließen, die der Journalismus aufreißt, während er bemüht ist, ein angeblich „objektives" – und deshalb immer verfälschendes – Bild von der Welt zu zeichnen. Damit hat die Literatur eine Aufgabe, an der sie wachsen kann, und hier liegt der Weg, den ich einzuschlagen versuche. Ich möchte den Lesern keine Meinungen, sondern Ideen vermitteln und den Zugang zu einem nicht-journalistischen und trotzdem politischen Blick auf die Welt eröffnen. Ich hoffe, auch Ernst Toller wäre damit einverstanden gewesen, selbst wenn der politisch-literarischen Aktivität zu seiner Zeit im Kampf gegen das nationalsozialistische System eine völlig andere Bedeutung zukam. Jede Generation hat ihr Anliegen, jedes Jahrzehnt hat seine Ideen, Probleme, Schrecknisse und Hoffnungen. Es gibt keinen Grund, damit hinter dem Berg zu halten.

Nach dem Ende des gesellschaftskritischen Paradigmas?
Zur politischen Funktion der Kultur- und Sozialwissenschaften

Robin Celikates

Die heutige Situation scheint einmal mehr durch den Abschied von umfassenden Theorien und gesellschaftskritischen Ansprüchen gekennzeichnet zu sein. Da mag es überraschen, nach der politischen Funktion akademischer Disziplinen zu fragen, denen es in ihrer noch nicht allzu langen Geschichte auch und vor allem darum ging, sich als „normale", und das heißt oft: politisch „neutrale" Wissenschaften zu etablieren. Die Kulturwissenschaften, die sich noch nicht einmal darin einig sind, ob es sie nun im Singular oder nur im Plural gibt, begnügen sich – im Gegensatz zu ihrem Vorbild, den *Cultural Studies* – allzu oft mit Analysen von aus ihrem sozialen und politischen Kontext heraus gelösten (pop-)kulturellen Phänomenen der Mikro- und Mesoebene, wie dem Siegeszug des Bikini oder der Kulturgeschichte des Gartenzwergs. Dabei kokettieren sie höchstens mit einer dem kulturkonservativen *mainstream* gegenüber subversiven Haltung. Unterdessen konzentrieren sich die empirisch orientierten Sozial- und Politikwissenschaften unter dem auch universitätsintern erzeugten Druck der unmittelbaren Verwertbarkeit zunehmend auf die Analyse einzelner Politikfelder und die Bereitstellung sozialtechnologischen Wissens für die Verwaltung, indem sie beispielsweise die Forstpolitik in der Europäischen Union oder die Verwaltungsreform des Landkreises untersuchen.

Auch wenn solchen Analysen durchaus ihre Berechtigung zukommt, so äußert sich in dieser neuen Bescheidenheit doch zugleich auf beunruhigende Weise ein positivistisches Selbstverständnis – „Wir beschreiben und analysieren doch nur die Tatsachen." –, das auf theoretische und historische Reflexion weitgehend verzichten zu können glaubt. Begleitet wird dieser als Realismussteigerung eingeführte Reflexionsabbau auf dem Kampfplatz der Theorie oft von der Diagnose vom „Ende des gesellschaftskritischen Paradigmas". Der Vorwurf der „Dekadenz der Kritik", des „Alarmismus" und der „unentspannten Hypermoral" an die Adresse jener, welche die Geschichte dieses Endes noch nicht als Anfang einer neuen Normalität akzeptiert haben, scheint jedoch nicht nur Ausdruck der Dekadenz einer Kritik der Kritik zu sein, die offensichtlich die – intellektuellen und sozialen – Bedingungen ihrer eigenen Möglichkeit aus den Augen verloren hat.

Vielmehr beruht dieses Selbst*miss*verständnis des methodologischen Status der Kultur- und Sozialwissenschaften auch auf einem Missverständnis des Zusammenhangs zwischen Sozialtheorie und Gesellschaftskritik, das auf eine unzureichende Vorstellung sowohl von Sozialtheorie als auch von Kritik zurückzuführen ist (Wenzel 2002).

Sozialtheorie als Interpretation der sozialen Praxis

Mit dem Verlegenheitsterminus „Sozialtheorie" kann ein nicht völlig trennscharf abgrenzbares disziplinäres Feld bezeichnet werden, auf dem kultur- und sozialwissenschaftliche sowie philosophische Theoriebildung, empirische und theoretische sowie normative Analysen sozialer Praktiken, Institutionen und Diskurse zusammen kommen. Das Verständnis von Möglichkeit und Durchführung einer kritischen Gesellschaftstheorie hat sich in letzter Zeit vor allem unter dem Einfluss von Theorieentwicklungen wie dem *linguistic*, dem *interpretive* und dem *performative turn* gewandelt. Im Zuge dieser Debatten, welche die sprachliche Vermitteltheit und die Notwendigkeit der Interpretation der sozialen Wirklichkeit ebenso ins Bewusstsein gerückt haben wie den Praxischarakter der Theorie selbst, wurde schnell deutlich, dass das für frühere (etwa marxistisch oder funktionalistisch inspirierte) Formen der Gesellschaftstheorie durchaus charakteristische Vertrauen in die Möglichkeit einer umfassenden „Theorie aus einem Guss", eines einheitlichen Beschreibungssystems für alle sozialen Phänomene, heute nur noch um den Preis der Blindheit gegenüber der Komplexität der zu analysierenden Gegenstände zu haben wäre. Das scheint nun selbst den Vertretern der Systemtheorie, die ja mit dem Versprechen angetreten war, sozialer Komplexität durch die Ersetzung von Kritik durch Beobachtung gerecht zu werden, als letzter verbleibender Großtheorie aufzugehen. Die auf eine als zunehmend komplexer erfahrene soziale Realität reagierende Pluralisierung und Hybridisierung sozialtheoretischer Ansätze und Beschreibungsweisen nötigt im Rahmen der Sozialtheorie aber nicht nur zur Bezugnahme auf verschiedene Disziplinen der Sozial-, Kultur- und Geisteswissenschaften, sondern auch zur Zusammenführung bisher sich penibel voneinander abgrenzender theoretischer Vokabulare wie jenen der angloamerikanischen liberalen politischen Theorie, des französischen Poststrukturalismus und der verschiedenen post-marxistischen Ansätze, wie etwa der Kritischen Theorie (Frankfurter Arbeitskreis für Politische Theorie & Philosophie 2004).

Mit Bezug auf die methodologische Frage nach den Erkenntnisbedingungen einer kritischen Sozialtheorie hat sich damit aber auch die Einsicht durchgesetzt, dass die Sozial- und Kulturwissenschaften und die Sozialphilosophie eine Wirklichkeit interpretieren, die nicht aus harten Tatsachen und gesetzmäßig ablaufenden Prozessen, sondern aus historisch spezifischen, sozial eingebetteten und normativ aufgeladenen Institutionen, Praktiken und Diskursen besteht, welche untrennbar mit bestimmten – teils expliziten, teils impliziten – individuellen und kollektiven Selbstverständnissen verknüpft und deshalb selbst immer schon interpretiert sind (Taylor 2004). Die Sozialtheorie kann die im Rahmen einer Problemstellung – etwa der Frage nach dem Schicksal des für die Moderne konstitutiven Zusammenhangs von individueller und kollektiver Autonomie in Zeiten des Spätkapitalismus – signifikanten Selbstverständnisse nicht einfach identifizieren und beschreiben, sondern muss diese selbst in einer Interpretation artikulieren und explizieren, die Hypothesen über die sinnhafte Verknüpfung der einzelnen Elemente im Rahmen des gesellschaftlichen Ganzen beinhaltet. Zu Kultur geronnene symbolische Deutungs- und Interaktionsmuster sind deshalb nicht nur Gegenstand der Sozial- und Kulturwissenschaften – vielmehr stellen diese selbst als Interpretationsleistungen ein Moment der symbolischen Strukturierung der sozialen Welt dar, die jede Gesellschaft in Form von Kultur produziert.

Die Theorie ist diesem Verständnis zufolge kein der Praxis unvermittelt gegenüberstehendes, rein kognitives Unternehmen, das am zuverlässigsten aus der Distanz operiert, sondern der Versuch der Artikulation, Explizierung und Systematisierung der in den bestehenden sozialen Praktiken und den dazugehörigen Deutungsmustern selbst angelegten reflexiven und normativen Potenziale. Diese weisen über ihre jeweilige institutionelle Verwirklichung immer auch hinaus, indem sie den an ihnen beteiligten Akteuren die Einnahme verschiedener Positionen gegenüber den faktischen sozialen Arrangements ermöglichen (Reckwitz 2003; Schatzki u.a. 2001). Eine solche sozialtheoretische Artikulation problematisiert damit allerdings auch die für eine bestimmte Praxis spezifischen Möglichkeiten des Handelns und Denkens, die Grenzen dessen, was aus Sicht der Akteure getan und gedacht werden kann und soll.

Sozialtheorie als Kritik

Was Adorno (2003: 11) über den Kulturkritiker schreibt, ließe sich auch auf dessen nahen Verwandten, den Gesellschaftskritiker, beziehen: „Dem Kulturkritiker passt die Kultur nicht, der einzig er das Unbehagen an ihr verdankt. Er redet, als verträte er sei's ungeschmälerte Natur, sei's einen höheren geschichtlichen Zustand, und ist doch notwendig vom gleichen Wesen wie das, worüber er erhaben sich dünkt." Die aus einer solchen Metakritik zu ziehende Konsequenz ist aber keineswegs, wie von neo-konservativer Seite behauptet, eine pauschale Delegitimierung von Kritik, sondern – wie Adorno selbst fortfährt zu zeigen –

eine Neuverortung ihres Standpunktes: Der Kritiker spricht weder von außerhalb der kritisierten Kultur oder Gesellschaft, von einem Standpunkt der Überlegenheit oder der Erhabenheit aus, noch einfach von innen, aus einer Position der Demut und Verantwortlichkeit gegenüber seiner eigenen Kultur oder Gesellschaft. Kritik in Form von kritischer Selbstreflexion ist vielmehr ein strukturelles Element aller kulturellen und sozialen Praktiken, die ein bestimmtes Komplexitätsniveau erreicht haben.

Fragt man vor diesem Hintergrund nach der *kritischen* Funktion der Sozialtheorie, nach dem Ort der Kritik im Netz der Selbstbeschreibungen der Gesellschaft, so muss die Antwort abzielen auf die Überwindung der seit der Debatte zwischen Kommunitarismus und Liberalismus etablierten Alternative zwischen „schwachen", kontextualistischen Formen der Kritik, die in der Gefahr stehen, ihr kritisches Potenzial im Namen lokal geltender Werte und verwurzelter Kritik zu verspielen, und „starken", universalistischen Formen, welche die Verbindung zu den Selbstverständnissen und Motivationslagen ihrer Adressaten zu kappen drohen (Honneth 2000). Die in dieser Auseinandersetzung unterstellte Alternative zwischen Innen und Außen, zwischen Immanenz und Transzendenz ist schlicht verkürzend. Natürlich kann der Standpunkt der Kritik nie gänzlich außerhalb der sozialen Praktiken und Diskurse liegen – wer hätte dies jemals behauptet? Vielmehr erfolgt die Kritik immer von einer ganz spezifischen, sozial lokalisierbaren Sprecherposition aus und mobilisiert das in die sozialen Praktiken selbst eingelassene reflexive Potenzial mit einer bestimmten Absicht. Die Verortung im sozialen Raum erlegt der Kritik aber eben deshalb keine eindeutigen Grenzen auf, da dieser Raum selbst unterbestimmt und interpretationsbedürftig ist.

Um welches Selbstverständnis es in einer sozialtheoretischen Interpretation geht, welchem individuellen oder kollektiven Subjekt dieses zugeschrieben wird, zu welchen sozialen Praktiken und Institutionen ein spezifisches Selbstverständnis im Widerspruch steht, welche individuellen und sozialen Pathologien und Krisenerscheinungen sich aus solchen Widersprüchen entwickeln und welche Kritik hieraus abgeleitet werden kann – dies sind alles umstrittene Fragen, und alleine schon deshalb kann die Sozialtheorie nie völlig neutral, also bloß objektiv beschreibend verfahren. Ihr Vorgehen ist immer interpretierend und damit in einem Raum umstrittener alternativer Deutungen und sich eventuell sogar widersprechender Beschreibungen verortet (Rosa 2004). Eine einfache Ableitung der Maßstäbe der Gesellschaftskritik aus diesen gesellschaftlichen Selbstverständnissen, wie sie kommunitaristischen und kontextualistischen Positionen vorschwebt, ist deshalb ebenso wenig möglich wie der Verzicht auf kritische Positionierung. Dabei muss Kritik hier nicht in einer totalen Verwerfungsgeste bestehen, die dem Ganzen der gesellschaftlichen Ordnung gilt – Kritik (von griechisch: *krinein*) bedeutet ja erstmal nichts anderes, als das Treffen normativ gefärbter Unterscheidungen, zu denen man sich dann wiederum verhalten muss.

Aus der Unumgehbarkeit dieser Kunst des Unterscheidens folgt, dass Sozialtheorie und Gesellschaftskritik nicht als zwei voneinander getrennte Unternehmen gedacht werden können. Deutung und Kritik der Gegenwart bedingen sich gegenseitig, weil sich beide in einem Spektrum möglicher und umstrittener (Neu)Beschreibungen verorten müssen. Diese (Neu)Beschreibungen fungieren immer auch als Problematisierungen der thematisierten Selbstverständnisse und eröffnen einen Raum ihrer möglichen Veränderung. Sie befähigen die Akteure nämlich zu einem Perspektivenwechsel und zur Einnahme einer distanzierten Position gegenüber ihren eingespielten Praktiken und Diskursen, so dass diese als *mögliche* Formen der Organisation und der Repräsentation der sozialen Welt neben anderen begriffen werden können.

Statt den Anspruch zu erheben, von einem aus allen Praxiszusammenhängen heraus gelösten Standpunkt zu sprechen, beschreibt die Sozialtheorie die für ein spezifisches soziales Feld konstitutiven Praktiken, Diskurse und Hintergrundverständnisse und die in ihnen und durch sie ausgetragenen Konflikte von einer bestimmten Position aus und macht diese so der gesellschaftlichen Problematisierung, der Selbstthematisierung und -transformation zugänglich. Als Interpretationen zweiter Ordnung können diese Beschreibungen gar nicht anders als umstritten sein, da sie sich nicht an den objektiven Tatsachen ablesen lassen. Allein durch den Aufweis ihrer Umstrittenheit kann allerdings schon ein Bewusstsein der Kontingenz – dessen, dass es nicht so sein muss, wie es ist – und damit der Veränderbarkeit der sozialen Welt, der Möglichkeit eines anderen Selbstverständnisses und anderer Praktiken entstehen (Tully 2003). Mit dem klassischen ideologiekritischen Programm, wie es etwa in der Kritischen Theorie Gestalt angenommen hat, teilt eine solche Herangehensweise zumindest die Operation der „Entnaturalisierung", die als natürlich und unveränderbar erfahrene soziale Verhältnisse als durch soziales Handeln vermittelte, reproduzierte und damit auf gleichem Wege auch wieder transformierbare Arrangements erweist. Als ideologisch können dann genau jene Diskurse bezeichnet werden, welche die Konflikthaftigkeit und Kontingenz sozialer Praktiken, Institutionen und Ordnungen verdecken, indem sie suggerieren, es ginge eben nicht anders. Dass es – leider oder glücklicherweise – nicht anders gehe, und dass man deshalb gar nicht darüber nachzudenken brauche, wie es denn besser gehen könnte – das war schon immer der wenig glaubwürdige Realismus derer, die sich ganz gut mit dem Status quo arrangiert haben.

Ein solches in der Umstrittenheit von Interpretationen verankertes Verständnis von Kritik verfällt keineswegs einer Hermeneutik des Verdachts, die hinter jeder glatten Oberfläche das verborgene Wirken böser Mächte vermutet.

Ebenso wenig ist eine kritische Sozialtheorie dazu verdammt, mantraartig eines der beiden Großrepertoires der Kritik zu wiederholen und abwechselnd die Konstruiertheit aller Phänomene durch soziale Praktiken und Diskurse und die Determiniertheit sozialer Akteure durch das Wirken unverfügbarer Strukturen aufzudecken (Latour 2004). Den Gegenstand der Kritik bilden vielmehr jene Verfestigungen bestimmter Beschreibungen, die hegemoniale Deutungsmuster als einzig mögliche oder legitime Weltsicht erscheinen lassen und damit die Prozessualität der sozialen Realität zu statischen und konfliktlosen Ordnungsmustern verfestigen. Die Aufgabe von Kritik besteht deshalb insbesondere in der Problematisierung dieses Erstarrens zu konsensuellen Arrangements, in denen sich alle Parteien scheinbar gemütlich eingerichtet haben, und in der Produktion einer für sozialen Wandel konstitutiven epistemologischen Offenheit. Gerade in der Offenlegung der Umstrittenheit und Konflikthaftigkeit der sozialen Realität und ihrer Deutungen selbst kann deshalb die kritische Funktion der Sozialtheorie gesehen werden.

Im Bann der Nation

Am Beispiel des Begriffs der Nation möchte ich nun zum Abschluss kurz skizzieren, inwiefern eine kritische Sozialtheorie einen Beitrag zum sozialen und politischen Bewusstsein dieser Umstrittenheit und Konflikthaftigkeit leisten kann. Zwar ist die politische Form der Nation durch Druck von innen – durch die Steigerung innergesellschaftlicher Komplexität – und von außen – durch Globalisierung und Europäisierung – in die Krise geraten, das politische Imaginäre, die öffentlich geteilte symbolische Repräsentation des Raums des Politischen, scheint aber immer noch in ihrem Bann zu stehen. Obwohl dies allzu leicht vergessen wird, befinden sich auch und gerade liberal-demokratische Gesellschaften in dem Dilemma, dass einerseits eine zu „dünne" Identität des Gemeinwesens nicht in der Lage zu sein scheint, die notwendigen sozialintegrativen Leistungen zu erbringen und das Funktionieren des Systems zu stabilisieren, dass aber andererseits eine „dickere" Identität nur auf Kosten der Anerkennung kultureller Vielfalt, anderer Arten, ein Bürger zu sein, politisch zu denken, zu sprechen und zu handeln, und damit auf Kosten der Liberalität der politischen Kultur möglich ist. Die politisierbare Unterscheidung zwischen dem Eigenen und dem Fremden, die Unterstellung kultureller Homogenität und die Spannungen zwischen Partizipation und Exklusion lassen sich auch in einer liberal abgefederten Bezugnahme auf die Nation, das Volk im Unterschied zur Bevölkerung, als legitimationsstiftender politischer Gemeinschaft nicht eliminieren, sondern werden durch diese allererst produziert (Balibar/Wallerstein 1997; Menke 2001). Die Homogenisierungs- und Normalisierungsleistungen der bürokratischen und informellen Agenturen des Nationalstaats waren demnach nicht nur historisch die Voraussetzung seines Erfolges als politisches, soziales und ökonomisches Projekt (Taylor 2002). Der imaginierten Einheit der „Nation" als symbolischem Bezugspunkt, in dem Staat und Gesellschaft zusammen treffen, kommt auch heute noch die Funktion der Komplexitätsreduktion und der Kontingenzbewältigung, der Identitäts- und der Sinnstiftung zu, welche die Demokratie im Dienste der Sicherung der Einheit und der Einheitlichkeit der Ordnung allerdings auch permanent der Gefahr der (Aus)Schließung, der Produktion jener, die definitiv nicht dazugehören können, aussetzt (Tully 1995). Auch wenn es so sein sollte – und dafür wird in der Tradition des Republikanismus ja immer noch häufig argumentiert –, dass sich politische Gemeinschaften in Form eines politischen „Wir" oder der Nation („We, the people") konstituieren müssen, um sich selbst als instituierend, also als genuin politisch handelnd zu denken, so darf dies doch nicht darüber hinwegtäuschen, dass die Einheit dieses „Wir" und der Nation im strengen Sinne unmöglich bleibt, da es in jeder politischen Gemeinschaft qua *politischer* Gemeinschaft immer einen irreduziblen, nicht-integrierbaren Rest gibt, zumindest einen unauflösbaren politischen Konflikt, durch den sich einige – die „Anderen" – vom etablierten „Wir" absetzen. Das „Wir"-Sagen ist immer eine streitbare Behauptung, nie eine Feststellung kollektiver Identität. Ein *reflektiertes* Demokratieverständnis sollte sich dieses Behauptungscharakters deshalb stets bewusst sein.

Indem die Sozialtheorie diese Ambivalenzen aufzeigt, mag sie dazu beitragen, dass die politische Form der Nation und das ihr entsprechende „Wir" nicht als etwas Gegebenes oder als präexistente, etwa kulturell definierte Einheit verstanden werden, sondern als Ergebnis einer politischen Praxis, die sich den Abbau jener sozialen und politischen Exklusionen, jener sichtbaren und unsichtbaren Grenzen, jener nicht-demokratischen Bedingungen der existierenden Demokratie zum Ziel setzt, die sie selbst auf Grund ihrer Struktur, indem sich ihr Subjekt als *eine* nationale Gemeinschaft imaginiert, immer mitproduzieren muss (Balibar 2001). Damit wird ein revidiertes, jenseits der klassischen Positionen von Republikanismus und Liberalismus gelegenes Verständnis der Demokratie möglich, das deren genuin modernen, ja geradezu modernistischen Charakter genau darin sieht, die Kontingenz, Historizität und interne Heterogenität und Konflikthaftigkeit ihrer eigenen Ordnung anzuerkennen, sowie jeden absoluten Anspruch auf Selbstbegründung, Kohärenz und Vereinbarkeit und Einheitlichkeit ihrer Elemente zugunsten ständiger und zum Teil institutionalisierter Selbstreflexion, -kritik und -revision fallen zu lassen (Lefort 1986).

Dafür aber, dass politische Gemeinschaften, wie demokratisch und postkonventionell sie sich auch immer in der Außen- und Innendarstellung gerieren, stets dazu tendieren werden, dieser Unbestimmtheit auszuweichen und diese

Spannung aufzulösen, findet man genügend Belege. Die hierzulande immer noch übliche Kopplung insbesondere politischer Rechte an nationale Zugehörigkeit und kulturelle Loyalitätsbeweise, die große Teile der Bevölkerung vor die Zwangsalternative von Ausschluss oder Assimilation an ein diffuses und für gebürtige Deutsche nicht verbindliches Ideal stellt, verdeutlicht auf erschreckende Weise, wie stark der öffentliche Diskurs noch im Bann der Logik des Nationalen steht. Einem ähnlichen Muster folgen die in aller Öffentlichkeit durchgeführten Spekulationen über die unter dem Schutz des Kopftuchs sich zusammenbrauenden verfassungswidrigen Gedanken, die ja auch eher perverser Ausdruck der Unfähigkeit der Mehrheitsgesellschaft sind, endlich ein posthomogenes, den sozialen Realitäten angemesseneres Selbstverständnis auszubilden, als dass sie der Sorge um eine demokratische Pluralität unter dem Mantel des Grundgesetzes geschuldet wären.

Die Flucht vor Unbestimmtheit und Konflikthaftigkeit in die Eindeutigkeiten kulturell homogener Kollektive ist gerade Ergebnis des im Grunde antidemokratischen Verlangens nach einer nicht-polemischen, von Spannungen freien Form der sozialen Organisation. Das „Wir", auf welches sich die Grenzwächter der Gemeinschaft so gerne berufen („Wir machen das hier eben so"), kann in einer Demokratie – und das gilt auch für die Ebene der Europäischen Union – keine vorgängige Gültigkeit beanspruchen, sondern nur auf polemische Art und Weise und im Konflikt artikuliert werden, da es eben nicht unabhängig vom politischen Prozess im Bezug auf prä-politische Tatsachen – gemeinsame Abkunft, Geschichte, Kultur – bestimmt werden kann. Jedes Bestreiten – ob in der Praxis oder der Theorie – der Notwendigkeit und der Berechtigung der Polemik und des Konflikts um das Gemeinsame ist daher ideologisch, da es suggeriert, es gebe ein solches prä-politisches Gemeinsames, dem dennoch politische Relevanz zukommen könne. Der Konflikt um die Grenzen des Politischen und der Gemeinschaft ist aber selbst Teil des demokratischen Projektes und nicht dessen aufzuhebende oder auszuschließende Gefährdung.

Fazit

Die Funktion der Gesellschaftstheorie kann es im hier diskutierten Zusammenhang nicht so sehr sein, ausformulierte Lösungsvorschläge zu gesellschaftlichen Problemlagen bereitzustellen. Ihre Aufgabe ist es vielmehr, das Bewusstsein für diese Probleme und für alternative Beschreibungsmöglichkeiten zu schärfen und damit einen Möglichkeitsraum für andere Formen politischen Denkens, Sprechens und Handelns als die schon vorgesehenen zu eröffnen (Rancière 2003). Neben unumstrittenen, den *Common sense* explizierenden, aber eben auch oft trivialen Beschreibungen sollten sich die Kultur- und Sozialwissenschaften das Erkenntnispotenzial nicht leichtfertig entgehen lassen, das eine entfremdende, idiosynkratische und auf den ersten Blick oft kontraintuitive Beschreibung sozialer Praktiken und Diskurse mobilisieren kann. Oft kann gerade ihnen die Artikulation eines diffus empfundenen Unbehagens zur Aufgabe werden, für dessen kohärente Formulierung die geeignete Sprache noch nicht existiert. Kritisch ist eine Sozialtheorie aber nicht nur dann, wenn sie über die Artikulation bisher politisch nicht hörbarer oder sichtbarer sozialer Erfahrungen und Forderungen auf die Kritik und Transformation der bestehenden gesellschaftlichen Verhältnisse zielt – die Sozialtheorie muss sich vielmehr ihres eigenen methodologischen Status bewusst werden: als Produzentin von umstrittenen Beschreibungen, Deutungen, Analysen und Kritiken der Situation der Zeit.

Literatur

Adorno, Theodor W. (2003), „Kulturkritik und Gesellschaft", in: *Gesammelte Schriften*, Bd. 10.1, Frankfurt a. M., S. 11-30.

Balibar, Étienne (2001), *Nous, citoyens d'Europe? Les frontières, l'État, le peuple*, Paris.

Balibar, Étienne/Wallerstein, Immanuel (1997), *Race, nation, classe. Les identités ambigües*, 2. Aufl., Paris.

Frankfurter Arbeitskreis für Politische Theorie & Philosophie (2004) (Hg.), *Autonomie und Heteronomie der Politik*, Bielefeld.

Honneth, Axel (2000), „Rekonstruktive Gesellschaftskritik unter genealogischem Vorbehalt. Zur Idee der ‚Kritik' in der Frankfurter Schule", in: *Deutsche Zeitschrift für Philosophie*, Jg. 48, H. 5, S. 729-737.

Latour, Bruno (2004), „Why Has Critique Run Out of Steam?", in: *Critical Inquiry*, Jg. 30, H. 2, S. 225-248.

Lefort, Claude (1986), *Essais sur le politique. XIXe-XXe siècles*, Paris.

Menke, Christoph (2001), „Fremdenfeindlichkeit in der liberalen Demokratie", in: *Deutsche Zeitschrift für Philosophie*, Jg. 49, H. 5, S. 761-767.

Rancière, Jacques (2003), „Politisches Denken heute", in: *Lettre International*, Sommer 2003, S. 5-7.

Reckwitz, Andreas (2003), „Grundelemente einer Theorie sozialer Praktiken", in: *Zeitschrift für Soziologie*, Jg. 32, H. 4, S. 282-301.

Rosa, Hartmut (2004), „Four Levels of Self-Interpretation: A Paradigm for Interpretive Social Philosophy and Political Criticism", in: *Philosophy and Social Criticism*, Jg. 30, H. 5-6, S. 691-720.

Schatzki, Theodore/Knorr-Cetina, Karin/Savigny, Eike von (Hg.) (2001), *The Practice Turn in Contemporary Theory*, London.

Taylor, Charles (2002), „Demokratie und Ausgrenzung", in: ders., *Wieviel Gemeinschaft braucht die Demokratie?*, Frankfurt a. M., S. 30-50.

Taylor, Charles (2004), *Modern Social Imaginaries*, Durham.

Tully, James (1995), *Strange Multiplicity. Constitutionalism in an Age of Diversity*, Cambridge.

Tully, James (2003), „Politische Philosophie als kritisches Handeln", in: *Deutsche Zeitschrift für Philosophie*, Jg. 51, H. 1, S. 3-23.

Wenzel, Uwe Justus (Hg.) (2002), *Der kritische Blick. Über intellektuelle Tätigkeiten und Tugenden*, Frankfurt a. M.

Globale Moral und historischer Sinn
Zum Gegenwartshorizont einer „kritischen" Geschichte

Habbo Knoch

Geschichte boomt. Populäre Geschichtsbücher wie Jörg Friedrichs *Der Brand*, die Fernsehdokumentationen von Guido Knopp und Historienfilme wie *Der Untergang* sind so erfolgreich wie zahlreich. Immer neue Segmente vor allem der „erlebten Geschichte" werden in einer betont nationalen Seelenschau für den Medienmarkt entdeckt: Nachdem der „Holocaust" als Erinnerungsobjekt nicht mehr in Frage steht, kommen nun Krieg und Vertreibung als verborgenes Kollektivdrama der Deutschen auf die Bühne. Jenseits der spaltenden „negativen" Geschichten von NS- und SED-Herrschaft gewinnt im Fahrwasser der kommerzialisierten Erfahrungsgeschichte eine neue nationale Einheit der vermeintlich verdrängten Opferschaft Konjunktur. Während Bürgerkriege und Terrorismus, kriegerische Interventionen und eskalierende soziale Katastrophen die Weltlage prägen, verwandelt sich die deutsche Binnenschau dem an – durch eine eigene Krisenrhetorik, die kaum Grenzen kennt, und den Rückzug auf eine nationale Erfahrungsgeschichte, die nur Grenzen kennt und zieht, nicht zuletzt, wie es scheinen mag, auch gegenüber anderen Kulturen und Nationen.

Im Schatten dieser neuen Sehnsucht nach Nationalgeschichte sind Historiker, die sich öffentlich Gehör verschaffen wollen, so präsent wie seit langem nicht mehr. Kurz vor Heiligabend 2004 gab sogar Harald Schmidt einem Historiker die Ehre: In seiner Startsendung bei der ARD nach einjähriger Pause dauerte es keine zehn Minuten, ehe er Paul Noltes Buch *Generation Reform* in die Kamera hielt. Dennoch steht eine Neubesinnung der öffentlichen Aufgabe der Geschichtswissenschaft an. In den siebziger Jahren waren junge Historiker mit einer „kritischen Geschichtswissenschaft in emanzipatorischer Absicht" (Groh 1973) an die Öffentlichkeit getreten. Seitdem ist das Leitbild des „kritischen" Historikers als *eine* Variante akademischen Selbstverständnisses auch in der Bundesrepublik fest verankert. Faktengebundene Aufklärung, orientiert am Horizont gegenwärtiger Probleme, statt nebulöser Identifikationsangebote: Die Ziele der emanzipatorischen Historiker waren an die Auseinandersetzung mit einer Gesellschaft gebunden, die sich weder über ihre soziale Ordnung noch über ihre Vergangenheit ausdrücklich Rechenschaft ablegte oder reflexiv zeigte. Indem die intellektuelle Trägergeneration des Aufbruchs und absehbar auch die ihnen folgende Professionsgeneration abtritt, ist zu fragen, wie weit das Ziel des „emanzipatorischen" Wirkens durch die Geschichtswissenschaft in einer ebenfalls radikal veränderten Zeit- und Erinnerungslandschaft noch trägt.

Als Teil dieses generationellen Wechsels ist innerhalb der Geschichtswissenschaft seit einigen Jahren eine Wende zur Kulturgeschichte oder zur historischen Kulturwissenschaft erkennbar. Objektivitätsanspruch, „Metanarrative" und der nationale Bezugsrahmen von historischem Denken werden hinterfragt oder erodieren, Themen, Methoden und Fragestellungen haben sich vervielfältigt. Im harten Kontrast zu dieser kulturalistischen Welle steht jedoch die dramatische Rückkehr des Politischen in das öffentliche Bewusstsein. Die geschichtlichen Implikationen von politischen Auseinandersetzungen sind mit dem beschleunigten Wandel durch Mauerfall und postsozialistische Transformationen, Globalisierungskonflikte, Zerfallskriege in Südosteuropa und „9/11" deutlich gewachsen. Historische Erklärungen und Sinnstiftungen über Wenden und Katastrophen erleben eine ungeahnte und vor allem transnationale Konjunktur. Die zunehmenden Debatten über die historischen Elemente einer „europäischen Identität" tun ihr Übriges.

Wie positioniert sich eine Geschichtswissenschaft als öffentliche Wissenschaft gegenüber der dreifachen Herausforderung durch eine populäre Medialisierung erlebter nationaler Geschichte, durch das Ende der emanzipatorischen Generation und durch die gravierende Gegenwärtigkeit von Problemen der globalen politischen Moral, deren historisch-kulturelle Dimension sich erst gerade zu entfalten beginnt, in jedem Fall aber über den nationalhistorischen Rahmen der bisherigen bundesdeutschen Geschichtskultur hinausweist? Die bisherigen Leitparadigmen Kultur, Gesellschaft und Erinnerung, die für Epochen der deutschen Geschichtswissenschaft stehen, reichen in ihrer nationalen Engführung nicht aus. Sie sind am Gegenwartshorizont der Herausforderung einer politischen Wertedebatte auszurichten.

Kultur: Das politische Mandat der deutschen Geschichtswissenschaft

Anders als in den USA oder Großbritannien haben sich in Deutschland nur wenige Historiker als *public intellectuals* profiliert. Wer sich als Geschichtswissenschaftler öffentlich einmischt, sieht sich nicht selten dem Argwohn und Neid seiner Kollegen ausgesetzt. Eine entsprechende Reputation ist tendenziell ein Makel im akademischen Feld. Denen, die sie haben, schlägt der mehr oder weniger laut geäußerte Vorwurf entgegen, nicht tiefschürfend und komplex im Sinne des historiographischen Ethos quellengesättigter Analyse argumentieren zu können. Journalismus verheißt Statusverlust.

Dennoch schmollen Historiker nicht selten über mangelnde öffentliche Aufmerksamkeit, zumal in Zeiten der Medialisierung von Geschichte, die populäre Deuter insbesondere der Zeitgeschichte ins Bewusstsein der Nation spült. Konkurrenzneid ebenso wie eine ernsthafte Sorge um die Standards der Geschichtskultur, die sich einer forcierten Emotionalisierung ausgesetzt sieht, gründen in der Erwartung, doch auch in anderen als den genuin historischen Feldern gefragt zu werden. Hier hat ein Rest der lang gewachsenen Hybris von Fach und Zunft überlebt, *das* Deutungsgewissen der Nation darzustellen – ein Gewissen, das sich immer wieder in dem Paradox verfangen hat, Deutungsmacht zu beanspruchen, das Feld der politischen Debatte und gegenwärtigen Analyse aber für eine Niederung des Mittelmaßes zu halten.

Die Skepsis gegenüber dem Historiker als *public intellectual* ist tief in der Tradition der deutschen Geschichtswissenschaft verankert. Es galt bei der Begründung des Faches als Ausweis von Wissenschaftlichkeit und Objektivität, der Gegenwart nicht zu nahe zu kommen: Ereignisse ließen sich nur aus der Distanz würdigen, unabgeschlossene Prozesse entzögen sich der weitsichtigen Durchdringung, von den notorisch ins Feld geführten Quellenproblemen bei fehlendem zeitlichen Abstand einmal abgesehen. Noch schwerer wog die seit Leopold von Ranke verankerte Methode, jede Epoche als „unmittelbar zu Gott" anzusehen und darum immer für sich zu „verstehen", zumindest dem Anspruch nach unbeeinflusst durch den Problemhorizont der Gegenwart. Und schließlich galt, dass Historiker keine Propheten sein sollten und konnten. Ihr Wissenschaftsideal hatte sich gerade gegen eine geschichtsphilosophische Vereinnahmung gewandt, die Vergangenes nur als Vorstufe für etwas schon darin Angelegtes gesehen hatte.

Die innere politische Logik dieser wissenschaftlichen Tradition ist bekannt: Sie tradierte ein Geschichtsbild, das Außenpolitik, Nation und Staatlichkeit ins Zentrum stellte. Als Wissenschaft im Staatsauftrag entwickelte sie eine Symbiose mit Museen und Archiven, um das nationale Gedächtnis in ihrem Sinn sicherzustellen. Nur wenige nutzten die Geschichtswissenschaft, um den Wert demokratischer Ordnungen zu erweisen. Historiker sahen sich als Verkörperung des historischen Wissens der Nation und als kollektive Autorität, wenn es um historische Sinnstiftung ging. Ihr Beitrag zur Gegenwart und damit auch ihre öffentliche Legitimation wurden über ein Verständnis nationalstaatlicher *Kultur* begründet, das eine wissenschaftlich fundierte Geschichtskultur zum genuinen Bestandteil sozialen Sinns erhob.

Nach wie vor liefern Historiker natürlich Beiträge zur kulturellen Selbstdeutung ihrer Referenzgesellschaften. Die beiden Formen dieser Selbstverständigung hat Friedrich Nietzsche (1988) auf den Begriff gebracht: Agieren Historiker, um bestehende Herrschafts- und Sozialordnungen wie den bürgerlich-konservativen Nationalstaat im Kaiserreich zu „bewahren" und zu legitimieren, betreiben sie „monumentalische" oder „antiquarische" Geschichtsschreibung. Versuchen sie hingegen, Bilder der Vergangenheit aufzubrechen, die zu solcher Legitimation verwendet werden, gehören sie zum „kritischen" Flügel, der die Geschichte „vor Gericht zieht, peinlich inquiriert und endlich verurteilt". Dann sind Historiker bestrebt, Vergangenes in seiner Vielstimmigkeit und gegen die herrschende Überlieferung wieder in den Horizont gegenwärtiger Wahrnehmung zu rücken. Zwar sahen sich nicht wenige der um das Gedächtnis der Nation und die historische Legitimität des Staates bemühten Historiker als politische Bürger, aber Vertreter wie Heinrich von Treitschke betrieben „Zeitgeschichte" deutlich von ihrer wissenschaftlichen Arbeit abgesetzt als eine historisch informierte Gegenwartsbetrachtung. Nietzsche wollte genau das aber zum Prinzip der Geschichtswissenschaft gemacht sehen: Um dem Leben zu dienen, müsse sie mehr tun, als den „verwöhnten Müßiggänger im Garten des Wissens" erfreuen, und könne deshalb keine „reine" Wissenschaft sein.

Erst nach dem Zweiten Weltkrieg entwickelte sich in der Bundesrepublik langsam ein Leitbild des öffentlichen und politischen Historikers. Auf dem ersten Historikertag nach dem Zweiten Weltkrieg wies Gerhard Ritter (1950) in seinem Eröffnungsvortrag zwar „nachträgliche Selbstanklagen" ab und ließ das Verhalten der Historiker in der NS-Zeit gänzlich unerwähnt, forderte aber eine „rückhaltlos kritische Überprüfung unserer Traditionen". Der Historiker könne seiner „öffentlichen Mission" nur gerecht werden und nicht erneut als „politischer Berater" versagen, wenn er sich den existenziellen Fragen der Gegenwart zuwende. Der „politische Historiker" bedürfe „neuer, vertiefter Einsichten in das Wesen der modernen Gesellschaft und des modernen Staates", um die eigene Zeit geschichtlich deuten zu können. Obwohl die Inhalte, die Ritter vorschwebten, nichts mit einer schonungslosen Aufarbeitung der näheren Vergangenheit zu tun hatten, wies sein programmatischer Text in zweifacher Weise der westdeutschen Geschichtswissenschaft den Weg, indem er den „politischen Historiker" ins Zentrum stellte und die Erweiterung des Faches um die Gesellschaftsgeschichte anregte (Berg 2003; Knoch 2004).

Gesellschaft und *Erinnerung*: Die NS-Zeit als „Generationsobjekt"

Als sich die Zeitgeschichte in den fünfziger Jahren zu etablieren begann, hatte sie zunächst nicht mehr als eine Pufferfunktion. Sie stand zwischen dem Neohistorismus der etablierten Historiker und einer Nachkriegsöffentlichkeit, in der seit den fünfziger Jahren in wachsendem Maße Aufklärungsbedarf über die NS-Zeit entstand (Knoch 2001). Aus dem Puffer entwickelte sich jedoch *das* Spielfeld historischer Selbstverständigung der Bundesrepublik. Erst seit 1960 wandte sich

die zeithistorische Forschung den gesellschaftlichen Bedingungen des Nationalsozialismus in Deutschland zu. Damit wurde der Rahmen für die sich zeitlich
weiter erstreckende Historische Sozialwissenschaft geöffnet. Sie war seit den
späten sechziger Jahren auf der Suche nach Erblasten und Defiziten in der politischen und sozialen Ordnung Deutschlands, um den Erfolg des Nationalsozialismus zu erklären. Im emanzipatorischen Anspruch dieser politischen Sozialgeschichte und historischen Sozialwissenschaft verdichteten sich gegenwartsbezo-
genes Reformdenken und fach- wie sachbezogene Traditionskritik (Welskopp
1999). Nicht mehr der bildungsbürgerlich grundierte Beitrag zur Kultur, sondern
der Rekurs auf *Gesellschaft* stellte den dauernden Bezug zur Gegenwart her: Die
Gegenwart als historisch gewordenes Strukturproblem zu denken, sollte die Optionen ihrer Veränderung klarer hervortreten lassen.

Dem stand eine lange Zeit konventionelle Politikgeschichte entgegen, die
sich weiterhin auf das Staatswesen und auf politische Institutionen konzentrierte.
Bei den zahlreichen Kontroversen der deutschen Zeitgeschichte (Sabrow/Jessen/
Große Kracht 2004) ging es immer auch um den Vorherrschaftskampf der beiden
Richtungen, die sich aufgrund der sozialen Öffnung der Universitäten um 1970
parallel entwickeln konnten. Diese Segmentierung hat eine engere Integration
des Politischen als Handlungs- und Gestaltungsfeld in die historische Sozialwissenschaft verhindert. Zugleich banden die Deutungskonflikte um die NS-Zeit als
politische Konflikte viele der ohnehin begrenzten Ressourcen der öffentlichen
Historie.

Denn auch die öffentliche Wahrnehmung von Geschichte wurde zunehmend
zeithistorisch imprägniert: Debatten über Filme und Ausstellungen waren
Schnittstellen, über die sich Deutungskonzepte wie „Holocaust" oder „Wehrmachtsverbrechen" verbreiteten. Bestrebungen, dem gegenzusteuern, gab es vor
allem während der achtziger Jahre hinreichend. Das „Haus der deutschen Geschichte" lässt sich ebenso in der Verlängerung der unter anderem von Gerhard
Ritter erhobenen Forderung nach einem selbstbewussten Geschichtsbild lesen
wie die rhythmisch wiederkehrenden Debatten um die Notwendigkeit der „negativen" Geschichte (Wehler 1995). Für letzteres steht bis heute der „Historikerstreit" von 1985/86, der zwei Themenachsen aufwies: das Beharren auf der Sin-
gularität von Auschwitz als Fixpunkt der deutschen Erinnerung und das Plädoyer
für eine „Historisierung" der NS-Zeit, die ihre Erforschung von pädagogischen
Imperativen frei und in einen größeren zeitlichen und räumlichen Rahmen stellt.
Paradoxerweise waren beide erfolgreich.

Die Zeitgeschichte gegen öffentliche Legenden und die nationalhistorische
Tradition des Neohistorismus in der Wissenschaft zu verankern, war das Projekt
einer bestimmten akademischen Kohorte. Historiker, die den Nationalsozialismus als Kinder und Jugendliche erlebt hatten, verbanden mit dieser Verwissen-

schaftlichung des „Generationsobjekts" NS-Zeit und Holocaust (Schneider 2004) immer auch gegenwartsbezogene Deutungsansprüche. Inzwischen ist aus dem Generationsobjekt mit der öffentlichen Erinnerungskultur ein Gesellschaftsobjekt geworden. Historiker profitieren davon. Geht es um Fragen der aktualisierten Geschichte und Erinnerung, werden sie gesucht und gehört. In gewisser Weise hat sie damit die „monumentalische", bewahrende Form der Geschichtswissenschaft eingeholt. In einer Art Gegenübertragung hat sich die Erwartung in Medien und Öffentlichkeit verankert, dass Historiker nur in Krisenfällen der historischen Erinnerung zu hören sind – auch, weil sie sich nur dann zu Wort melden. Für Medien werden Historiker ohnehin in der Regel erst durch einen Konflikt zwischen populären Deutungen und akademischer Wissenschaft interessant.

Der öffentliche Konfliktwert der NS-Geschichte, auf die sich die „kritische" Geschichtswissenschaft in den vergangenen Jahrzehnten konzentriert hat und an die sie gebunden wurde, nimmt jedoch ab. Die Frage nach den NS-Tätern, das eigentliche Dauerskandalon der Gesellschaftsgeschichte der alten Bundesrepublik, ist historisch geworden. Die Kategorie des „Täters" verschwimmt, der Begriff verliert seine moralische Konnotation und vergangenheitspolitische Bindung – und wird flankiert oder ersetzt durch die moralisch offenere Analysekategorie der Handlungsspielräume. Das weitet den Horizont, weil es das Feld der historischen Betrachtung weder auf zuvor bestimmte Institutionen festlegt, noch auf den Holocaust selbst beschränkt. Die Geschichtswissenschaft selbst löst sich seit einiger Zeit von der strukturellen Deutung der NS-Zeit als innerem Deutungskern. Im Zuge der zweiten Ausstellung zu den Wehrmachtsverbrechen ist bereits ein Übergang von der „Moralisierung" zur „Historisierung" erkannt worden (Leggewie u. a. 2004).

Diese Historisierung holt die NS-Vergangenheit „aus dem Gefängnis nationaler Identitätsbildung" (Martin Sabrow), wodurch sie an legitimationsstiftender Bedeutung sowohl für die öffentliche Geschichte als auch für die Geschichte als Wissenschaft verliert (vgl. Jensen in diesem Band). Gleichzeitig nimmt die Spannung zwischen dem Anspruch einer wissenschaftlichen Disziplin, Legenden zu vermeiden, und der Vermarktung von „gefühlter Geschichte" zu. Droysens Forderung an die Geschichtsschreibung, aus Geschichten Geschichte zu machen und das historische Geschehen als einen Zusammenhang integrierten Wandels zu verstehen, droht angesichts der Medialisierung von Geschichte die Umkehrung: Aus Geschichte werden immer mehr Geschichten gemacht. Das liegt auch im Trend einer „postmodern" inspirierten Geschichtswissenschaft, die sich übergeordneten Deutungsmustern wie der Modernisierungstheorie oder eurozentrischen Erklärungsansätzen widersetzt. Nicht nur mit der wissenschaftlichen Entdeckung der „Geschichten" stellt sich die Frage neu, wie die „kritische" Aufgabe der Geschichtswissenschaft zu bestimmen ist. Angesichts der gegenwärtigen Zeitkrise kann sie sich nicht auf die so wichtige wie modisch gewordene Reflexion auf die Formen und Bedingungen des Erinnerns beschränken.

Zeitkrise: Die Renaissance der Geschichte und die Rückkehr des Politischen

Als in den sechziger und siebziger Jahren über den „Verlust der Geschichte" geklagt wurde, sah niemand eine Renaissance der *public history* voraus, wie sie die beiden vergangenen Jahrzehnte mit sich gebracht haben. Zudem haben politische Themen der Gegenwart und soziale Entwicklungen Fragen mit großer Bedeutung für das kulturelle Selbstverständnis ins Zentrum gerückt: Einwanderung und Integration, EU-Erweiterung und „Türkei"-Frage rufen Auseinandersetzungen um „Identität" und „Leitkultur" hervor, die nach historischen Prägungen und ihrer Bedeutung für die Gegenwart fragen lassen. Dagegen sind der soziologische Blick auf Ungleichheiten und eine politisch motivierte Beschäftigung mit Herrschaftsverhältnissen zurückgetreten.

Hat es auch lange gedauert, ehe die NS-Vergangenheit sich als zentraler Bezugspunkt des historischen Bewusstseins in der Bundesrepublik durchgesetzt hat, so ist nun dessen gesellschaftliche Relativierung absehbar. Die Kriegserinnerung als Lebensthema der Älteren hat an medialem Raum gewonnen. Die Zeitgeschichte in Medien und Wissenschaft erweitert sich über die NS-Zeit und die Bundesrepublik hinaus um Kolonialismus oder DDR-Geschichte, aber auch um Themen der vergleichenden und transnationalen Geschichte. Gleichzeitig wird die Erinnerung an die NS-Verbrechen, die nicht an moralischer, wohl aber an gesellschaftspolitischer Bedeutung verloren hat, zunehmend musealisiert und in kulturellen Formen präsent gehalten, die eher die existenzielle Dimension der Tat betonen, als Kontinuitäten und Verbindungen auf der Täter- und Mittäterebene herauszustellen. Nichtsdestotrotz hat gerade die Täterthematik in den Nachwendegesellschaften erheblichen Auftrieb bekommen und das Verhalten in autoritären oder totalitären Herrschaftsordnungen zum zeithistorischen Problem gemacht. Indem die letzten Zeitzeugen der NS-Herrschaft und Kriegsphase an öffentlicher Präsenz verlieren, werden sensible Fragen der Täterschaft oder Kooperation historisierbar, was mit einer nachhaltigen Revision von Geschichtsbildern auch in westeuropäischen Ländern verbunden ist.

Dies ist auch Folge einer forcierten Historisierung in der europäischen und deutschen Geschichtskultur. In der postkommunistischen und der – verzögert wirkenden – postkolonialen Zeit ist die Katastrophenlandschaft des 20. Jahrhunderts um die Verbrechen des Kommunismus und der Kolonialzeit erweitert worden (Maier 2000). Das „Jahrhundert der Extreme" (Eric Hobsbawm), mit seinen

Wurzeln im Kolonialismus des 19. Jahrhunderts und seinen Nachwirkungen in
den postsozialistischen Zerfallskriegen bis in die neunziger Jahre, wird als
Scharnierphase zwischen dem Aufstieg der bürgerlichen Gesellschaften im Westen und der *global community* neu vermessen. Das sprengt endgültig den nationalen Container der (deutschen) Geschichtskultur (Schissler 2005).

Auf europäischer Ebene zeigen sich Sinnstiftungsanfragen immer deutlicher, je größer die Europäische Union wird. Doch im Rahmen der globalen Informationsgesellschaft ist nicht nur die *reale* gegenwärtige Vernetzung und ihre Geschichte, sondern auch die Vernetzung über historische Prägungen, gemeinsame Fragen an die Geschichte und deren Bedeutung für gegenwärtiges politisches Handeln offenkundig geworden. Koloniale Herrschaftspraktiken aufzuarbeiten oder in Wahrheitskommissionen über Verantwortung zu befinden, rückt epochen- und grenzenübergreifend Grundfragen menschlichen Verhaltens in den Horizont einer menschheitlichen Gesellschaft, die zugleich in Debatten über Globalisierungsfolgen, Interventionsrechte und kulturellen Konflikt ihr moralisches Fundament neu auslegt.

Diese dynamische Hinwendung zur transnationalen Zeitgeschichte ist durch die politischen Ereignisse des letzten Jahrzehnts mit einer ungeahnten Rückkehr und Verdichtung des Politischen in der Öffentlichkeit verbunden. Sie hat auch jenseits der engeren Sphäre staatlicher Entscheidungen und parteipolitischer Meinungsbildung den Bedarf erkennen lassen, Grundfragen der politischen Moral und moralischer Entscheidungsspielräume im Rahmen einer gesamtgesellschaftlichen Verständigung zu diskutieren. Grenzen zwischen Politik und Kultur, zwischen dem Bericht aus dem politischen Berlin und dem Feuilleton werden durchlässiger, Expertise in kulturhistorischen Fragen gewinnt an Bedeutung, je mehr politisches Handeln durch transnationale und interkulturelle Konflikte gekennzeichnet ist. Diese Rückkehr des Politischen in das intermediäre, medialisierte öffentliche Bewusstsein folgt zum einen aus den internationalen Herausforderungen durch die Globalisierungsfolgen, die zunehmende Bedeutung politischer und humanitärer Interventionen oder die Neuausrichtung der „internationalen Gemeinschaft" im Zeichen terroristischer Bedrohungen und militärischer Konflikte. Ob und wie sich Deutschland an internationalen Maßnahmen der Konfliktkontrolle beteiligt, ist seit längerem auch als Grundsatzkonflikt politischer Moral erkennbar und nicht nur im Rahmen einer historisch gewachsenen Zurückhaltung zu sehen.

Zum anderen sind es vermehrte Grenzentscheidungen der klassischen inneren Politik, die in ihrem Charakter seit langem über ihre nationale Grenze hinausreicht: In der Zuwanderungsfrage wird über die kulturelle Identität des deutschen Gemeinwesens entschieden. Im Rahmen der von allen Seiten als notwendig angesehenen Sozialreformen stehen die Integrations- und Handlungsfähigkeit von Politik und Staat auf dem Spiel. Schließlich sind es Probleme im Rahmen des wissenschaftlichen Fortschritts und der technischen Entwicklung wie der Gentechnik, der Energieversorgung oder des Datenschutzes, die den Zusammenhang von moralischer Verantwortung und politischem Handeln verdichtet in die Öffentlichkeit gebracht haben. Embryonale Stammzellenforschung, juristische Konsequenzen aus der Debatte um die „Willensfreiheit", der Ausbau staatlicher Kontrolltechniken – es sind nicht einfach nur neu gewandte Dauerbrenner, die sich im Einzelfall zeigen. Auch hier kumulieren Grenzentscheidungen zumindest mittlerer Reichweite.

So ist einerseits die Dringlichkeit von politischen Entscheidungen erkennbar, die Neujustierungen der politischen Moral erfordern, andererseits nimmt die öffentliche Präsenz des Historischen zu. Es handelt sich um zwei unterschiedliche temporale Muster, Krisenszenario und Traditionssuche, die beide einen Grundbedarf an Orientierung teilen. Das Gefühl, in beschleunigten Zeiten zu leben, in denen Überliefertes sich als krisenhaft und gestaut erweist, gleichzeitig aber auf der Suche nach zeitlichen Orientierungen zu sein, die über die Gegenwart hinausreichen, reflektiert eine Zeitkrise. Die Differenz zwischen Geschichte als kulturell Gewachsenem, das auf lange Dauer angelegt ist und auf das als Ressource zurückgegriffen wird, und einer Gegenwart, die im beschleunigten Handeln historische Implikationen von großem Gewicht beinhaltet und somit Vergangenes dauernd praktisch aktualisiert, verringert sich. Die Orientierung am „Generationsobjekt" NS-Vergangenheit als Ressource historischen Sinns und als Feld der öffentlichen Historie kann dem trotz aller fortbestehenden Erfordernisse, sie kritisch in das Selbstbild der Bundesrepublik einzubauen, nicht Genüge tun.

Feldvermessung: Historische Kulturwissenschaft als politische Geschichte

Wo liegen angesichts dieser Gegenwart die Maßstäbe einer historischen Kulturwissenschaft, will sie nicht in Beliebigkeit verfallen oder als methodischer Selbstläufer alt werden, dem allein schon die Existenz von „Diskursen" und „Texten" für ein Forschungsprojekt ausreicht? Und wie kann eine Geschichtswissenschaft zu den öffentlichen Deutungs- und Orientierungsbedürfnissen beitragen, was kann bei ihr nachgefragt und erwartet werden? Nur eine „monumentalische" Form der Geschichtsschreibung könnte behaupten, dass Maßstäbe dafür allein aus den historischen Gegenständen selbst erwachsen können. Die gegenwärtige Situation ist als Paradigmenwechsel durchaus derjenigen am Ende der sechziger und zu Beginn der siebziger Jahre vergleichbar. Nur weist sie jetzt eindrücklich über den nationalen Handlungsrahmen hinaus und ruft nach einer engen Verbindung von historisch-politischer und kulturwissenschaftlicher Analyse. Politisches Handeln ist durch historische Erfahrungen, Argumente und Mythen geprägt. Diese antworten auf ein wachsendes Bedürfnis, sich angesichts beschleunigter Zeit, erlebter Vernetzung und verdichteter Gewalt in Zeit und Raum zu verorten.

Seitdem ethnische und religiöse Konflikte die Lebensbedingungen nachhaltig prägen und dies immer bewusster wird, ist eine Kulturalisierung des politischen Handlungsraums auszumachen. Ob und inwieweit Traditionen handlungsprägend sind, auf welche historischen Deutungsressourcen zurückgegriffen wird, welchen Stellenwert die Aktualisierung historischer Bezüge hat – diese virulenten Fragen erfordern eine Reflexion, die sensibilisiert genug ist, um die Verschränkung von politischen Handlungsspielräumen und kulturellen Prägungen zu erkennen. Geschichte als öffentliche Wissenschaft hat darüber aufzuklären, wie die Gegenwart mit gewachsenen politischen Deutungs- und Handlungsstrukturen verwoben ist und wie Vergangenheit im gegenwärtigen politischen Handeln angeeignet und instrumentalisiert wird. Als kritische Wissenschaft bedient sie keine Sinnstiftungen, sondern hinterfragt sie – sei es auf der Ebene nationaler Nabelschau, europäischer Identitätssuche oder internationaler Machtpolitik. Sie dient keiner Gemeinschaftsbildung, sondern fragt nach Akteuren, der historischen Lagerung ihrer Selbstentwürfe, Folgenabschätzungen und Handlungspotenziale, aber auch nach den Räumen, in denen sie agieren – ihrer Gestaltung durch politische Direktiven, rechtliche Vorgaben und mediale Repräsentation.

Dabei geht es, die *Kultur* als historische Legitimationsressource der Geschichtswissenschaft aufnehmend, *erstens* um die Tiefenanalyse von Deutungskulturen im Sinne einer politischen *intellectual history*. Sie fragt nicht nur nach Ideenbeständen, sondern nach Trägern und Medien ihrer Generierung und Verbreitung, nach den Spielräumen der *Intervention*, die intellektuelle Deutungen und politisches Handeln miteinander verbinden. Michael Walzer (2003) hat für die Lehre vom „gerechten Krieg" gezeigt, dass sie ihre Renaissance im politischen Establishment der USA in Reaktion auf die moralische Kritik an der amerikanischen Kriegsführung in Vietnam erlebte und zum Legitimationskonzept mutierte, das bis in die Begründung der beiden Irakkriege hineinwirkte. Die Beharrlichkeit, mit der die Bush-Regierung ihr Ziel verfolgt hat, stellt sich als paradoxe Folge der damaligen Proteste dar, weil die moralischen Kategorien der Kriegsgegner indirekt Eingang in die Legitimation amerikanischer Politik gefunden haben.

Weil sich die Konservativen den moralischen Code der Kriegsgegner angeeignet haben, sind, so Walzer, die liberalen Intellektuellen heute noch gelähmt. Eine solche Analyse von Deutungsstrukturen macht nicht nur deutlich, wie diese politisches Handeln gerade aufgrund ihrer besonderen Entwicklung – und nicht, weil sie einfach nur „da" sind – prägen. Sie kann auch transparent machen, wie eine „lange Dauer" von argumentativen und inhaltlichen Konflikten politische Konstellationen in der Gegenwart mitbestimmt – nicht nur als Disposition durch die „Sagbarkeitsregeln" von anhaltenden Diskursen, sondern indem sie unmittelbar die Positionierung von politischen Intellektuellen geprägt haben.

Zweitens ist die Bedeutung der moralischen und sozialen *Zumutungen* durch politische Entscheidungen in Zeiten der Reform und außenpolitischer Krisensituationen wenn nicht gewachsen, so doch offensichtlicher geworden. Bei den Sozialreformen oder der Nutzung von Genetik, bei der Einwanderungspolitik oder dem Vorgehen gegen terroristische Bedrohungen sind politisch-moralische Handlungsspielräume zusehends in das Fenster politischer Entscheidungen und öffentlicher Aufmerksamkeit gerückt. Wie stellen sich Handlungsspielräume in historischer Perspektive dar – etwa im Kontext der immer wichtiger werdenden politischen oder humanitären Interventionen, die von der gewachsenen Form westlicher Großmacht- und Kolonialpolitik nicht zu trennen sind? Was kann, bezogen auf die sozialen Reformprozesse, Politik der Gesellschaft zumuten, was ist aus historischen Prozessen über Grenzen der Integrierbarkeit zu lernen und was über Muster der Aneignung entsprechender Maßnahmen?

Politik droht zum Entwurfs- und Krisenbewältigungsprogramm zu werden, wenn die geschichtlich gewachsenen Rezepturen des sozialen Kitts, aber auch Szenarien der Auflösung sozialer Bindungen und der Bindung an Institutionen nicht in ihrer historisch generierten Tiefenschichtung im Blick behalten werden. Dabei können historische Analysen darüber Aufschluss geben, wie soziale Gruppen und Gesellschaften durch kulturell und kommunikativ tradierte Erfahrungen von Integrationsangeboten und Desintegrationsszenarien geprägt werden. Eine soziale und ethnische Integrationsdebatte, die kulturelle Reflexivität und Kontextsensibilität statt sozial- und wirtschaftspolitischer Integrationsleistungen in den Mittelpunkt stellt, bedarf einer Revision des Kulturbegriffs. Sie muss die Tatsache nachvollziehen, dass in modernen Gesellschaften viele Bindungen durch Wahl und Entscheidung und nicht durch Herkunft und Bestimmung entstehen. In der Unterstützung dieser Tatsache durch eine historische Kulturwissenschaft liegt eine ihrer wegweisenden Aufgaben.

Handlungsspielräume sind dabei mehr als bisher als Rechtsspielräume zu begreifen. Juristische Entscheidungen wie in der „Kopftuch-Debatte" stiften und regulieren Grenzbereiche sozialer Interaktion und interkultureller Arrangements. Die EU-Verfassung wirft die grundsätzliche Frage nach Genese und Geltung von Grundrechten auf. Angesichts der hybriden Globalkultur rückt die Universalität von Menschenrechten ins Blickfeld. Eine Geschichte des 19. und 20. Jahrhunderts, die sich am Gegenwartshorizont orientiert, sollte sich der Entfaltung und

Regression ihrer politisch-moralischen Geltung über den nationalen Raum hinaus widmen. Damit gewinnt sie Anschluss an die vielfältigen Formen, Identitätspolitiken von Minderheiten und Majorisierten im sozialen oder kulturellen Feld zu untersuchen.

Drittens: Die Geschichtswissenschaft hat sich im Zuge der kulturalistischen Wende auf dem Feld von Semantik und Symbolik neue Kompetenzen angeeignet, indem sie die Analyse dieser Dimensionen vom „Text" auf die „Textur", auf den Bedeutungszusammenhang der historischen Wirklichkeit, übertragen hat. Navid Kermani (2002) hat in einer knappen Skizze kurz nach „9/11" die in den Medien rasch gezogenen Verbindungen zwischen den Assassinen, einem vermeintlich authentischen islamischen Märtyrerkult, und dem neuen Terrorismus als Kurzschluss entlarvt und stattdessen auf die moderne und neuartige Form eines symbolisch agierenden Sektenterrorismus hingewiesen. Dieser hat seinen Ort in einer Welt medialer und kommerzieller Simulation, der sich Bin Laden in der Verfertigung seiner medialen Identität ebenso anpasst wie die Aum-Sekte oder Timothy Veigh (vgl. Fischer in diesem Band).

Das Beispiel zeigt, wie sich die Kompetenz, Erinnerungsmedien und Geschichtskultur auf ihre politische Symbolik hin zu untersuchen, über NS-Zeit und Holocaust hinaus auf die globale Dimension politischen Handelns erstrecken kann. Geschichtsbilder sind zunehmend weder rein „national" strukturiert, noch beeinflussen sie allein den nationalen Handlungsrahmen. Die globale Verflechtung von Politik, Ökonomie und Medien bindet auch transnational wirksame Instrumentalisierungen von Geschichtsbildern ein. Je größer und vielfältiger dabei der kulturelle und historische Einzugsraum wird, desto wichtiger wird das interdisziplinär ausgerichtete, differenzierende Korrektiv einer historischen Kulturwissenschaft.

Perspektive: Reflexion von Machtkulturen

Bei den drei genannten Spielräumen von Intervention, Zumutung und Identität geht es um Macht- und Handlungspotenziale, die im öffentlichen Raum verhandelt oder vor diesem gezielt verborgen werden. Beim Paradigmenwechsel der nationalen Historiographie in den sechziger und siebziger Jahren ging es schon einmal um den öffentlichen Raum – die Liberalisierung der Bundesrepublik. Gegenwärtig treiben die politischen Konflikte die transnationale Verflechtung auch des öffentlichen Raums voran. Wie hier Spielräume und Anteile verteilt werden, welche Leitbilder kultureller, historischer und politisch-moralischer Art zirkulieren und sich festsetzen, kann nicht nur Sache von Politikern und Feuilletonisten sein.

Ging es beizeiten um die Emanzipation der bundesdeutschen Gesellschaft von ihrer nationalistischen Vergangenheit und ihrem Demokratiedefizit, so steht nun die Entgrenzung ihres Liberalisierungsanspruchs auf der Tagesordnung – nicht im Sinne eines universalen Geltungsanspruchs westlicher Werte, sondern gerade als kritische Reflexion impliziter Werteordnungen, insbesondere des politischen Handelns. Deutungskulturen, Handlungsspielräume und politische Symboliken als ebenso historisch gewachsen wie gegenwärtig disponierend zu beschreiben, wendet die kritische Geschichte als Reflexionskultur gegen globale Verflachung und neonationalen Größenwahn. Geschichtsbetrachtung dient dann nicht nur der eigenen Liberalität, sondern einer Geltendmachung von interkulturell reflektierten Liberalitätsanforderungen in weltöffentlicher Perspektive. Um die zukünftige Debatte um Menschenrechte, kulturelle Identitäten und Interventionsmechanismen allerdings mitgestalten zu können, müssen die Problemstellungen von Geschichtskulturen überhaupt erst zwischen den intellektuellen Verständigungsforen nationalen und transnationalen Zuschnitts oszillieren.

Wollen Historiker auch in der Zukunft der „Weltgesellschaft" „dem Leben" dienen, wie Nietzsche es gefordert hat, müssen sie ihre Fragestellungen an transnationalen Problemkomplexen ausrichten, kulturreflexive Grundkompetenzen erwerben und sich wieder vermehrt politischen Handlungsspielräumen widmen. Das ließe das Kulturelle im Politischen zum Leitfaden werden statt des quasi überall auffindbaren Politischen im Kulturellen. Es würde nach sich ziehen, über die „Westlichkeit" des Verhältnisses von Geschichte und Politik nachzudenken, wenn historische Deutungen im politischen Raum instrumentalisiert werden. Schließlich wäre es eine adäquate Ausstattung, um sich der politischen Wende der „Risikogesellschaft" im frühen 21. Jahrhundert mit ihren ungleichen Machtverhältnissen und Zerstörungsimplikationen zuzuwenden, in der trotz AIDS, SARS und Tsunami die Risikokoordinaten der *global community* weniger über Technik- und Umweltfolgen als über die Asymmetrien historisch gewachsener Machtkulturen bestimmt werden.

Literatur

Berg, Nicolas (2003), *Der Holocaust und die westdeutschen Historiker. Erforschung und Erinnerung*, Göttingen.

Groh, Dieter (1973), *Kritische Geschichtswissenschaft in emanzipatorischer Absicht*, Stuttgart u. a.

Kermani, Navid (2002), *Dynamit des Geistes. Martyrium, Islam und Nihilismus*, Göttingen.

Knoch, Habbo (2001), *Die Tat als Bild. Fotografien des Holocaust in der deutschen Erinnerungskultur*, Hamburg.

Knoch, Habbo (2004), „Rezension: Berg, Der Holocaust und die westdeutschen Historiker", in: *H-Soz-u-Kult*, 4. Februar, http://hsozkult.geschichte.hu-berlin.de/rezensionen/2004-1-065.

Leggewie, Claus u. a. (2004), „Von der Moralisierung zur Historisierung. Überlegungen zur deutschen Geschichtskultur. Gespräch am 8.3.2004", in: *Mittelweg 36*, Jg. 13, H. 3, S. 71-88.

Nietzsche, Friedrich (1988), „Vom Nutzen und Nachteil der Historie für das Leben. Unzeitgemäße Betrachtungen II", in: ders., *Sämtliche Werke. Kritische Studienausgabe*, Bd. 1, München/Berlin/New York, S. 243-334.

Nolte, Paul (2004), *Generation Reform. Jenseits der blockierten Republik*, München.

Ritter, Gerhard (1950), „Gegenwärtige Lage und Zukunftsaufgaben deutscher Geschichtswissenschaft", in: *Historische Zeitschrift*, Bd. 170, S. 1-22.

Sabrow, Martin/Jessen, Ralph/Große Kracht, Klaus (Hg.) (2003), *Zeitgeschichte als Streitgeschichte. Große Kontroversen seit 1945*, München.

Schissler, Hanna (2005), „Weltgeschichte als Geschichte der sich globalisierenden Welt", in: *Aus Politik und Zeitgeschichte*, B 1-2, S. 33-39.

Schneider, Christian (2004), „Der Holocaust als Generationsobjekt. Generationengeschichtliche Anmerkungen zu einer deutschen Identiätsproblematik", in: *Mittelweg 36*, Jg. 13, H. 4, S. 56-72.

Walzer, Michael (2003), „Der Sieg der Lehre vom gerechten Krieg – und die Gefahren ihres Erfolgs", in: ders., *Erklärte Kriege – Kriegserklärungen*, Hamburg 2003, S. 31-51.

Wehler, Hans-Ulrich (1995), „Geschichtswissenschaft heutzutage: Aufklärung oder ‚Sinnstiftung'?" (1989), in: ders., *Die Gegenwart als Geschichte. Essays*, München, S. 189-201.

Welskopp, Thomas (1999), „Westbindung auf dem ‚Sonderweg'. Die deutsche Sozialgeschichte vom Appendix der Wirtschaftsgeschichte zur Historischen Sozialwissenschaft", in: Wolfgang Küttler/Jörn Rüsen/Ernst Schulin (Hg.), *Geschichtsdiskurs, Bd. 5: Globale Konflikte, Erinnerungsarbeit und Neuorientierungen seit 1945*, Frankfurt a. M., S. 191-237.

Republik *denken*

1989 neu entdecken
Die verdrängte Gründungsrevolution der Berliner Republik

Alexander Cammann

Der Schlaf der späten Bundesrepublik gebar 1987 einen ungeheuerlichen Traum: „„Aber Ceauşescu, dieser alte Gangster (…) hat ja abgeräumt, was er konnte, bevor ihn seine eigenen Leute endlich abgeknallt haben."" Mickey Woolstone, amerikanischer Hotelier in Bukarest, schildert im Jahr 2006 einem Reporter des *New Yorker*, was sich in Rumänien alles verändert hat: „„Das ist der Wilde Osten! Eine Goldgräberstadt!"" Die Bilanz der blassen, hübschen Amerikanistik-Studentin Carola fällt gegenüber dem Journalisten weniger rosig aus: „„Es gibt zehntausend Tote, ein paar alte Rechnungen werden beglichen, doch drei Tage später geht das ganze Land zur Tagesordnung über. Die Personalakten landen im Kanonenofen, die Orden werden auf den Müll geworfen, man macht einen kleinen Laden auf, man geht hamstern und hausieren. Wie war das denn mit den Ceauşescu-Leuten? Die Gerichtsverfahren sind alle im Sand verlaufen. Ein paar lächerliche Geldstrafen, dann die Amnestie. Und heute werden diese Verbrecher wie rohe Eier behandelt! Wir garantieren ihnen ihre Villen, ihre Pensionen. Nur keinen Ärger! Die Apparatschiks machen immerhin 8-10 % der Bevölkerung aus, die Mitläufer 60 %.""

Mit diesen erdachten Dialogen schaute der Dichter wie ein antiker Seher in die Zukunft: Das Erscheinungsdatum von Hans Magnus Enzensbergers (1989: 486, 489f.) imaginärer Reportage aus dem Europa nach einer Epochenscheide ist der 21. Februar 2006. Der fiktive Bericht des Journalisten Timothy Taylor für den *New Yorker* prophezeite nicht nur die rumänische Revolution, inklusive Hinrichtung des scheinbar allmächtigen *Conducators* Ceauşescu. Auch das zusammengewucherte Berlin jener Zukunft erträumte Enzensberger schon 1987, im Gespräch des amerikanischen Reporters mit einem britischen Korrespondenten in der Stadt: „„Tatsache ist, daß die Deutschen einander nicht ausstehen können. Ossies und Wessies – das ist wie Hund und Katze!' – ‚Ich dachte, sie hätten sich zusammengerauft.' ‚Offiziell schon. Aber wenn du ihre Deklarationen beim Wort nimmst, gerätst Du sofort in ein Unterholz von Komplexen, Rivalitäten und Ressentiments. Es ist doch bezeichnend, daß die Zahl der deutsch-deutschen Heiraten, der Mischehen, wenn man es so nennen kann, minimal geblieben ist. (…) Wenn ich meine jungen Freunde hier über die jeweils andere Seite reden höre – ich sage dir, die sind geradezu von Ekel geschüttelt! Der Wessie schwört auf sein Lufthansa-Weltbürgertum. Dafür ist der Ossie moralisch allemal der Größte, so, als wäre er automatisch immun gegen alles, was Dekadenz heißt, Korruption oder Zynismus. Mit einem Wort: jeder der beiden fühlt sich über den andern weit erhaben.'" (Ebd.: 472)

Abgesehen von der überraschenden Fußnote zur „Ossi-Wessi"-Terminologie erstaunt den heutigen Leser Enzensbergers Vorwegnahme der tektonischen Verschiebungen des Kontinents, einschließlich des postrevolutionären Jammertals. Wie ernst auch immer diese spielerische Träumerei gemeint war: Sie war auch für einen vielfach erprobten Zeitgeistvirtuosen wie Hans Magnus Enzensberger eine prognostische Meisterleistung. Zwei Jahre danach wurde Enzensbergers Traum Realität. Des Dichters Phantasie gelangte in Ostmitteleuropa 1989 an die Macht. Selbst den Schlüsselbegriff dieses die Verhältnisse zum Tanzen bringenden Jahres hatte er im Schlussabsatz seines Traums vorweggenommen: „Es ist Wahnsinn! (...) Der helle Wahnsinn!" (Ebd.: 500)

Nur wenige Kilometer Luftlinie vom Münchner Enzensberger entfernt wachte der Philosoph Jürgen Habermas am Starnberger See über den Schlaf der späten Bundesrepublik, damit sie von solchen Wahnsinnträumen nicht geweckt werde. Als 1989 die ruhestörenden Mauerspechte aus dem Osten hämmerten und nicht wieder verstummten, dekretierte er halb beschwichtigend, halb beschwörend: „Aber die nachholende Revolution wirft kein neues Licht auf unsere *alten* Probleme" (Habermas 1990: 7). Schon sein Begriff der „nachholenden Revolution" für das, was 1989 passierte, war eine terminologische Einhegung: Was sich kühl analytisch gab, war in Wahrheit der heftige Abwehrkampf eines Hüters der Bundesrepublik. Nun wurden in diesen stürmischen Monaten viele Sätze geschrieben, die flugs von der Geschichte überholt wurden. Sorgen, Ängste und Fehldeutungen sind in solchen Zeiten an der Tagesordnung, entschuldbar und eher gering zu gewichten. Die schriftliche Hinterlassenschaft von Habermas aus diesen Monaten ist da keine Ausnahme. Jedoch lohnt in diesem Fall ein genauerer Blick: Symptomatisch wird hier erkennbar, was für eine unerhörte Provokation die Revolution von 1989 für viele spätbundesrepublikanische Intellektuelle war und welche tiefsitzenden Ängste und Abwehrreaktionen sie auslösen konnte.

Heute, im Jahr 2005, ist die Revolution von 1989 nicht zuletzt deswegen in der deutschen Öffentlichkeit kaum noch präsent. Es gibt Erstsemester, die nicht mehr wissen, wann der Mauerfall war: „irgendwann in den 1980er Jahren". Im Jahr 2004, als die erfolgreichste Revolution der deutschen Geschichte sich zum 15. Mal jährte, war von anderen Jubiläen die Rede: Im medialen Trommelfeuer sprang man am D-Day zunächst an den Strand in der Normandie, fieberte mit Stauffenberg am 20. Juli, um sich dann in die Schützengräben des Ersten Weltkriegs zu ducken. Und als die Deutschen schließlich in den Führerbunker hinabstiegen, verschwand die Erinnerung an 1989 vollends hinter der an 1945. 1990 war sich ein kluger Beobachter noch sicher: „Aber eines steht fest: Die Revolution wird zum Gründungsmythos des neuen deutschen Staates gehören." (Hartung 1992: 53) Er hat sich gründlich geirrt.

Mit der verdrängten Revolution scheint sich Deutschland gegenwärtig gut eingerichtet zu haben. Zumeist wird nicht einmal das Wort „Revolution" verwendet: „Wende" lautet der allgemein übliche, verdruckste Begriff, den Egon Krenz im Oktober 1989 in plattwalzender Absicht lancierte – sein größter und nachhaltigster politischer Erfolg.

Die auf den ersten Blick müßig erscheinende Jubiläumskonkurrenz ist für den Ideenhaushalt der Republik durchaus von Bedeutung. Denn noch ist 1989 nicht als *conditio sine qua non* der deutschen Demokratie anerkannt und prägt nicht deren Selbstverständnis. Noch hat die Revolution – jenseits alljährlicher Feiertagsrhetorik – hierzulande keinen Platz in der republikanischen Tradition. Warum das so ist, erfahren wir am besten aus den Stichworten zur geistigen Situation jener welthistorischen Zeit 1989/90, die damals Jürgen Habermas lieferte, der einflussreichste deutsche Intellektuelle nach 1945. Die Irrtümer deutscher Intellektueller in jenen Monaten sowie deren Schwierigkeiten mit der Nation sind von konservativer Seite oft hämisch zur Schau gestellt worden. Das soll hier nicht weiter interessieren. Doch die Struktur damaliger Argumente lastet bis heute als Hypothek auf den deutschen Selbstverständigungsdebatten.

1989 und sein Katechon: Jürgen Habermas

Die *Kleinen Politischen Schriften VII*, die Jürgen Habermas 1990 veröffentlichte, trugen den Titel *Die nachholende Revolution*. Hier kann man nachlesen, wie der von der plötzlichen Beschleunigung der Geschichte irritierte Habermas am 23. November 1989, zwei Wochen nach dem Mauerfall, seinen Freunden in einem zunächst unveröffentlichten Positionspapier sein Innenleben offenbarte: „Unklar sind also die Gefühle, die die Bewegung in der DDR bei uns ausgelöst hat" (Habermas 1990: 158; Wiggershaus 2004: 124f.). Selten sah man den Denker so unsicher wie in diesen Wochen. Nun hat nicht jeder die Nase eines Hans Magnus Enzensberger. Doch kopfschüttelnd staunt selbst der gutwilligste Leser über die kaum kaschierte Panik in seinen Sätzen. „Aber der Boden der öffentlichen Emotionen ist aufgelockert. (...) Eingerastete Mentalitäten brechen auf, Fronten geraten in Bewegung." (Habermas 1990: 159) Kann der westdeutsche „Republikanismus aus Gewohnheit noch in Gefahr geraten? Die Antwort wird davon abhängen, wie wir den inneren Zustand einer Bundesrepublik beschreiben, auf die heute die Brocken einer durchlöcherten Mauer niederrieseln" (ebd.: 162). Nun, der Steinigung entging die Bonner Republik. Der Mauerfall wird allerdings als Bedrohung für die Bundesrepublik erlebt: Bei Habermas taucht das tiefe Misstrauen gegenüber den Deutschen auf, die sich die Demokratie nicht „angeeignet", sondern allenfalls an sie „gewöhnt" hätten. Tatsächlich klingt in der positiv gemeinten Würdigung seiner Mitbürger unverhohlen Skepsis durch: „Die Bürger der Bundesrepublik *hatten* ein nicht-nationalistisches Selbstverständnis entwickelt und einen nüchternen Blick für das, was für jeden einzelnen an cash, an Gebrauchswerten aus dem politischen Prozeß herausspringt." Diese skeptische Sicht auf die Welt der Westdeutschen wird von der Furcht vor dem Bevorstehenden übertroffen: „Was wird aus diesen Dispositionen unter dem Druck einer Unsicherheit unter Arroganz verbergenden Politik, die stracks auf den gesamtdeutschen Nationalstaat zusteuert?" (Ebd.: 215) Denn das negative Absolute in der Geschichte lauert für alle Zeit gleich hinter der nächsten Ecke: „Auschwitz kann und soll die Deutschen, auf welchen staatlichen Territorien sie sich auch immer einrichten mögen, an etwas anderes erinnern: daß sie sich auf Kontinuitäten ihrer Geschichte nicht verlassen können." (Ebd.: 219) Dieses Denken nach Auschwitz hatte in politischer Hinsicht auf Dauer paradoxe Konsequenzen: Selbst die in den mehr als vier Jahrzehnten in der Bundesrepublik – unter tatkräftiger Mithilfe linksliberaler Intellektueller wie ihm – geschaffenen „Kontinuitäten" wurden nicht nur skeptisch betrachtet, sondern standen im Grunde immer unter Verdacht, weil man sich nie mehr sicher sein konnte.

Dass sich der Theoretiker des herrschaftsfreien Diskurses in den deutschen Grundsatzdebatten durch klassisches Freund-Feind-Denken als ein Meisterschüler Carl Schmitts erweisen konnte, ist schon des öfteren bemerkt worden. Auch seine Texte 1989/90 machen da keine Ausnahme. Hauptgegner sind immer wieder Helmut Kohls Bundesregierung, die konservative *Frankfurter Allgemeine Zeitung* sowie immer noch Ernst Nolte, den Habermas doch soeben im Historikerstreit souverän deklassiert zu haben schien. Einzige Lichtgestalt ist Richard von Weizsäcker, unter dessen „symbolischem Schirm" die Bundesrepublik soweit liberalisiert sei, dass die Linke sich mit der Wirklichkeit und den Institutionen der grundgesetzlichen Ordnung identifizieren könne – eine merkwürdig patriarchale Kehre kritischer Gesellschaftstheorie (ebd.: 163). Am Fokus des Philosophen in jenen Texten lässt sich nicht herumdeuten: 1989 ist im Kern eine Gefahr für die politische Kultur der späten Bundesrepublik.

Habermas' umstrittenes Wort vom „DM-Nationalismus" (ebd.: 205) sollte Karriere machen; außen vor blieb dabei die Tatsache, dass alle ostmitteleuropäischen Länder ähnliche Wege gingen wie die DDR, die darüber hinaus zufällig in der glücklichen Lage war, sich mit dem Westen vereinigen zu können. Vor allem erstaunt im Rückblick die nationale Perspektive. So sei „Mitteleuropa" immer ein „Stichwort für den Traum von der Vormachtstellung des Deutschen Reiches" (ebd.: 164) gewesen – dabei ignoriert Habermas, dass die ostmitteleuropäischen Dissidenten schon lange den Begriff für sich emanzipatorisch besetzt hatten (Konrád 1985; Schlögel 1986). Von einer Einbeziehung des Anderen ist 1990 noch nichts zu entdecken.

In besonderem Maße gilt das auch für die Einordnung der revolutionären Subjekte nebenan. Die „nachholende Revolution" ist für Habermas (1990: 181) „die Rückkehr zum demokratischen Rechtsstaat" und „Anschluß an den kapitalistisch entwickelten Westen". Das war im engeren Sinne schon deshalb fragwürdig, weil die revoltierenden DDR-Bürger den demokratischen Rechtsstaat nie erlebt hatten, da es ihn seit 1933 in diesen Breiten nicht mehr gegeben hatte. Für das ganze östliche Europa bedeutete 1989 schon aufgrund der lange Jahrzehnte währenden Diktatur keine „Rückkehr", sondern Neugründung, die allerdings – in welcher Form auch immer – an Traditionen anknüpfen konnte. Ähnlich fragwürdig erscheint sein „Anschluss"-Begriff, bei dem übrigens die negative Konnotation unübersehbar durchschimmert. Auch in einem umfassender verstandenen Sinne wird die Terminologie des Philosophen nicht überzeugender: Es lohnte sich, einmal über die kontrafaktische Frage nachzudenken, was 1989 mit den ostmitteleuropäischen Diktaturen eigentlich passiert wäre, wenn es den kapitalistisch entwickelten Westen inklusive Rechtsstaat *nicht* gegeben hätte. In der Logik von Habermas' „nachholender Revolution": nichts, denn das Ziel für die „Rückkehr" hätte ja nicht existiert. Dieser Irrtum mag auf einer speziellen Erfahrung von 1945 beruhen: der ausgebliebenen Selbstbefreiung. Doch 1989 war eben in den Ländern des Staatssozialismus eine Selbstbefreiung von der Diktatur. Und dazu bedurfte es nicht des „kapitalistischen Westens", auch wenn er als Maßstab in der Praxis sehr hilfreich war.

Habermas' Interpretation von 1989 bleibt diffus; offenbar löste die neue Unübersichtlichkeit massive definitorische Turbulenzen aus. Den Revolutionären von 1989 den „fast vollständigen Mangel an innovativen, zukunftsweisenden Ideen" (ebd.: 181) zu attestieren, ist mehr als erstaunlich. Manchem mag jedenfalls das revolutionäre, zugleich gewaltlose Ende einer Diktatur, die große Teile der Welt über lange Jahrzehnte gewaltsam beherrschte, auch welthistorisch innovativ und zukunftweisend genug erscheinen. Doch Habermas treiben andere Sorgen um: „Es ist ja nicht so, als sei auch nur eines unserer systemspezifisch erzeugten Probleme durch den Sturz der Mauer gelöst worden." (Ebd.: 197) Auch hier wäre zu fragen, ob 1989 die Durchsetzung der Freiheit im Vergleich zu den Problemen der späten Bundesrepublik wirklich eine derart nebensächliche Angelegenheit gewesen ist. Zentrales Anliegen des Philosophen ist in diesen Wochen die Verteidigung des nicht-kommunistischen sozialistischen Projekts: „die sozialistische Linke" fände auch künftig „ihren Platz und ihre politische Rolle", sie hätte „keinen Grund zur Depression" (ebd.: 202f.).

Beim rückblickenden Versuch, Habermas im Angesicht der deutschen Revolution zu verstehen, dringt man unweigerlich in generationstypische psychologische Sphären vor. Die existentiell empfundene Erkenntnis der deutschen
Schuld im Nationalsozialismus, die man selbst in der Jugend unwissend miter-
lebt und überlebt hatte, prägte zutiefst. Angesichts der hymnensingenden Bun-
destagsabgeordneten im November 1989 und ähnlicher Gesangsversuche
Brandts und Kohls vor dem Schöneberger Rathaus graute deshalb dem Philosophen. Im NS-Jungvolk, bei den „Pimpfen", hatte er bei den alljährlichen NS-
Totenkultfeiern zur Erinnerung an den Hitler-Putsch am 9. November 1923 das
Horst-Wessel-Lied und das jeweils darauffolgende Deutschlandlied mitgesun-
gen: „Bei solchen Erinnerungen kommt einem auch die dritte Strophe der (...)
Hymne nicht mehr über die Lippen." (Ebd.: 158). Mit solchen Erinnerungen im
Kopf vermochte Habermas 1989 tatsächlich nur im Schatten von 1945 zu sehen.

Die bemerkenswerte Symbiose aus Bekenntnis *zur* und schärfster Kritik *an*
der Bonner Republik schlug bei Habermas 1989/90 um in eine Status quo-
Fixiertheit, die Veränderungen als Bedrohung für das eigene postnationale Projekt empfand. Schon vor über dreißig Jahren hat Niklas Luhmann seinem Antipoden Habermas die Diagnose gestellt, dass angesichts der immer schnelleren
Wandlungen der Gesellschaft „die Linke in der Bewahrung ihrer immer noch
nicht erfüllten Ideale konservativ wird" (Habermas/Luhmann 1971: 398). Zumindest Luhmann dürfte sich somit nicht gewundert haben, dass der fortschrittli-
che Habermas in jenem welthistorischen Augenblick des Jahres 1989 die Rolle
des *Katechon*, des großen Aufhalters übernahm.

Der Antiautoritäre und der Optimist: Enzensberger und Dahrendorf 1989/90

Zwei Jahrgangsgenossen von Jürgen Habermas hatten in jenen Umbruchjahren
einen anderen Blick. Hans Magnus Enzensberger (1997: 65, 67), von dessen
visionärem Traum schon die Rede war, freute sich im Juni 1990 über das „böse
Erwachen für die Liebhaber der Stabilität". Der „schaukelnde, instabile Gang der
Dinge" in Ostmitteleuropa sei „das Normalste, und das heißt auch das Unbere-
chenbarste von der Welt". „Mulmig" sei darüber den Ideenverwaltern geworden,
die ebenso wie die Machtverwalter bestimmen wollten, „wo es lang gehen sollte
mit der Gesellschaft". Beide sähen sich um ihre angestammten Rollen betrogen.
Das Wort „Revolution" setzte er zwar in Anführungszeichen und behauptete wie
Habermas, 1989 hätte kaum Neuartiges geboten. Doch dies bleibt eine Randbe-
merkung. Nach dem Abschied von den Utopien wäre, so Enzensberger, die Sicht
auf den wahrhaft aufrechten Gang frei: „taumelnd unter der Last ihrer Plastikta-

schen" (ebd.: 77) hätten ihn jene vorgeführt, die sich auf den Weg über die Grenze machten. Von Furcht ist in diesem Essay nichts zu spüren, stattdessen stößt man auf antiautoritäre Freude. In diesem Gestus hatte sich schon der 34jährige 1963 in seiner Rede zur Verleihung des Büchner-Preises der gesamtdeutschen Verhältnisse angenommen und die Fragen nach der grenzüberspringenden Identität im gespaltenen Land gestellt (Enzensberger 1967; Lau 1999: 163-172).

„Was für ein Glück war es, dieses Jahr erleben zu dürfen!" (Dahrendorf 1992: 17): So jubelte jenseits des Kanals ein anderer Freigeist über das welthistorische Fest 1989. Ralf Dahrendorf, am St. Antony's College in Oxford lehrender Liberaler, schaute mit viel Verständnis, Enthusiasmus und ohne allzu große Sorgen auf die Revolution. In seinem Edmund Burkes *Reflections on the Revolution in France* nachempfundenen großen Briefessay, verfasst im Juni/Juli 1990, setzte er sich auch mit dem Vorwurf mangelnder Originalität der Ereignisse von 1989 auseinander: „Verdienen Revolutionen ihren Namen erst, wenn sie neue Ideen hervorbringen? Wie neu waren denn die Ideen der Französischen oder der Amerikanischen Revolution?" (Ebd.: 39) In der Bekräftigung „alter" Ideen vermag er nichts Problematisches zu entdecken.

Dahrendorf – noch im Oktober 1989 in einer Laudatio von Habermas mokant als „theoretisch anspruchsvoller, sozialwissenschaftlich informierter politischer Schriftsteller" bezeichnet (Habermas 1990: 67) – diskutiert zurückhaltend den „Zorn" von Jürgen Habermas über den „D-Mark-Nationalismus" (ebd.: 149ff.). Großzügig greift er eine konstruktive Idee aus dessen Argumentationen auf: die Notwendigkeit einer gesamtdeutschen Verfassung für das republikanische Selbstverständnis der Nation. Doch die geistigen Begrenztheiten der reflektierenden Klassen diagnostiziert er schonungslos: „Intellektuelle haben Ereignisse erklärt, die nie stattgefunden haben, und sind vor denen zurückgescheut, die hinter der Revolution von 1989 in Europa liegen." (Ebd.: 93) In einem Londoner Vortrag tröstete er im Oktober 1990 dann die osteuropäischen Protagonisten jener Zeitenwende, deren eigenen oftmals hochfliegend-utopischen Träume mittlerweile selbst überholt waren. Im Sturz des *ancien régime* sei „die Revolution von 1989 gelungen wie wenige andere vor ihr" (ebd.: 19).

Habermas, Enzensberger, Dahrendorf: Es gab unter deutschen Intellektuellen des legendären Geburtsjahrgangs 1929 unterschiedliche Sichtweisen auf 1989. Im Vergleich zum liberalen Optimisten und antiautoritären Dichter sticht dabei vor allem die eigentümliche Provinzialität der Habermasschen Texte ins Auge. Es ist die spätbundesrepublikanische Ordnung der Dinge, um die es dort geht. Dass nebenan eine Epoche zu Ende geht, in Deutschland, in Ostmitteleuropa und in der Welt, erfährt man bei ihm – im Unterschied zu seinen beiden Antipoden – kaum. Auch das gehört zu den Paradoxien jener Epochenscheide: Die postnationale Perspektive entpuppte sich in dem Moment, als es darauf ankam, als entschieden selbstbezügliche, provinziell-nationale Denkfigur. Vielleicht ist sie deshalb hierzulande so wirkungsmächtig geworden.

1989 – der blinde Fleck der deutschen Gegenwart

Sind jene versunkenen Debatten der Jahre 1989/90 heute nurmehr von archivalischem Interesse? Hat nicht längst auch ein kritischer Geist wie Jürgen Habermas seine Ruhe gefunden (Nolte 2003)? Er machte seinen (diffusen) Frieden mit der „Normalität" des deutschen Nationalstaats und – nach dessen Abwahl – mit Helmut Kohl, schlussendlich gar in seiner Dankesrede zum Friedenspreis des Deutschen Buchhandels 2001 auch mit der Religion (Habermas 1995; 2001). Lohnt also der Streit um 1989 überhaupt noch?

Ohne die Macht der Ideen überschätzen zu wollen: Vieles spricht dafür, in den Spätfolgen des antirevolutionären Ressentiments von damals die eigentliche Ursache dafür zu suchen, dass sich die Deutschen heute ihrer erfolgreichsten Revolution kaum bewusst sind. Die rot-grüne Bundesregierung zum Beispiel offenbarte spezielle Ignoranz, als Gerhard Schröders im Spätherbst 2004 seinen letztlich gescheiterten Versuch startete, den Nationalfeiertag künftig auf einen ohnehin arbeitsfreien Sonntag zu verlegen. Die Umstandslosigkeit zeugt von Geringschätzung: Denn trotz seiner unpathetischen Defizite ist der 3. Oktober ein Ergebnis der Umwälzung, das auch jene erfolgreiche Revolution symbolisiert. Auf ähnliche Weise ignorant war Ende 2004 der handstreichartige Transfer der Behörde der Bundesbeauftragten für die MfS-Unterlagen per Kanzlererlass in den Zuständigkeitsbereich der Kulturstaatsministerin. Der besondere Umgang mit den Akten der Staatssicherheit war jedoch ein Erbe der Revolution von 1989, durchgesetzt mit Protesten und Hausbesetzungen. Die Verweigerung einer – durchaus sinnvollen – inhaltlichen Diskussion über die Organisation dieser Hinterlassenschaft durch Rot-Grün belegt einmal mehr das andauernde Störpotenzial von 1989: Wenn es zu anstrengend oder riskant wird, muss das Erbe brachial aus dem Weg geräumt werden. Die allgemeine Geringschätzung der jüngsten deutschen Vergangenheit ließe sich auch recht gut am öffentlichen Bild der Bürgerrechtler illustrieren: DDR-Oppositionelle werden heute vorwiegend als bärtige komische Käuze beschrieben. Es ist üblich geworden, Bärbel Bohley und Co. als lächerliche Figuren darzustellen.

Diese Beispiele belegen eine große Verweigerung. Wenn man sich auf die Suche nach deren Ursachen macht, landet man ganz schnell bei der tiefen Skepsis, mit der die bundesrepublikanische Linke der Epochenscheide von 1989 damals begegnete. Ihre kommode Demokratie, in der sie sich in den 1980er Jahren trotz Helmut Kohl gut eingerichtet hatten, wurde empfindlich gestört. Die kulturelle Hegemonie, die man sich allmählich mühsam erkämpft hatte, erschien ihr durch die Wiederkehr des Nationalen bedroht. Daher jener linke antirevolutionäre Affekt, daher jenes stabilitätsfixierte Status-quo-Denken.

Unter diesen Umständen ist es nicht weiter erstaunlich, dass die Ära des Bonner Teilstaats im allgemeinen Krisenbewusstsein gegenwärtig zum goldenen Zeitalter der deutschen Geschichte mutiert. Die Bonner Republik kommt wieder in Mode – nicht mehr nur bei jenen, die die Identität ihrer Generation aus Spielzeugerlebnissen der Kindheit konstruieren, sondern auch bei den darob einst die Nase rümpfenden Älteren. Die Sehnsucht nach der guten alten Zeit hat um sich gegriffen, in der von Hartz IV, Schönheits-OPs im Fernsehen, Präventivkriegen, deutschen Soldaten am Hindukusch, demographischen, terroristischen und sonstigen Bedrohungen noch nichts zu spüren war. So friedlich und zivil sei das Land damals gewesen, heißt es heute allüberall in der „Retro-Republik" (*Die Zeit* vom 9. September 2004). Der Preis dafür wird darüber gerne vergessen: die permanente atomare Vernichtungsdrohung und die Unfreiheit im anderen Teil der Welt, der gleich nebenan begann. Gerade die deutsche Linke übt sich mittlerweile in einer konservativen Apologie der späten Bundesrepublik, bei der man sich verblüfft die Augen reibt. Die 1980er Jahre sind heute zum rosarot gefärbten Wunschtraum der grauen deutschen Gegenwart geworden.

1989 als Chiffre für eine „Generation Revolution"?

Solche regressiven Tendenzen können zwar für den Moment wärmen, bieten aber kaum Orientierung. Gerade die Jüngeren, auf deren Gestaltungsfähigkeit es künftig ankommen wird, sollten sich ins Gedächtnis rufen, dass es ein Zurück hinter die Epochenscheide 1989 nicht geben kann. Beim Abschütteln billiger Nostalgieanwandlungen könnten sie jedoch von Habermas und Kohl lernen. Denn es gab eine wirkungsmächtige ideelle Ressource, auf der die Bonner Republik ruhte: „1945" war die Chiffre, unter der das politische Koordinatensystem des westdeutschen Teilstaats bis zuletzt funktionierte. Im „Nie wieder" vereinte sich die skeptische Generation der Flakhelfer noch mit ihren protestierenden Gegnern der 68er. Für *beide* blieb 1945 das prägende Datum, das sie, wie das Beispiel Habermas zeigt, auch virtuos-vehement ins Feld führten, wenn es sich durchzusetzen galt.

Die Jüngeren sollten sich auf ihre eigene Jahrhundertzäsur besinnen: 1989 hätte das Potenzial, eine ähnliche Prägekraft wie 1945 für die Generationen zuvor zu entwickeln. Vielleicht wurden in der 1990er Jahren schludrig zusammengestellte Generationsbausätze für die „89er" vorschnell ad acta gelegt. Zwar sind die Erfahrungen mit jener Epochenschwelle in Ost und West naturgemäß sehr unterschiedlich. Dennoch könnte nicht nur für junge Ostdeutsche, sondern auch für viele junge Westdeutsche, die 1989 vor dem Fernseher angesichts ihrer mauersprengenden Landsleute mitweinten, jene Revolution identitätsstiftend werden. Denn viele erlebten danach ihren Osten, studierten dort, feierten Partys in den verfallenen Hinterhöfen von Leipzig und Ost-Berlin, reisten bis in die Ukraine, machten schließlich Karriere an Universitäten im Umbruch, in Unternehmen, Verwaltung oder Politik. Vielleicht wurde diese Kohorte allzu rasch als „Generation Berlin" (Bude 2001) rubriziert. Natürlich ist die tabula-rasa-Prägung junger Ostdeutscher um ein vielfaches größer. Doch auch viele Westdeutsche sind im Osten auf Möglichkeitsräume gestoßen, die ihnen in den Kontinuitätslinien der späten Bundesrepublik entgangen wären. Auch für sie wurde 1989 zum Wendepunkt von Lebenswegen. So werden wir womöglich bald miterleben können, wie das Ost-Berlin der „wilden neunziger Jahre" seinen Platz in der deutschen Mythenlandschaft findet: All jene jungen Menschen auf Abenteuersuche, die zu dieser Zeit in die Stadt kamen und dann später auf Arbeitssuche wieder in alle Himmelsrichtungen verstreut wurden, werden noch bis ins hohe Alter, bis zur Jahrhundertmitte also, in üblicher retrospektiver Verklärung von ihrer „schönsten Zeit" schwärmen. Eine gemeinsame „Schicksalslage" (Helmut Schelsky) für Ost und West ist also durchaus für diejenigen denkbar, die – so oder so – 1989 als prägendes Ereignis in jungen Jahren erlebt haben.

Unabhängig von solchen objektivierbaren Faktoren könnte man allerdings auch ganz funktionalistisch für die Instrumentalisierung von 1989 als Argument der Jüngeren plädieren. Schließlich haben Flakhelfer und 68er vom Charisma der Chiffre 1945 bis heute profitiert und dieses, wo nötig, zu ihrem eigenen Nutzen noch befördert. Diese Erfolgsgeschichte von 1945 sollte den Jüngeren schon aus strategischen Gründen zumindest einen Nachahmungsversuch wert sein. Im Osten taucht sie allmählich auf, jene jüngere Generation, sichtbar vor allem in Kunst und Literatur, die Kindheit und Jugend noch in der DDR verbrachte und heute, da viele Ältere dort resigniert und rückwärtsgewandt verharren, ein ähnlich freies Feld vor sich hat wie die Flakhelfer nach 1945. Aus der glückhaften Revolution von 1989 ließen sich zudem jene ideell-emotionalen Ressourcen gewinnen, die der zuletzt ausgerufenen „Generation Reform" (Nolte 2004a) so schmerzlich fehlen. Eine gesamtdeutsche „Generation Revolution" könnte damit dereinst den Siegeszug ihrer Vorgänger wiederholen (Cammann 2004).

Doch das Interesse an 1989 fehlt selbst bei den eigentlich professionell zuständigen Vergangenheitsexperten. „Die Deutschen haben mit Revolutionen (...) schlechte Erfahrungen gemacht", konnte da jüngst der Bremer Historiker Paul Nolte (2004b) behaupten. In seiner viel diskutierten Essaysammlung *Generation Reform* werden beispielsweise zahllose gesellschaftliche Voraussetzungen deutscher Gegenwart analysiert – jedoch 1989, Revolution und deutsche Einheit nur sporadisch und eher zufällig erwähnt. Nun gehört es zum alltäglichen Geschäft der Historiker, die Bedeutung von zurückliegenden Ereignissen immer wieder neu zu bestimmen und darüber zu streiten. Je genauer man dabei hinschaut, desto stärker geraten dabei häufig die Kontinuitäten in den Blick, mehr als die zunächst leicht erkennbaren Umbrüche. Das könnte in mancherlei Hinsicht auch für 1989 gelten. Doch um das zu klären, müsste diese Revolution erst einmal zum Gegenstand der Forschung werden. Die weitgehende Ignoranz deutscher Zeithistoriker gegenüber diesem zentralen Ereignis der deutschen Geschichte kommt einer intellektuellen Kapitulation gleich (Cammann 2003).

1989 jenseits des Schattens von 1945

Die Akzeptanzprobleme von 1989 im spätbundesrepublikanischen *juste milieu* wirken bis heute nach. „1989 ist im deutschen intellektuellen Bewußtsein kein so tiefer Einschnitt wie in dem des übrigen Europa, und schon gar nicht ein Moment des Aufatmens ob des Triumphs der offenen Gesellschaft", beobachtete mit dem Blick von außen Ralf Dahrendorf (2004: 216) im Jahr 1999.

Dieser geistige Sonderweg lässt sich einmal mehr bei Habermas studieren. Zehn Jahre nach der legendären Rede Richard von Weizsäckers zum 8. Mai hielt er 1995 in der Frankfurter Paulskirche die Rede zum 50. Jahrestag des Kriegsendes, unter der Überschrift *1989 im Schatten von 1945* (Habermas 1995). Fünf Jahre nach den Albträumen, die ihm ein sich wiedervereinigendes Deutschland bescherte, schließt er *coram publico* seinen Frieden mit dem Nationalstaat – in dieser ausführlichen Form sicher eine der bemerkenswertesten Kehren im intellektuellen Werdegang des Philosophen. Er scheute sogar den Terminus *Berliner Republik* nicht, bis heute ein gerade bei pronuncierten Bundesrepublikanern umstrittener, wenn nicht befehdeter Begriff. Die alten Gegner existierten jedoch im geistigen Kosmos von Habermas nach wie vor: das jungrechte FAZ-Feuilleton sowie diejenigen Interpreten, die 1989 als Ende des Weltbürgerkriegs bzw. die Rückkehr des Nationalstaats als historische Normalität deuteten. Doch der Blick des Mittsechzigers ist alles in allem gelassener geworden. Seine paternalistische Formulierung „Landsleute im Osten" nimmt terminologisch den Schulterschluss mit seinem Generationsgenossen Kohl vorweg, während die kühle Formel von der „erweiterten Bundesrepublik" – wie fünf Jahre zuvor seine „nachholende Revolution" – das normalisierende Kontinuitätsdenken des bundesrepublikanischen Patriarchen Habermas belegt (ebd.: 171, 170). „Normalität" ist der Schlüsselbegriff, um den der Redner nunmehr nach einer die Anhänger sicher überraschenden Volte kreist; bislang stand dieser Terminus ganz oben auf dem Index, weil überall verhängnisvolle „Normalisierer" dabei waren, die deutsche Vergangenheit zu entsorgen. Diese Vergangenheit ist, wie schon so oft, der andere zentrale Punkt dieser Rede.

„Müssen wir unser Verständnis der Zäsur von 1945 im Licht der Ereignisse von 1989/90 revidieren?", stellt Habermas die für ihn entscheidende Frage. „Bleibt für uns Deutsche 1989, for the time being, im Schatten von 1945, weil wir uns nur im Lichte *dieser* Peripetie über die Zukunft unserer politischen Existenz klarwerden können?" (Ebd.: 171) Für die Bonner Republik wäre das klar zu bejahen, denn eine liberale politische Kultur hätte sich in Deutschland „*durch* Auschwitz, durch die Reflexion auf das Unbegreifliche" ausgebildet (ebd.: 170). Seine Antwort in der Paulskirche für die Zukunft fällt aber nicht weniger eindeutig aus: „Zur Lehrmeisterin taugt die Geschichte nur als kritische Instanz. Sie sagt uns im besten Fall, wie wir es *nicht* machen sollen. Es sind Erfahrungen negativer Art, aus denen wir lernen. Deshalb wird 1989 nur so lange ein glückliches Datum bleiben, wie wir 1945 als das eigentlich lehrreiche respektieren." (Ebd.: 187)

Begriffspolitisch ist diese Verschränkung von 1945 und 1989 zunächst eine kluge Strategie, die durch das historische Datum des 9. November mit dessen vielfachen Bedeutungen gewissermaßen automatisch vorgeprägt ist. Mögliche Fragen von Historikern – War die politische Kultur in Deutschland in den 1950er Jahren nicht liberaler als man oft annimmt? Ist nicht 1933 demokratietheoretisch lehrreicher als 1945? – sollen hier beiseite gelassen werden. Ebenso die einigermaßen unerquickliche Aussicht, entweder erneut „Erfahrungen negativer Art" zu benötigen, um für die deutsche Demokratie wieder etwas lernen zu können, oder, was ja kaum weniger schlimm wäre, nichts mehr zu lernen.

Nachdenklicher stimmt die Hierarchisierung der Lehrstofftauglichkeit, die Habermas für alle Zukunft vornehmen möchte. Denn alles, was existiert, unterliegt dem ehernen Gesetz der Endlichkeit. So wie für die Mitlebenden Auschwitz zum Argument wurde, kann und wird das für die Nachlebenden nicht in gleichem Maße der Fall sein: die existentielle Erfahrung ist bekanntlich nicht perpetuierbar. Mehr noch: Je besser und erfolgreicher aus der mahnenden Vergangenheit gelernt wurde und weiterhin gelernt wird, desto stärker wächst die Erfahrung von demokratischer Funktionstüchtigkeit, was wiederum die Bedeutung der mahnenden Vergangenheit immer weiter schmälert. Diese eigentümliche Dialektik wohnt übrigens auch dem Gedenken inne, das seine mahnende, also lehrreiche „kritische Instanz" nur auf Zeit besitzt – solange, bis Denkmäler gebaut werden, zu denen man gerne hingeht. Dem mag man eine Weile mit dem Versuch einer Europäisierung des Gedenkens begegnen wollen – eine kritische Instanz wird diese Art der Erinnerung jedenfalls nicht sein; zu unterschiedlich sind die nationalen Verantwortlichkeiten, als dass lernbarer Lehrstoff gewonnen werden könnte (vgl. Jensen in diesem Band). Zudem wird künftig sämtliche europäischen Generationen der Nachlebenden die positive Erfahrung demokratischer Systeme stärker prägen als die schwächer werdende Erinnerung an die finsteren Jahre kurz vor der Mitte des 20. Jahrhunderts. Das gilt übrigens insbesondere für die Erfahrung von 1989: Alle ostmitteleuropäischen Länder eint das Erlebnis dieser revolutionären Umwälzung, wohingegen die europäische Erfahrung von 1945 zu unterschiedlich ist, um in kritischer Absicht künftig sinnstiftend wirken zu können. Gerade eine postnationale Perspektive könnte sich daher besser aus dem Lehrstoff 1989 begründen lassen. Schon heute, zehn Jahre nach der Rede von Habermas, hat 1945 selbst hierzulande seinen kritisch lehrreichen Charakter immer mehr verloren – gerade weil eine allseits präsente Vergangenheit ihren Stachel verloren hat und immer stärker zum festen Bestandteil nationaler Folklore wird, mit Fernsehmehrteilern zur sechzigsten Wiederkehr von 1945, Führerbunkerfilmen und täglicher Presseberichterstattung. Um die negativen Folgen solcherart Entgrenzung der Vergangenheit für die politische Kultur zu lindern, ist Flexibilität ein Gebot politischer Klugheit: Ein aufgeklärter Republikanismus sollte die Voraussetzungen, von denen er erinnerungspolitisch lebt, die er aber selbst nicht garantieren kann, so wenig wie möglich einengen und gegebenenfalls andere Traditionen ins Gedächtnisspiel einwechseln. Es wäre klug, 1989 rechtzeitig auch außerhalb des – ohnehin sich verändernden – Schattens von 1945 betrachten zu können.

1989 als Gründungsrevolution der Berliner Republik

1989 ist somit als Begründungsressource für einen deutschen Republikanismus eigentlich unabdingbar. Es ist durchaus denkbar, dass in einer eventuellen tiefen Legitimationskrise der Berliner Republik der, frei nach Habermas, jahrzehntelange Gewöhnungsprozess der Westdeutschen nach 1945 an die liberale Ordnung argumentativ weitaus weniger schwer wiegt als jene Revolution der Ostdeutschen, in der sich diese zu den westlichen Werten bekannt und sich deren Ordnung erkämpft haben. Künftige Ideenhistoriker dürften sich den Kopf darüber zerbrechen, weshalb der wichtigste intellektuelle Repräsentant eines deutschen Verfassungspatriotismus einstmals der entscheidenden Legitimationszufuhr für diese Verfassung so ablehnend gegenüberstand. „Der Beitritt war keine republikanische Neugründung" (Habermas 1995: 170) – sicher. Doch was sich formal als Beitritt vollzog, erfüllte nicht alle, aber wesentliche Kriterien einer solchen Neugründung: Ein existierendes Verfassungsprovisorium wie das Grundgesetz bekam durch einen revolutionären Akt die letzte fehlende Legitimation. In diesem Sinne könnte ein Kompensationstheoretiker 1989 sogar als

„stellvertretende Revolution" betrachten, die das System der Bundesrepublik bejaht – eine nachholende Gründungsrevolution. Ohne diese Revolution wäre die deutsche Verwestlichung nach 1945 unvollständig.

Hannah Arendt (1994) hat auf die Bedeutung der Institutionenbildung für Tradition und Geist von Revolutionen hingewiesen; für sie waren Revolutionen durch das Moment der „Gründung" gekennzeichnet, bei dem Handeln sich in Handeln ermöglichende Institutionen niederschlug. Nichts anderes fand während der Revolution 1989/90 statt, angefangen bei den Runden Tischen, endend bei der Länderbildung inklusive Verfassungen. Es gehört zu den irritierendsten handlungs- und institutionentheoretischen Defiziten in den Texten von Jürgen Habermas, diesen für 1989 zentralen Punkt notorisch zu ignorieren. Auch wundert man sich angesichts der heftigen nationalen Diskussionen 1989/90, wie der Denker noch 1995 den fehlenden Status der Neugründung konstatieren konnte, da der Einigung angeblich „keine politische Selbstverständigung vorausgegangen sei, keine Debatte über die Rolle der erweiterten Bundesrepublik, auch nicht über das, was beide Seiten legitimerweise voneinander erwarten dürfen" (ebd.: 170f.).

In der Diskussion um den Artikel 146 GG und die Erarbeitung einer neuen gesamtdeutschen Verfassung allerdings bewahrte Habermas verfassungspatriotische Haltung und plädierte 1990 engagiert für einen Neuanfang (Habermas 1990: 216-220). Tatsächlich lassen sich dem realpolitischen Gewinn, der durch das Kontinuum Grundgesetz und durch das Ausbleiben einer umfassenden Verfassungsdiskussion erzielt wurde, Kosten in der ideellen gesamtdeutschen Bilanz entgegenhalten. Durch eine Volksabstimmung damals über eine eher symbolisch und geringfügig veränderte Verfassung würde 1989 heute weniger Gefahr laufen, als Gründungsrevolution vergessen zu werden. Und es wäre verhindert worden, dass der Bundesrepublik als nicht souveräner deutscher Teilstaat eine rückblickende Normalität verliehen wurde.

Genau diese Teilstaatsnormalität war es, um die Habermas immer gerungen hatte. Daher war 1989 ein unvorhergesehener Störfall seines Langfristprojekts. Unser Eideshelfer Enzensberger hatte diese Mentalität schon 1963 ironisiert: „das Provisorium ist unantastbar" (Enzensberger 1967: 15). Wenn man heute jene erstaunlichen Sätze bei Habermas liest, in denen er 1990 heftig mit der seiner Meinung nach nunmehr ebenfalls national im Wahlkampf agitierenden SPD ins Gericht geht (Habermas 1990: 213f.), dann wünscht man sich unwillkürlich Richard Rorty herbei, den linken amerikanischen Philosophen, der die östliche Revolution in einen gesamtdeutschen linken Patriotismus hätte übersetzen können und damit den Verfassungspatriotismus definitiv in Deutschland verankert hätte. Doch so jemanden gab es hierzulande nicht. Bedauerlich dabei ist rückblickend vor allem eines: jene explizite „Selbstkritik und Selbstüberschreitung", die

Habermas (1990: 166) als Merkmal des „europäischen Geistes" benannte, sucht man bei ihm bis heute vergebens. Jenes Misstrauen gegenüber der am wenigsten nationalistischen Revolution in der deutschen Geschichte – man vergleiche in dieser Hinsicht einmal 1989 mit der von Habermas oft als positive Referenz angeführten Revolution von 1848 – hätte ein gutes Stück (Selbst)Aufklärung vertragen. Unter dieser fehlenden Selbstkritik der deutschen Linken leidet die innere Anerkennung von 1989. Stattdessen wird 1989 bequemerweise verdrängt und stillschweigend normalisiert. Vielleicht ist die historische Leerstelle 1989 auch die späte Rache des postnationalen Bewusstseins der untergegangenen Bonner Republik, nachdem diese sich wieder bis auf weiteres in einen National-staat verwandeln musste. Mit dem fortlebenden postnationalen Geschichtsgefühl der alten Bundesrepublik geht eine generelle Pathosallergie der ironischen Nation einher, die den großen historischen Augenblick 1989 bestens ignorieren hilft.

Doch Gerechtigkeit für die (Groß)Mütter und (Groß)Väter: Aus ihrer von 1945 geprägten Bonner Republik führt auch künftig *die* positive Kontinuitätsli-nie in die Zukunft der deutschen Vergangenheit, inklusive gesundem Selbstmiss-trauen. Das republikanische Erbe dieser Generation wird hoffentlich dereinst ergänzt durch das revolutionäre Erbe; die Epochenscheide von 1989 würde diese Neuabmischung historischer Stränge ermöglichen. Bis es soweit ist, vermag der Eideshelfer aus der (Groß)Vätergeneration Ralf Dahrendorf zu trösten: „Mich jedenfalls läßt die Erfahrung der Protagonisten der Revolution von 1989 nicht los." (Dahrendorf 2004: 218f.). Und der ostdeutsche Schriftsteller Ingo Schulze (2004), Jahrgang 1962, fragte sich kürzlich, „warum es mir so vorkommt, als wachse die Bedeutung des Umbruchs von 1989/90 mit jedem Jahr". Beide dürf-ten mit diesen Empfindungen noch weitgehend alleine sein. „1989 denken": Noch ist das ein unvollendetes Projekt unserer Moderne. Noch verschwindet 1989 immer mehr hinter dem ständig wachsenden Schatten von 1945. Die Berli-ner Republik ist jedoch die Summe aus beiden Daten. Jene Gründungsrevolution der Berliner Republik ins Licht zu stellen, wäre hilfreich als ein Akt der Selbst-anerkennung, ohne den das Land seine Gegenwart und Zukunft weder besteht noch versteht.

Literatur

Arendt, Hannah (1994), *Über die Revolution*, 4. Aufl., München.
Bude, Heinz (2001), *Generation Berlin*, Berlin.
Cammann, Alexander (2003), „1989 – die ignorierte Revolution", in: *Ästhetik & Kommu-nikation*, 34. Jg., H. 122/123: „Geschichtsgefühl", S. 123-129.
Cammann, Alexander (2004), „Generation Revolution: Die Berliner Republik braucht 1989 als ideelle Ressource", in: *Berliner Republik*, 6. Jg., H. 6, S. 52-54.

Dahrendorf, Ralf (1992), *Betrachtungen über die Revolution in Europa*, Bergisch Gladbach.

Dahrendorf, Ralf (2004), *Der Wiederbeginn der Geschichte. Vom Fall der Mauer zum Krieg im Irak. Reden und Aufsätze*, München.

Enzensberger, Hans Magnus (1967), „Darmstadt, am 19. Oktober 1963", in: ders., *Deutschland, Deutschland unter anderm. Äußerungen zur Politik*, Frankfurt a. M., S. 14-26.

Enzensberger, Hans Magnus (1989), „Epilog: Böhmen am Meer", in: ders., *Ach Europa! Wahrnehmungen aus sieben Ländern. Mit einem Epilog aus dem Jahr 2006*, Frankfurt a. M., S. 449-500.

Enzensberger, Hans Magnus (1997), *Zickzack. Aufsätze*, Frankfurt a. M.

Habermas, Jürgen (1990), *Die nachholende Revolution. Kleine politische Schriften VII*, Frankfurt a. M.

Habermas, Jürgen (1995), *Die Normalität einer Berliner Republik*, Frankfurt a. M.

Habermas, Jürgen (2001), „‚Es gibt doch Alternativen!' Interview mit Gunter Hofmann und Thomas Assheuer", in: ders., *Zeit der Übergänge*, Frankfurt a. M., S. 11-24.

Habermas, Jürgen/Luhmann, Niklas (Hg.) (1971), *Theorie der Gesellschaft oder Sozialtechnologie – Was leistet die Systemforschung?*, Frankfurt a. M.

Hartung, Klaus (1992), *Neunzehnhundertneunundachtzig. Ortsbesichtigung nach einer Epochenwende*, Hamburg/Zürich.

Konrád, György (1985), *Mitteleuropäische Meditationen*, Frankfurt a. M.

Lau, Jörg (1999), *Hans Magnus Enzensberger. Ein öffentliches Leben*, Berlin.

Nolte, Paul (2003), „Jürgen Habermas und das bundesrepublikanische Geschichtsgefühl", in: *Ästhetik & Kommunikation*, 34. Jg., H. 122/123: „Geschichtsgefühl", S. 21-29.

Nolte, Paul (2004a), *Generation Reform. Jenseits der blockierten Republik*, München.

Nolte, Paul (2004b), „Die Reichen sind immer die anderen. Über die Schwierigkeit, in Deutschland Reformen in die Wege zu leiten – ein Gespräch mit Paul Nolte", in: *Berliner Zeitung*, 9./10. Oktober.

Schlögel, Karl (1986), *Die Mitte liegt ostwärts. Die Deutschen, der verlorene Osten und Mitteleuropa*, Berlin.

Schulze, Ingo (2004), „Die blasphemische Kraft des Alphabets", in: *Süddeutsche Zeitung*, 26./27. Juni.

Wiggershaus, Rolf (2004), *Jürgen Habermas*, Reinbek.

Patriotismus als Selbstverbesserung
Grundlagen eines neuen Republikanismus

Paul Nolte

Haben wir noch Zeit und Gelegenheit, Deutschland zu denken? „Deutschland rechnen!", das scheint die passendere Überschrift für die Reformkämpfe der vergangenen zwei Jahre zu sein. Es ging darum, Realitäten wiederzugewinnen und knapper werdende Ressourcen zu verteilen. Harte Kalkulationen, nüchterne Ziffern und dramatische Kurven als bittere Pillen: das ist der Stoff, aus dem der neue Deutschland-Diskurs gemacht ist. Mit der demografischen Entwicklung, mit der Einsicht in die potenzierten Effekte von höherer Lebenserwartung und zunehmender Kinderlosigkeit fängt dieser Diskurs regelmäßig an, er setzt sich fort in der Arithmetik der Erwerbsgesellschaft, von den Arbeitslosenziffern über die Arbeitszeit bis zum Vorruhestandsalter, und weil diese Zahlen nicht so sind, wie sie sein sollten, folgt daraus das neue Kalkül des Sozialstaates. Ihren bizarren Höhepunkt erreichte diese Denkweise in manchen Debatten über die Gesundheitspolitik, wo das Feilschen um vorläufig ohnehin unrealistische Euro-Beiträge den prinzipiellen Kern einer Sozialstaatsreform immer mehr in den Hintergrund drückte.

Kein Zweifel: Unter Schmerzen ist das Land in eine neue Phase der Ökonomisierung von Lebenschancen, sozialen Beziehungen und Solidaritäten eingetreten. Ein-Euro-Job, Praxisgebühr, Hartz IV-Sätze und ähnlich unpathetische Begriffe füllen das Wörterbuch des kollektiven Selbstbewusstseins in Deutschland. Die Ursachen dafür liegen auf der Hand: Bei knapperen Ressourcen wird eben genauer gerechnet, und gerechte Verteilung wird wieder wichtiger als in Zeiten des Überflusses und der allgemeinen Zuwächse. Die neue Rechnungsart war zugleich längst überfällig und bitter notwendig. Denn offenbar war es Jahrzehnte lang gelungen, die Folgen demografischer Entwicklung zu verdrängen, die Kosten von Solidarität und Wohlfahrt zu verschleiern (vgl. Niejahr in diesem Band). Jetzt sind die Deutschen aus dem Status der ökonomischen Analphabeten halbwegs herausgetreten und beginnen sich eine Vorstellung davon zu machen, was öffentliche Leistungen kosten, wer davon profitiert und wer möglicherweise die Rechnung bezahlt.

Solidarität und Zusammenhalt hat mit dem Portmonee viel zu tun. Aber die zwischendurch immer wieder beschworene neue Gerechtigkeit bloß mit dem

Rechenschieber herzustellen – das konnte auch nicht gutgehen. Gegen die Kälte der Reformrechnerei sollte ein wärmendes Gegenmittel her. Und prompt war der Patriotismus in aller Munde. Statt „Deutschland rechnen" schien die Devise jetzt zu lauten: „Deutschland fühlen!" Doch die Substanz dieser Appelle hielt sich in engen Grenzen; die Debatten über Feiertage und Symbole, Leitkultur, Integration und Parallelgesellschaften offenbarten eher Hilflosigkeit und endeten als Rohrkrepierer. Es bedurfte einer großen Naturkatastrophe, um die Kluft zwischen Geld und Gesinnung, zwischen Portmonee und Patriotismus, einmal ansatzweise zu überwinden. Vielleicht hat es mit der eigenen Prägung durch eine katastrophische Geschichte zu tun, dass der Mechanismus der Notfall-Solidarität bei den Deutschen besonders gut funktioniert, während der Gemeingeist als stetiger und unpathetischer Normalfall, der sich auf die Mitte der eigenen Gesellschaft richtet, viel schwerer zu kultivieren ist. Zu rechnen und zu fühlen genügt dafür nicht.

Die verlorene Mitte des politischen Lebens

Eine Nation braucht eine Idee, einen Begriff von sich selbst. Als bloße Gemeinschaft der Steuerzahler oder der Wohlfahrtsempfänger kann sie jedenfalls in schlechteren Zeiten keine innere Stärke entwickeln. Nach dem Zweiten Weltkrieg, nach dem von ihnen verschuldeten Krieg und Völkermord wollten die Deutschen vor allem wieder normal werden, sei es normal-westlich oder normal-sozialistisch. In der Bundesrepublik fiel das lange Zeit besonders leicht. Ökonomische Prosperität, der Ausbau kollektiver Sicherungssysteme und die schnelle Stabilität liberal-demokratischer Institutionen schenkten den Einzelnen eine Freiheit, die über den Verlust eines Zentrums, einer Mitte der Gesellschaft lange hinwegtäuschte. Nein, nicht die „Mitte" im Sinne eines Mittelstandes, von breiten sozialen Mittelschichten war abhanden gekommen; auch nicht die „Mitte" im politischen Koordinatensystem von links und rechts, was bei der Furcht vor dem Rückfall in Extreme ohnehin ganz unwahrscheinlich war. Es mangelte eher an einem Zentrum dessen, was die Angelsachsen „politische Gesellschaft" nennen, und an ihrem kulturellen Fundament. Worauf arbeitete das Land eigentlich hin, was stand in der Mitte der Anstrengung seiner Bürgerinnen und Bürger – nicht jedes Einzelnen, sondern der bürgerlichen Gemeinschaft? Die Frage nach dem „Wozu" fand keine überzeugende Antwort mehr, und echte Leidenschaft war verpönt angesichts der noch frischen Erfahrung, leidenschaftlich falsch gelegen zu haben. Dabei hatten die Deutschen eine echte republikanische *passion* noch nie in ihrer Geschichte verspürt und gelebt.

Unter den Bedingungen der ostdeutschen Diktatur stand die Entwicklung eines Bürgergeistes ohnehin nicht zur Debatte. Im westlichen Teil Deutschlands wurden die Chancen nur unzureichend genutzt. In der ersten Nachkriegsphase ging es um Wohlstand und Normalität; bald darauf, in der Mitte der siebziger Jahre, wusste man schon nicht mehr so genau, worum es überhaupt ging. Die allgemeine Krise des Fortschrittsbewusstseins erschütterte die Westdeutschen tiefer als ihre Nachbarn, und die Zukunftseuphorien einer technisch-rational geplanten Demokratie und Gesellschaft schlugen in ihr romantisch-ängstliches Gegenteil um. Da es keine vernünftigen Aussichten in der Zukunft mehr gab, wandte man sich umso intensiver der Vergangenheit zu und machte die Historisierung zum kulturellen Mega-Trend. Oder man lebte lieber ganz und gar in der Gegenwart und genoss ganz individuell die Chancen einer liberalisierten Gesellschaft. Die Hyper-Individualisierung erschien als letzte Erfüllung des westlichen Fortschrittsversprechens, das gemeinschaftliche Aufgaben nicht mehr zu kennen schien, während gleichzeitig die privatisierte Konsumgesellschaft ihrem Höhepunkt zustrebte.

Die Leerstelle eines politischen Ziels der Nation konnte einstweilen, solange es noch nicht Realität war, von der Rhetorik der „Wiedervereinigung" besetzt werden. Aber auch hier hatten die meisten der Sonntagsreden die Frage nach dem Wozu unbeantwortet gelassen, und das rächte sich, als die Mauer gefallen war. Nach einer kurzen Euphorie wurde die Wiedervereinigung zur technischen Integrationsaufgabe, zum fiskalischen und ökonomischen Projekt. Was war es eigentlich, in das die neuen Bundesländer eingegliedert werden sollten? War die „Angleichung der Lebensverhältnisse" nicht eine Illusion? Und konnten die Verhältnisse im Westen noch als Leuchtturm der Orientierung dienen, waren sie selbst noch zukunftsfähig? Die Enttäuschung konnte nicht ausbleiben, und mit den Folgen dieser Diskrepanz haben wir uns jetzt auseinanderzusetzen. Statt aus der Bürgerbewegung, aus der friedlichen Revolution von 1989 heraus Demokratie und Bürgergeist in ganz Deutschland zu stärken, drohen sie geschwächt zu werden oder sind es schon. Das ist, wenn es dabei bleibt, ein eigentümliches, vielleicht historisch einmaliges Ergebnis einer demokratischen Revolution (vgl. Cammann in diesem Band).

Andererseits: Seit ein paar Jahren sind die Illusionen des selbstgefälligen Wohllebens immer gründlicher zerstört worden. Ein neuer Realitätssinn hat sich eingestellt, ein neues Krisenbewusstsein hat sich gebildet. Die Berliner Republik will die Normalität der Bonner dort gerade nicht fortsetzen, wo diese Normalität eine trügerische gewesen ist. Und die Krise erzeugt nicht nur Jammern – das freilich auch –, sondern eine neue Aufbruchstimmung. Die Suche nach einer neuen Mitte, nach einem deutschen Republikanismus kann beginnen.

Freies Leben: Die Vorzüge des Republikanismus

Die Mitte, die elementare Zielbestimmung des republikanischen Gemeinwesens ist das freie Leben. Das ist, zugegeben, eine uralte Formel, die man bis zu Machiavelli oder noch weiter in die antike politische Theorie zurückführen kann (Viroli 2002). Um eine „deutsche" Formel handelt es sich dabei also wahrhaftig nicht, sondern um eine der westlichen politischen Kultur. Sich diese Kultur anzueignen, war nach 1945 die entscheidende Herausforderung für die Bundesrepublik. Seit den achtziger Jahren ist zumeist eine positive Bilanz gezogen worden: Keineswegs automatisch und sofort, sondern auf holprigen Wegen und durch zahllose Konflikte hindurch war die Bundesrepublik in der politischen Kultur des Westens schließlich angekommen (Winkler 2000). Ohne die fundamentalen Wandlungen aus Monarchie und Obrigkeitsstaat, Diktatur und Totalitarismus heraus im geringsten leugnen zu wollen – vielleicht war diese Bilanz doch ein bisschen voreilig. In der Krise einer kulturellen Verunsicherung, ökonomischer Spannungen und sozialer Verteilungskämpfe offenbart sich vielerorts ein alter Reflex des Rückzugs in die Unmündigkeit. Die Vorzüge eines freien Lebens müssten gerade die Deutschen nach den Erfahrungen ihrer Geschichte würdigen können. Es scheint aber manchmal so, als hätten sie bisher nur Teile dieser Botschaft verstanden.

Wie lässt sich die republikanische Botschaft des freien Lebens heute ausbuchstabieren? Aus drei Stufen baut sie sich auf. Die *erste* Stufe heißt: Sicherheit und Frieden. Das bezeichnet die äußeren Voraussetzungen, die Bedingungen der Möglichkeit freier Lebensführung. Zu ihnen gehört die friedliche oder zivile Verfassung der Gesellschaft; nicht nur die Abwesenheit von Krieg, sondern auch die Sicherheit vor Verfolgung, Gewalt oder Willkür, ob sie von außen drohen, von der eigenen Regierung oder von Mitbürgern. Zu ihnen gehört weiter – auch dies unter der Überschrift „Sicherheit und Frieden" – die Abwesenheit von existenzieller materieller Not, ein Niveau der Versorgung und des Wohlstandes, das die Teilnahme und Teilhabe an der Gesellschaft ermöglicht. Für diese Stufe unserer Freiheit ist wahrscheinlich so gut gesorgt wie historisch noch niemals zuvor. Die Fähigkeit, diese Leistungen zu würdigen, hat gleichwohl nachgelassen, je mehr Generationen groß geworden sind, die Hunger oder Krieg oder politische Verfolgung kaum mehr vom Hörensagen kennen. Die neuen, globalen Katastrophen des beginnenden 21. Jahrhunderts, vom 11. September bis zur Flut in Südasien, sind eine Chance, sich dieser Stufe, dieses Fundamentes der Freiheit wieder mehr bewusst zu werden.

Die *zweite* Stufe heißt: persönliche Freiheit. Das ist, kurz gefasst, die Grundbotschaft des klassischen Liberalismus. Die Menschen sollen frei sein von Bindungen, die sie gefangen oder unmündig halten. Sie sollen keinen Autoritäten folgen müssen außer den selbst gewählten. Sie können ihre Lebensform, ihre Lebensgestaltung frei wählen. Sie haben unveräußerliche individuelle Rechte. Auch diese Möglichkeiten eines freien Lebens sind riskanter, prekärer, als wir uns das inzwischen häufig vorstellen. Denn sie sind weltweit alles andere als unumstritten, auch wenn wir die westliche Freiheit gerne als „universale" sehen würden. Und sie bleiben von innen gefährdet und müssen an neue technische oder gesellschaftliche Bedingungen angepasst werden – das Recht auf „informationelle Selbstbestimmung" oder auf das eigene Erbgut sind Beispiele dafür. Und doch ist die Agenda des klassischen Liberalismus in den letzten Jahren an Grenzen gestoßen. Statt des puren Fortschritts der Freiheit werden auch ihre Dilemmata deutlich. Wie weit kann die freie Wahl und gesellschaftliche Anerkennung von Lebensformen gehen, wenn diese sich selber gegen Grundsätze der Freiheit richten? Wie weit kann die individuelle „Selbstverwirklichung" und Bindungsfreiheit gehen, wenn Dritte dabei Schaden erleiden, wenn soziale Brücken nicht mehr gebaut werden können?

Deshalb ist, das bezeichnet die *dritte* Stufe, freies Leben im republikanischen Sinne erst möglich, wenn die Freiheit sich zugleich in der Beteiligung am öffentlichen Leben in einem Gemeinwesen vollzieht. Man kann es auch so sagen: Die erste und die zweite Stufe bezeichnen die Möglichkeiten und Chancen der selbständigen Lebensführung. Die dritte Stufe führt diese Selbständigkeit in die Verantwortung und das praktische Engagement zurück. Wir können nicht frei sein und freier werden ohne Beteiligung am Staat, der sonst kein Staat der Bürger mehr wäre. Es geht inzwischen aber nicht mehr nur um die klassische Bürgerpartizipation, um die Verantwortung im öffentlichen Handeln als Gegenentwurf zur Freiheit im privaten Lebensvollzug. Gerade die Radikalität, mit der das Privatleben der westlichen Gesellschaften in den letzten Jahrzehnten „befreit" worden ist, zwingt zur Hereinnahme der republikanischen Verantwortung auch in den Bereich der nicht-öffentlichen Lebensführung. Denn ohne den Verzicht auf potenzielle Freiheit des Individuums zugunsten der Sorge um andere, der Verantwortung für Dritte lässt sich eine Gesellschaft überhaupt nicht realisieren, geschweige denn ein Gemeinwesen selbst regieren (Jonas 1979).

Die republikanische Freiheit als aktive Bürgerfreiheit, als Einmischung in die inneren Angelegenheiten: Wer davon spricht, beruft sich oft auf jene vormoderne, vordemokratische Tradition des „klassischen Republikanismus", der bis zum 18. Jahrhundert ein Leitfaden des Freiheitsverständnisses in europäischen Stadtrepubliken gewesen ist (Pocock 1975). Der Einwand, das sei inzwischen überlebt, bestenfalls wohlmeinende Nostalgie, liegt dann nahe. Aber so scharf, so abrupt ist der Bruch zum modernen Republikanismus und Freiheitsverständnis, als Ergebnis von Aufklärung, von Amerikanischer und Französischer Revolution, dann auch nicht. Die Revolutionen des späten 18. Jahrhunderts kamen mit dem Pathos des Neuen daher, sie definierten den Bürger neu als *Citoyen*. Aber eine zentrale Botschaft blieb konstant – man könnte sie einfach so formulieren: „Wir können es selbst!", nämlich uns vernünftig organisieren, uns gerecht regieren, ohne einen König oder Diktator in Anspruch zu nehmen, sogar besser, wenn auch nie perfekt. Auch noch in dem „Wir können es selbst!" scheint die Idee des freien Lebens wieder auf. Und zugleich fragt man sich, ob Deutschland sich, an diesem Maßstab gemessen, je wirklich republikanisiert hat. Wären wir sonst internationale Spitzenreiter in der Verachtung unserer eigenen, selbst gewählten Repräsentanten und demokratischen Eliten? Müssten wir sonst eine erschreckend gewachsene, an vordemokratische Zustände erinnernde Kluft zwischen frustriertem Volk und nicht verstandenen, aber auch nicht genug verstehenden Eliten beklagen? Die Vorzüge des freien Lebens müssen immer noch gelernt werden.

Patriotismus: Räume der Republik

Patriotismus gehört in die Republik. Das ist in doppelter Weise, in beide Richtungen zu verstehen. Welchen Sinn sollte die praktisch werdende Leidenschaft für ein Gemeinwesen haben, wenn sie nicht in freie politische Betätigung und Selbstregierung mündet? Umgekehrt ist die Republik mehr als ein abstraktes Konzept. Sie konstituiert sich nur in einem konkreten Raum, in den politischen und sozialen Beziehungen einer Gemeinschaft des Zusammenlebens.

Auf solche Räume, welcher Dimension auch immer, bleibt die Republik auch in Zukunft angewiesen, und in diesem Sinne bleibt sie auf einen modernen Patriotismus angewiesen. Schnellere Verkehrsmittel und elektronische Kommunikationsmedien haben die starren Grenzen solcher Räume aufgebrochen und in osmotische Wechselbeziehungen von Regionen und Ländern, Kontinenten und Kulturen geführt. Aber es wäre eine Illusion der Globalisierung, die Zukunft politisch-sozialer Organisation in einem exterritorialen, oder genauer: „aterritorialen" Kosmopolitismus zu sehen. Das Internet suggeriert gerade den Jüngeren eine solche Ortlosigkeit, doch ist es am Ende nur ein Medium, dessen Versprechen irgendwo im konkreten Lebensvollzug, nicht in einer *virtual reality*, eingelöst werden müssen. Ohnehin ist der vermeintlich universelle Kosmopolitismus, sei es des Internets, sei es der um den Globus jagenden Flugzeuge, viel mehr ein Minderheitenphänomen, eine Lebensform von Eliten geblieben, als eine vorschnelle Euphorie es häufig wahrhaben will. Diese „globale Klasse" muss sich vielmehr fragen lassen, wie sie buchstäblich die Bodenhaftung zu einer stationären Mehrheitsbevölkerung behalten kann, und welche Leistungen sie selber in konkreten Bezügen „vor Ort" erbringt (Rorty 1998: 85; Dahrendorf 2002: 21).

Orte des Patriotismus und der Republik: Das beginnt nicht bei der Nation, sondern im Horizont konkreter Lebens- und Erfahrungswelt von Menschen: in der Nachbarschaft oder im Stadtviertel, in der politischen Gemeinde, in der Region. Wenn diese Räume sich von sozial und politisch bedeutungsvollem Handeln entleeren – von Handeln, in dem Verantwortung sichtbar wird –, dann steht auch die Nation auf tönernen Füßen. Moderne Verkehrs- und Kommunikationsmittel einerseits, die Individualisierung von Lebensformen andererseits lassen die Gefahr einer solchen Entleerung zunehmend real werden. Dann kann soziales Kapital, das Brücken baut und politische Räume strukturiert, nicht mehr gebildet werden (Putnam 2000).

Ebenso wenig hört die Republik an den Grenzen der herkömmlichen Nationalstaaten auf. Jenseits der Nation liegt für die Deutschen nicht der ortlose Globus und Kosmos, sondern Europa. Nicht zuletzt aus den Erfahrungen seiner eigenen Geschichte hat sich Deutschland nach 1945 und erneut seit 1989 dem europäischen Projekt verschrieben. Das war stets mehr als eine Wirtschaftsunion, mehr als eine ökonomische Zweckbestimmung; gerade in Deutschland verdankt sich die politische Freiheit auch historisch gesehen der Einbindung in Europa. Der westeuropäisch-atlantische Kern der Nachkriegszeit bezeichnet die erste Stufe, die sich erweitert hat, aber in ihrer Substanz, auch in der Leitfunktion ihrer Werte, nicht überholt ist. Die Freiheitsbewegungen und Revolutionen im früher kommunistischen Ost- und Mitteleuropa markierten eine zweite historische Stufe – die republikanische Dynamik dieses „neuen Europa" hat uns die Ukraine gerade eindrucksvoll vorgeführt. Deshalb kann es auch einen europäischen Patriotismus geben, selbst wenn die institutionelle Gestalt einer europäischen Republik bisher unterentwickelt ist und noch der Aushandlung bedarf. Doch manchmal hat man den Eindruck, die Deutschen verweigerten sich ihrem doppelten europäischen Auftrag, als hätten sie immer noch innere Schwierigkeiten mit dem Westen und verleugneten zugleich die revolutionär-freiheitliche Botschaft von 1989.

Das mag wiederum zusammenhängen mit den Problemen, sich als Nation zu entwerfen und einen Auftrag für die Zukunft zu geben. Wenn der Republikanismus feststellt: „Wir machen das selbst!", dann fragt der Patriotismus zurück: Für wen und für was eigentlich? Der Entwurf eines sicheren, freien, selbstbestimmten Lebens und das praktische Engagement dafür können nicht nur auf individuelle Selbstbeglückung, auf die Maximierung eigenen Wohlstandes, auf Zufriedenheit „im Hier und Jetzt" gerichtet sein. Früher, in älteren Entwürfen der Republik, war das vielleicht noch eher so. Doch moderne Republiken müssen sich immer in die Zukunft entwerfen (Wood 1969). Das ist, erstens, ein Ergebnis der Aufklärung mit ihrem Fortschrittsgedanken und der „Verzeitlichung" politischer Erfahrung (Koselleck 1979). Es ergibt sich, zweitens, aber auch aus dem noch wesentlich jüngeren Konzept des verantwortungsvollen Umgangs mit

knappen Ressourcen, also aus dem Gedanken der „Nachhaltigkeit" des eigenen
Lebens im Hinblick auf die Chancen späterer Generationen. Für autoritäre Sys-
teme, für Diktaturen ist dagegen typisch, dass sie einen solchen nachhaltigen
Zukunftsentwurf nicht kennen.

Wenn wir die Anstrengung des freien Lebens nicht für uns selbst betreiben
und auch nicht nur für die Chancen der unmittelbaren biologischen Nachkommen, der eigenen Kinder, dann spricht viel dafür, dass das eigene Land, die eigene Nation eine primäre Projektionsfläche, ein vorrangiger Handlungsraum für
diese Anstrengungen ist. Das folgt nicht aus irgendeinem Naturgesetz, nicht aus
einem ontologischen Charakter der Nation. Vielmehr hat die Nation in einem
langen, komplizierten und konfliktreichen Prozess historisch einen Primat der
kulturellen und politischen Vergesellschaftung gewonnen. Trotz mancher Erosi-
onsprozesse ist das bis heute so geblieben – nicht nur, aber auch, weil politische
Identität wiederum historisch geprägt ist. Für die Identität der Deutschen nach
Nazi-Diktatur und Holocaust gilt das eher noch mehr als für andere Völker.

Was moderner Patriotismus vor diesem Hintergrund heißen kann, hat der
amerikanische Sozialphilosoph Richard Rorty (1998) vor einigen Jahren skizziert, und davon könnte die verkrampfte deutsche Debatte immer noch viel lernen. „Achieving Our Country" lautet Rortys nur schwer übersetzbare Kurzformel
für einen Patriotismus, der sich als gemeinschaftliche Anstrengung für eine Verbesserung des eigenen Landes begreift – man könnte ergänzen: Verbesserung auf
allen drei Ebenen des „freien Lebens", wie sie oben skizziert wurden. Ein solcher
Patriotismus ist Leiden und Leidenschaft: Er jubelt das eigene Land, die eigenen
Zustände nicht hoch, sondern entzündet sich an den Fehlern der Vergangenheit
ebenso wie an den Missständen der Gegenwart. Er verleugnet Emotionen nicht –
manche würden von der Liebe zum eigenen Land sprechen –, aber gibt sich mit
Gefühlen nicht zufrieden, sondern vollzieht sich erst im praktischen Handeln.
Dieses Handeln, schließlich, versteht sich nicht als ein Wettlauf oder Konkur-
renzkampf von Individuen, sondern als ein gemeinschaftliches Handeln, das
auch einen Gewinn für andere, einen Mehrwert für Dritte abwirft.

Ein solcher Patriotismus der Zukunftsgestaltung und Selbstverbesserung beruht auf zwei grundlegenden Voraussetzungen. Erstens gehört dazu der Glaube
an die individuelle wie kollektive Fähigkeit zur „Verbesserung". Eine bloße
Zuschauerhaltung ist damit ebenso ausgeschlossen wie die Einkapselung in Ironie oder gar Zynismus, erst recht die Flucht in Verweigerung oder in lähmenden
kulturellen Pessimismus. Das klassische, lineare Fortschrittsbewusstsein, das in
vieler Hinsicht brüchig geworden ist, muss es gar nicht unbedingt sein. Vielleicht
genügt eine Orientierung an jenem „Könnens-Bewusstsein", das Christian Meier
(1980) als frühes Äquivalent des Fortschrittsgedankens in der athenischen Polis
beschrieben hat. Zweitens setzt patriotische Selbstverbesserung den „Respekt"

voraus, den man in Anknüpfung an Richard Sennett (2003) als sozialen Kitt moderner Gesellschaften bezeichnen könnte. Damit ist die individuelle, aber auch die kollektive Haltung jener *Selbst*achtung gemeint, ohne die sich wiederum nur Frustration und Handlungsunfähigkeit einstellen würden. Damit ist ebenso der Respekt vor dem *Anderen* gemeint – eine fundamentale republikanische Tugend, die das Bauen sozialer Brücken und gemeinsames politisches Engagement ermöglicht, ohne Unterschiede einebnen zu wollen. Damit sind Konflikte um Gleichheit, Teilhabe und Anerkennung keineswegs ausgeschlossen.

Konflikte und republikanische Antworten

Sind republikanische Konzepte den komplizierten Realitäten der modernen Gesellschaft gewachsen? Häufig ziehen sie jedenfalls den Vorwurf auf sich, mehr vom nostalgischen Rückblick in die Vergangenheit zu zehren, in eine Vergangenheit räumlich eng begrenzter politischer Entscheidungen – der Demokratie auf dem Marktplatz – und homogener Gesellschaften, in denen der Egalitarismus politisch berechtigter Bürger womöglich sogar mit dem Ausschluss großer Bevölkerungsgruppen erst erkauft wird. Immer wieder ist eine solche Kritik auch berechtigt gewesen, etwa wenn der Republikanismus sich in einen allzu scharfen Gegensatz zum Liberalismus gestellt hat oder wenn er der Dynamik der Moderne zu entkommen suchte, statt sich mit ihr selbstbewusst weiterzuentwickeln.

In den vergangenen Jahren sind in allen westlichen Nationen neue Konflikte virulent geworden, in Deutschland sogar oft heftiger als anderswo. Denn zum einen brechen sie sich krass an dem Selbstentwurf einer homogenen und pazifizierten Gesellschaft, auf den die „alte" Bundesrepublik (auf andere Weise aber auch die DDR) ihre Identität gestützt hatte. Zum anderen korrespondierte dieser Selbstentwurf mit Institutionen und Verhaltensmustern – zum Beispiel in den Wohlfahrtssystemen –, die auf Dauer ihre eigene Zukunftsfähigkeit untergraben mussten. Drittens schließlich hat die Wiedervereinigung beider deutscher Staaten ganz real Brüche und Disparitäten verstärkt, die in einer neuen Phase des globalen Kapitalismus schon für sich genommen belastend gewirkt haben. Mit drei Dimensionen dieser Konflikte haben wir es im Moment zu tun: mit einem verschärften Gefälle zwischen Regionen, vor allem zwischen West und Ost, aber auch zwischen Süd und Nord; mit sozialer Ungleichheit zwischen „Oben" und „Unten", die zugenommen hat und sich in neuen Verteilungskämpfen ausdrückt; und mit kulturellen Konflikten, besonders im Spannungsfeld von Zuwanderung, religiöser Identität und Integration.

Republikanismus und Patriotismus taugen nicht als ideologische Versatzstücke, um diese Konflikte möglichst zudecken zu können, oder sie gar durch verordnete Bekenntnisse zur Gemeinsamkeit aus dem Blickfeld zu drängen. Aber sie werden, umgekehrt, auch nicht nur für den Republikanismus zum Problem. In einer grundlegend veränderten Konstellation müssen auch andere politische Theorien und Sozialphilosophien ihre herkömmlichen Antworten überdenken, nicht zuletzt auch der Liberalismus und die Sozialdemokratie (beide hier nicht im parteipolitischen Sinne verstanden). Klassische Lösungsansätze in der Frage der sozialen Ungleichheit ebenso wie des kulturellen Pluralismus sind an ihre Grenzen gestoßen. Sozialökonomische Umverteilung reicht nicht mehr aus oder kann sogar Ungleichheit verschärfen, wenn sie zur Einkapselung von Transfermilieus führt oder Konsummuster fördert, die sich negativ auf die Chancen zu Teilhabe und Leistungsfähigkeit auswirken. Die Anerkennung des kulturell anderen genügt nicht mehr, wenn in ihr die Maßstäbe eines zivilen, gerechten, freien Gemeinwesens unscharf werden oder gar zur Disposition der Beliebigkeit stehen (Fraser/Honneth 2003). Deshalb werden gerade in dieser Situation republikanische Antworten auf die neuen Konfliktlagen aktuell.

Sozialer Ungleichheit muss mit Solidarität und Gerechtigkeit begegnet werden. Solidarität wächst aus einem Gefühl des aktiven „Mit-Leids", von *compassion*. Merkwürdig, wie schon gesagt, dass den Deutschen diese Haltung erst angesichts von Katastrophen und in der Wendung nach außen so recht gelingen will, statt ein dauerhaftes Gerüst im Innern zu errichten. Gerechtigkeit im republikanischen Sinne zielt auf die Mündigkeit des Schwächeren, auf seine keineswegs nur materielle Stärkung zur Teilhabe am Gemeinwesen, zur Entfaltung der eigenen bürgerlichen Fähigkeiten. In kulturellen Konflikten steht die Vielfalt von Geschmackspräferenzen ebenso wenig zur Debatte wie die Freiheit der Religionsausübung, und erst recht geht es nicht um ethnische Homogenität. Aber ein republikanisches Gemeinwesen ist auf einen Kern kultureller Überzeugungen und Verhaltensweisen angewiesen, wenn es seine Freiheit verteidigen will. In einer absoluten Monarchie konnte man proklamieren, jeder solle nach seiner Fasson selig werden: Damit war eine unabdingbare Freiheit des Privatlebens markiert, während die wichtigen öffentlichen Entscheidungen ohnehin nicht im Diskurs getroffen wurden. Der freiheitliche Staat aber, mit Ernst-Wolfgang Böckenförde (1991: 112), „lebt von Voraussetzungen, die er selbst nicht garantieren kann". Die Republik ist bei aller Pluralität, die sie erst möglich macht, auf den Überlappungsbereich gemeinsamer Wertüberzeugungen und auf die Integration verschiedenster Gruppen in die Teilhabe an der bürgerlichen Selbstregierung angewiesen.

Für beide Konfliktdimensionen gemeinsam gilt die Aufgabe, Unterschiede nicht mit Gewalt einzuebnen, sondern zum Brückenbau fähig zu bleiben. Diese Fähigkeit zum Brückenbau, so scheint es, ist in unserem Lande nicht genügend entwickelt. Wechselseitiges Unverständnis und Kommunikationsstörungen sind an der Tagesordnung. Die Sprachfähigkeit in Konflikten und zwischen verschiedenen sozialen und kulturellen Schichten und Milieus muss ebenso zurückerobert werden wie die gemeinsamen oder doch sich überlappenden Lebensräume, in denen wechselseitiger Respekt überhaupt erst erlernt und praktisch ausgeübt werden kann. Wenn, um ein konkretes Beispiel zu geben, die Wehrpflicht durch ein allgemeines soziales Jahr für alle jungen Menschen ersetzt würde, die dauerhaft in diesem Land leben – unabhängig von Herkunft und Geschlecht, Religion und Kultur –, wäre das kein schlechtes Fundament für eine republikanische politische Kultur wie für einen praktischen Patriotismus.

Denn Republikanismus, das erinnert an die Beteiligung am öffentlichen Leben, an die Übernahme von Verantwortung als elementare Voraussetzung der Freiheit und Selbstbestimmung. Die private Freiheit der Lebensführung, welche in den westlichen Wohlstandsgesellschaften zum scheinbar höchsten Gut geworden ist, lässt sich dagegen nicht ausspielen – sie wird sich auf Dauer nur sichern lassen, wenn wir die Vorzüge einer anderen Freiheit neu schätzen lernen. Das ist eine Aufgabe, mit der die Deutschen keineswegs alleine sind. Aber sie müssen, im Bewusstsein ihrer eigenen Geschichte, zunächst ihrer eigenen Republik eine neue Mitte geben, sie müssen sich um die Verbesserung ihrer eigenen Nation bemühen.

Literatur

Böckenförde, Ernst-Wolfgang (1991), „Die Entstehung des Staates als Vorgang der Säkularisation“, in: ders., *Recht, Staat, Freiheit*, Frankfurt a. M., S. 92-114.

Dahrendorf, Ralf (2002), *Die Krisen der Demokratie. Ein Gespräch*, München.

Fraser, Nancy/Honneth, Axel (2003), *Umverteilung oder Anerkennung? Eine politisch-philosophische Kontroverse*, Frankfurt a. M.

Jonas, Hans (1979), *Das Prinzip Verantwortung. Versuch einer Ethik für die technologische Zivilisation*, Frankfurt a. M.

Koselleck, Reinhart (1979), *Vergangene Zukunft. Zur Semantik geschichtlicher Zeiten*, Frankfurt a. M.

Meier, Christian (1980), *Die Entstehung des Politischen bei den Griechen*, Frankfurt a. M.

Putnam, Robert D. (2000), *Bowling Alone. The Collapse and Revival of American Community*, New York.

Pocock, John G. A. (1975), *The Machiavellian Moment. Florentine Political Thought and the Atlantic Republican Tradition*, Princeton.

Rorty, Richard (1998), *Achieving Our Country: Leftist Thought in Twentieth-Century America*, Cambridge, Mass.

Sennett, Richard (2003), *Respect. The Formation of Character in an Age of Inequality*, New York.

Viroli, Maurizio (2002), *Republicanism*, New York.
Winkler, Heinrich August (2000), *Der lange Weg nach Westen*, 2 Bde., München.
Wood, Gordon S. (1969), *The Creation of the American Republic, 1776-1787*, Chapel Hill.

Verfassungspatriotismus Revisited
Eine liberale politische Kultur für Deutschland (und Europa)

Jan-Werner Müller

Haben sich die deutschen Intellektuellen fünfzehn Jahre nach der Vereinigung einen neuen Begriff der Nation erarbeitet? Vieles spricht dafür, dass es einen demokratischen Begriff von politischer Zugehörigkeit noch immer zu entwickeln gilt. Die alten Vokabulare der Nationaldebatte – ob psychologisierend oder historisierend – helfen wenig bei einer Verständigung über Politik zu Beginn des einundzwanzigsten Jahrhunderts. Weder „Selbstbewusstsein" noch „Sonderweg" (oder Anti-Sonderweg) taugen als Orientierungspunkte eines politischen Selbstverständnisses. Im Gegenteil: Beide verschaffen dem politischen Denken eine falsche Sicherheit, wenn sie es nicht gar ganz durch Gefühls- oder Geschichtspolitik ersetzen. Dabei sind weder Metaphern aus der Entwicklungspsychologie noch ein fast schon metaphysisch überhöhter Begriff des „Westens" dazu geeignet, politisches Handeln in einer genuin neuen Weltsituation zu orientieren. Fruchtbarer wäre es, noch einmal grundsätzliche Fragen zu stellen nach dem, was man die „politische Moral von Nationalität" im frühen einundzwanzigsten Jahrhundert nennen könnte. Erst dann lassen sich Antworten geben auf die Herausforderungen einer Einwanderungsgesellschaft und auf Fragen nach der internationalen Rolle einer europäischen „Mittelmacht".

Diese Aufgabe erscheint umso dringlicher, als eine Flucht nach Europa (die auch immer eine Art von Flucht nach vorn war) inzwischen unrealistisch geworden ist. Bei der Vereinigung und auch nach dem Maastricht-Vertrag mag man noch von einem Deutschland geträumt haben, das sich mehr oder weniger unvermittelt in einem europäischen Bundesstaat auflöst. Doch die sich derzeit verfassende Europäische Union wird so bald kein „Staat der Nationalstaaten" (Jürgen Habermas). Deutschland ist zumindest in diesem Sinne auf sich selbst zurückgeworfen. Dies lässt jedoch nicht eine wie immer geartete „Renationalisierung" als einzig realistische Alternative. Im Gegenteil: Deutschland hat die Chance, vor dem Hintergrund der Bonner Traditionen und der friedlichen Revolution von 1989 einen wohlverstandenen Verfassungspatriotismus zu festigen und weiterzuentwickeln. Eine aktualisierte Version von Verfassungspatriotismus (welche nicht die deutsche sein muss) ist, so meine These, gleichzeitig die plausibelste Weise, einen neuen europäischen Zusammenhalt zu denken.

Zwei Erbschaften der Bonner Republik: Der psychologische Blick...

Die Bonner Republik hat dem politischen Denken nicht zuletzt zwei Erbschaften hinterlassen. Zum einen eine vornehmlich psychologische Perspektive auf Politik; zum anderen das, was man etwas maliziös (und prätentiös) eine Sonderwegsmetaphysik nennen könnte – oder, weniger prätentiös, ein Muster von quasi-historischen, kaum jemals empirisch untermauerten Grundannahmen, welches häufig sogar von politischen und wissenschaftlichen Gegnern der Sonderwegsthese geteilt wurde. Beides sind nicht unbedingt „deutsche Besonderheiten", wie es manchmal heißt. Es gibt eine inzwischen fast unermessliche nationalpsychologische Niedergangsliteratur in Frankreich, für „declinism" findet sich auch in der Welt einziger Supermacht immer ein Markt, unzählige „kleine Nationen" in Ost- und Westeuropa fragen sich nach den Gründen ihrer „Verspätetheit", und sogar in England, das sich doch seiner Traditionen immer so sicher schien, hat es in den vergangenen Jahren eine lebhafte Debatte über „nationale Identität" gegeben. Andererseits haben viele dieser Länder längere Erfahrung mit einem öffentlichen Räsonieren, das sich als spezifisch politisch (oder auch strategisch) versteht. In Deutschland hingegen gehen politische Debatten häufig fast völlig in Historie oder Psychologie auf: Analogieschlüsse ersetzen Argumente, Normen werden nicht an sich, sondern mit dem dubiosen Schlagwort der „Normalität" gerechtfertigt.

Die Intellektuellen – soweit man hier pauschalisieren darf – haben diese Tendenz eher verstärkt. Besonders die westdeutschen Intellektuellen haben sich lange – bewusst oder weniger bewusst – als Nationalpsychologen und Vaterlandstherapeuten verstanden, die sich vorzugsweise mit dem deutschen Seelenzustand beschäftigen. Vor allem seit den frühen achtziger Jahren machten es sich viele Intellektuelle zur Aufgabe, eine Art diskursive Endlosschleife um das nationale (oder halbnationale) Ego zu ziehen. Die „unruhige", „ruhelose" oder gar „gestörte" Nation – solche Diagnosen fand man besonders auf der Rechten. Aber auch die Linke, bei aller Aversion gegen das Nationalthema an sich, ließ sich vom Jargon der Nationalpsychologie (oder -parapsychologie) anstecken. Günter Grass erlegte den Deutschen letztlich ein Nationalstaatsverbot auf, weil der deutsche Volkscharakter immer noch höchst verdächtig war, die Neuen Rechten sehnten sich in den neunziger Jahren nach der vielbeschworenen „selbstbewussten Nation" – aber links und rechts berührten sich immer wieder im Hang zur kollektiven Psychologisierung.

Dieser weitgehend selbstbezogene deutsche Psychologismus ist seit langem von allerlei Institutionen gefördert worden. Man könnte versucht sein, von einer deutschen „Identitätsindustrie" zu sprechen, mit einer nie abreißenden Produktion von Symposien, Sammelbänden und anderen Formen teils staatlich subventionierter Sinnsuche. Psychologismus verbindet sich hier leicht mit einer gewissen Denkfaulheit: Es war im Zweifelsfalle schon immer einfacher, über deutsche „Identität" zu spekulieren, als die politisch-moralischen Herausforderungen gemeinsamer Nationalität zu durchdenken. Identitätsspekulationen müssen sich nur ganz selten bei einem Rendezvous mit der politischen Realität bewähren – bei neu konzipierten Ideen, Interessen oder gar Institutionen ist dies anders.

Psychologismus war nicht zuletzt fester Bestandteil einer de facto linken Leitkultur der alten Bundesrepublik – einer Kultur des permanenten Verdachts (und nicht zuletzt des permanenten Selbstverdachts). Aber die Gegner dieser linken Leitkultur argumentierten eben auch – und meistens sogar noch mehr als linke Denker – im Jargon der Völkerpsychologie. In ihren Augen erschien die Kultur des Verdachts als eine Art ständiger nationaler Selbstkasteiung, welche dem deutschen Volk noch den letzten Rest Selbstbewusstsein rauben würde.

Die Geschichte hielt für die rechten Nationaltherapeuten eine Überraschung parat: Es war gerade der demokratische Wille zum Nicht-Vergessen, vielleicht gar das gebrochene oder doch zumindest postnationalistische deutsche „Selbstbewusstsein", welche Deutschland in den Augen anderer Länder als zuverlässig liberal erscheinen ließen. Auch wenn sich 1990 viele Linke mit aller Macht (und viel Macht war das am Ende eben nicht) gegen die Vereinigung sträubten – es war paradoxerweise eher auf den langfristigen Beitrag linker als rechter Intellektueller in der alten Bundesrepublik zurückzuführen, dass die Vereinigung überhaupt denkbar wurde. Das Geheimnis der Kultur des Verdachts, so ist man zu sagen versucht, war die Erlösung vom Verdacht von Seiten anderer Nationen. Oder, anders formuliert: Das Geheimnis nationaler Erinnerung war die Wiedergewinnung nationaler Souveränität. Denn nur ein Deutschland, das sich mehr oder weniger postnationalistisch verstand, konnte einen Nationalstaat erwerben, um ihn zu besitzen.

Bekanntlich hat sich diese Kultur des Verdachts nicht nur irgendwann erschöpft – sie hat auch geradezu perverse Effekte produziert. Die Deutschen, denen nun die anderen trauten, die sich aber immer noch nicht selbst trauten, liefen Gefahr, das Vertrauen der anderen wieder zu verlieren. Doch hat noch die Negation der Kultur des Verdachts diese weitergeführt – denn was blieb, war der Psychologismus. Er blieb, weil er intellektuell bequem und oft politisch opportun war. Mit der Rede vom „Selbstbewusstsein" lässt sich scheinbar noch allemal eher Zustimmung gewinnen als mit komplexen Erklärungen. So wird denn der vielbeklagte Mangel einer „großen Erzählung", einer Art politischer Sinngebung für die Berliner Republik häufig durch die Rede von „Selbstbewusstsein" und „Normalität" gefüllt. Psychologismus und ein Pragmatismus, der zwar nicht notwendigerweise konzeptions-, aber eben oft begriffslos ist, gehen miteinander einher.

Dabei gäbe es vieles auf den Begriff zu bringen. Ob die Veränderungen in der deutschen Außenpolitik und im Staatsbürgerrecht die Rede von einer neuen Republik rechtfertigen – darüber mag man sich trefflich streiten. Aber es ist kaum bestreitbar, dass hier vor allem die politisch-moralischen Konsequenzen von politischer Zugehörigkeit zur Verhandlung oder Neuverhandlung anstehen: Was schulden Bürger einander? Oder, anders formuliert: Was motiviert? Und was integriert? Diese Fragen müssen neu beantwortet werden.

...und der Blick nach Westen

Mit der Kultur des kollektiven Selbstmisstrauens hat sich auch die oben bereits angesprochene Sonderwegsmetaphysik erschöpft. Denn – eine weitere ironische Pointe – mehr oder weniger in dem Moment, da man endlich im Westen angekommen war, schien der Westen sich in seine Bestandteile aufzulösen. Sicherlich: *den* „Westen" hat es so nie gegeben. Ein Amerika, das sich von Anfang an als außergewöhnlich begriff, ein insulares Großbritannien, das sich sowohl im langen Niedergang während des zwanzigsten Jahrhunderts als auch während seiner neoliberal inspirierten Renaissance als ganz anders sah, und ein Frankreich, welches abwechselnd ob der „exception française" verzweifelte oder sie verzweifelt zu bewahren suchte – diese Teile addierten sich nie durch eine Zauberformel zum „Westen". Vielmehr war der Westen eine höchst abstrakte, ja bewusst abstrahierende Vorstellung von liberaler Demokratie, welche sich immer nur als „überlappender Konsens" konstruieren ließ – und das mehr oder weniger nach Gusto. Doch schon das „als ob" dieses Begriffs vom Westen hatte zweifelsohne sehr reale und größtenteils sehr positive Effekte.

Es ist sicher verfrüht, mit dem Irakkrieg das „Ende des Westens" auszurufen. Die „Spaltung des Westens" verläuft innerhalb fast aller westlicher Länder – und nicht einfach entlang einer Linie, welche pauschal „Anglo-Amerikaner" und „Kontinentaleuropäer" trennt. Auch hier ist es einfacher, völkerpsychologisch zu pauschalisieren, anstatt sich auf eine Analyse sich widersprechender politischer Prinzipien einzulassen und insbesondere den Konflikt zwischen dem Vetrauen auf eine liberale Weltordnungspolitik und einer Hoffnung auf eine fortschreitende „Konstitutionalisierung des Völkerrechts" (Habermas 2004) – mit allem Pro und Kontra – zu thematisieren.

Außerdem gilt: Manch innerwestliche Krise während des Kalten Krieges war schwerwiegender als die gegenwärtige, und nur vulgäre Schmittianer könnten annehmen, allein das Abhandenkommen des gemeinsamen Feindes führe schon zur Auflösung jeglicher gemeinsamer politischer Identität. Doch als fast schon automatische Rechtfertigungsformel taugt „der Westen" sicherlich nicht mehr. Der Westen hat sich wohl permanent pluralisiert; eine Familie von mehr oder weniger ambitionierten Universalismen, die sich nicht immer einfach verschiedenen Nationalstaaten zuordnen lassen, konkurriert um politischen Einfluss. Familienstreit zwischen den Vertretern verschiedener Versionen des Westens wird aller Wahrscheinlichkeit nach zum Alltag werden. Statt der bequemen Ineinssetzung von Geographie und Werten bedarf es daher auch hier einer neuen Arbeit an Begriffen. Und wiederum stellt sich die Frage: Was kann den Westen integrieren? Was kann den Westen motivieren? Und darüber hinaus: Was mag andere dazu motivieren, sich in den Westen zu integrieren? Und, nicht zuletzt: Was schuldet der Westen den anderen?

Begründungen politischen Zusammenhalts: Liberaler Nationalismus, Republikanismus, Verfassungspatriotismus

Sucht man sein Heil weder in dem alten (oder auch neuen) Psychologismus, noch in bequemen historischen Analogien, empfiehlt sich eine distanzierte Sicht auf die Gegenwart – mit anderen Worten Theorie, was ja nichts anderes als distanzierte Sicht bedeutet. Viele deutsche Intellektuellen haben jedoch in den neunziger Jahren von theoriegeleiteten Positionen Abstand, wenn nicht gar Abschied genommen, sobald es um die leidige Frage nach der Nation ging. Man hat sich – geleitet oder verleitet von Martin Walser – in eine neue Gefühligkeit ergeben oder auf mehr oder weniger teleologische Geschichtserzählungen vertraut. Dies ist umso erstaunlicher (und bedauerlicher), da zur gleichen Zeit in anderen westlichen Ländern eine philosophisch gehaltvolle Debatte um die Nation stattgefunden hat, zu der – außer Jürgen Habermas und einigen seiner Schüler – wohl kein deutscher Intellektueller einen wichtigen Beitrag geleistet hat.

In diesen nationalen – und manchmal genuin transnationalen – Debatten haben sich vor allem drei Möglichkeiten herauskristallisiert, politischen Zusammenhalt zu denken. Zum einen haben insbesondere britische Theoretiker einen „liberalen Nationalismus" rehabilitiert, nachdem das politische Denken im englischsprachigen Raum das Thema Nation lange vernachlässigt hatte (Miller 1995; Tamir 1993). Diesem liberalen Nationalismus in vieler Hinsicht verwandt ist ein national imprägnierter Republikanismus französischer Provenienz, der oftmals zwischen einer Sehnsucht nach radikaler Demokratie und einem nationalen Etatismus oszilliert (Taguieff 2005; Debray 1999; Schnapper 1994). Schließlich haben sich in fast allen europäischen Ländern Unterstützer eines postnationalen Modells politischer Integration gefunden – wobei sich hier Jürgen Habermas' Idee, jede Nation müsse sich postnationale Haltungen individuell und vor dem Hintergrund der eigenen Geschichte aneignen, in vieler Hinsicht als richtig erwiesen hat. Im Folgenden seien diese verschiedenen Positionen etwas deutlicher skizziert und beurteilt als Möglichkeiten, politischen Zusammenhalt in Deutschland und Europa neu zu denken.

Liberaler Nationalismus sieht in der Nation nicht einfach ein erfolgreiches Instrument zur Etablierung und Festigung der Demokratie, wie dies auch bei vielen postnationalen Denkern der Fall ist. Ein „Nationalgefühl" ist nicht nur an für sich völlig legitim – aus ihm folgen auch ohne viel politisch-psychologische Vermittlungsarbeit ethische Verpflichtungen gegenüber anderen Angehörigen der Nation. Mehr implizit als explizit wird die Nation als sehr groß geratene Familie verstanden – eine Familie, die ein legitimes Interesse daran hat, ihre Kultur zu bewahren und sich politisch selbst zu bestimmen. Geteilte ethische Empfindungen sind zwar prinzipiell hinterfragbar, und liberale Nationalisten können ihrer Nationalgeschichte durchaus sehr kritisch gegenüberstehen – aber letztlich werden hier Fakten zu Normen.

Es ist wohl kein Zufall, dass liberaler Nationalismus vor allem in Großbritannien als politisch plausibel angesehen wird. Grosso modo gilt, dass dort noch immer eine Art politische Sittlichkeit besteht, welche sich aus geteilten – oft nicht einmal explizit thematisierten – Vorstellungen von *what is politically right and proper* speist. Gleichzeitig ist die britische Kultur bei allen Idiosynkrasien in einer Weise porös, welche es vielen ethnischen Gruppen erlaubt hat, in Großbritannien wirtschaftlich, kulturell und nicht zuletzt politisch zu reüssieren (Benner 1997). Eine „liberale Nation", welche viele Ethnien einschließt und damit das wohl europaweit erfolgreichste multikulturelle Modell möglich macht, ist jedoch abhängig von einem liberalen Erbe an Intuitionen und Institutionen, welches sich anderswo nicht einfach reproduzieren lässt.[1]

Außerdem machen die liberalen Nationalisten den theoretischen Fehler, Nation, Kultur und das Soziale schlichtweg in eins zu setzen. So imaginiert die Nation auch sein mag – sie existiert (wenn auch nicht überall). Aber sie ist doch nur ein Teil der sozialen Welt, welche, frei nach Hannah Arendt, sowohl verbindet als auch trennt. Liberale Nationalisten gehen – oft implizit – von der Annahme aus, eine Nation sei das einzige, was politisch motiviere und integriere. Es wird unterstellt, allein die Nation sei „konkret", im Gegensatz beispielsweise zum angeblich viel zu „abstrakten" Verfassungspatriotismus (Abizadeh 2004). Dabei bleiben die liberalen Nationalisten jedoch eine Definition der motivierenden und integrierenden Nation schuldig – wenn es sich nicht doch wieder um eine ethnische Form politischer Zugehörigkeit handeln soll, bleiben nur politische Vorstellungen, welche sich – wie könnte es anders sein – in historisch und

---

[1] Wobei man auch in Großbritannien in den vergangenen Jahren bewusst Abstand von einem ambitionierten Multikulturalismus genommen hat und sich heute vor allem auf ein „liberales Minimum" (sowie Sprachunterricht) für Einwanderer konzentriert (Joppke 2004).

kulturell partikularen Institutionen verwirklicht haben. Liberale Nationalisten erwarten also einerseits sehr viel von der Nation – vielleicht als eine Art Überreaktion auf die oben schon erwähnte Vernachlässigung des Nationalen in der englischsprachigen politischen Theorie. Gleichzeitig jedoch offerieren sie keine Erklärung, warum angeblich nur eine kulturell definierte Nation – im Gegensatz zu politischen Prinzipien – motivieren und integrieren kann. Hier kann liberaler Nationalismus leicht auf eine moralisch abschüssige Bahn in den Abgrund des ethnischen Nationalismus geraten.

Fragwürdig ist auch die direkte Übersetzung von nationalen Gefühlen in gegenseitige politische Pflichten. Politik kann nationale Gefühle nutzen und sogar kreieren, um Solidarität zu stiften. Aber es handelt sich hier um politische Prozesse oder in vielen Fällen, deutlicher gesagt, um harte politische Auseinandersetzungen. Liberale Nationalisten nehmen an, Sozialstaaten verdankten sich Gefühlen gegenseitiger Zuneigung („fellow-feeling", wie es so schön heißt) unter Angehörigen einer Nation. Aber wer sich mit wem identifiziert – die Antwort auf diese Frage resultiert oft nicht aus spontanen Gefühlsreaktionen (wie noch im achtzehnten Jahrhundert Shaftesbury, Hutcheson und Adam Smith annahmen), sondern aus den sedimentierten Ergebnissen politischer Kämpfe.

Republikanismus – oder, wie es manchmal in bewusster Abgrenzung heißt: nationaler Republikanismus – unterscheidet sich insofern von liberalem Nationalismus, als dass der Nation kein eigenständiger moralischer Wert zukommt. Aber die Nation spielt eine politisch entscheidende Rolle, weil sie, schlicht gesagt, die Republik möglich macht. Andere Vorstellungen von sozialer Integration fallen dem Vorwurf anheim, zu abstrakt oder gar „blutleer" zu sein, um wirkliche Solidarität unter republikanisch gesinnten Bürgern zu erzeugen. Was hier mit Nation gemeint ist, bleibt jedoch häufig unklar. Handelt es sich um eine politische Kultur – Flagge, Hymne, Marianne, *laïcité* – oder geht es um eine „Nationalkultur" als ganze?

Französische Republikaner wenden sich bekanntlich vehement gegen jede Form von Multikulturalismus oder *communautarisme* (oder gar *multicommunautarisme*) – ein Begriff, der nicht weniger als *libéralisme* zum Schimpfwort degeneriert ist (Taguieff 2005). Eine politische Repräsentanz von Religionen, Kulturen oder Ethnien ist in der politischen Öffentlichkeit der Republik nicht vorgesehen – stattdessen vertraut man auf die Assimilationskraft (und, implizit, die Modernisierungskraft) des republikanischen Modells. Gleichzeitig verteidigt man jedoch die *exception française* auf einem globalen Markt (oder gar in einem globalen Kampf) der Kulturen. Die Republik ist somit schlicht der unüberschreitbare Horizont politischen Zusammenhalts – welcher gleichsam nach oben und unten hin verteidigt werden muss (Laborde 2001). Diese Verteidigung obliegt wiederum dem Staat – dieser ist noch immer das entscheidende Instrument, wenn es um die Integration der Gesellschaft oder, demokratischer gewendet, um eine Art kollektive Kontrolle des eigenen Schicksals geht. Republikanismus ist somit in der Praxis oft Etatismus.

Republikanismus *à la française* beruht letztlich auf politisch-psychologischen Annahmen, die mehr oder weniger arbiträr sind. Der Zusammenhang von Republik und Nation ist nicht begrifflich (oder logisch, oder gar direkt ethisch, wie bei den liberalen Nationalisten), sondern empirisch-historisch. Nur sind zu dieser empirisch-historischen Gegebenheit, schenkt man den Republikanern Glauben, schlichtweg keine Alternativen denkbar.

Anders als der liberale Nationalismus verlässt sich der Republikanismus nicht auf ein sicheres liberales Erbe – im Gegenteil, er versucht, das republikanische Erbe in einer in fast jeder Hinsicht als feindlich wahrgenommen Welt zu verteidigen, ohne die Idee aufzugeben, dass die Republik als einzige das Universelle auf Erden verwirklicht. Nur kann diese Verteidigung keine wirklich allgemeingültige (und allgemein attraktive) sein, weil Republikaner einen theoretisch-ethisch nachvollziehbaren Zusammenhang zwischen Nation und Republik ja gerade nicht zulassen wollen. Somit kann der Republikanismus kaum als Modell für andere Länder – oder gar für Europa als ganzes – dienen.[2]

Bleibt der viel gescholtene Verfassungspatriotismus. Bekanntlich ist dieser Begriff eine Erfindung des deutschen Hannah-Arendt-Schülers Dolf Sternberger aus den siebziger Jahren. Sternberger stellte sich unter dem Verfassungspatriotismus eine Art „Staatsfreundschaft" vor, welche die Bürger wie in der griechischen Polis zur eifrigen Teilnahme am politischen Leben animieren sollte. Für Sternberger passte Verfassungspatriotismus zur Bonner Republik als einer halben Nation mit einem erfolgreichen Grundgesetz besonders gut – aber als politische Idee war er nicht prinzipiell auf Westdeutschland beschränkt.

In den achtziger Jahren hat sich Jürgen Habermas den Begriff angeeignet und ihm eine deutlich universalistischere Note gegeben. Auch für Habermas waren die zunehmend postnationalen Westdeutschen auf einem Sonderweg – nur war dies nicht mehr der alte antiwestliche Umweg in die Moderne. Ganz im Gegenteil waren die Bundesbürger in vieler Hinsicht schon westlicher als der Westen selbst (Lilla 1994). Früher oder später jedoch, so Habermas, würden auch andere Nationen den Weg zu einem Gemeinwesen beschreiten, in dem nicht der Stolz auf nationale Kulturen und eine heroische Geschichte das kollektive Bewusstsein ausmachen würden – sondern stattdessen Verfassungsprinzipien von Freiheit und Gleichheit.

---

[2] Ich lasse hier den vor allem von Quentin Skinner angeregten „neo-römischen" Republikanismus beiseite, wie ihn im englischsprachigen Raum vor allem Philip Pettit vertritt (und wie er derzeit die Regierung Zapatero in Spanien inspiriert).

Habermas' Konzept von kollektiver Identität wurde von Beginn an heftig kritisiert. Für Ernst-Wolfgang Böckenförde handelte es sich um einen „blassen Seminargedanken", während Martin Walser in einer Generalabrechnung mit dem „polit-masturbatorischen Modeton" der achtziger Jahre befand: „Das Wort riecht nach dem Abfindungslabor, aus dem es stammt." Die Kritik lief fast immer auf eine Frage hinaus: Wo bleibt das Besondere? Wenn es letztlich um die Verwirklichung allgemeingültiger Prinzipien geht, warum sollen sich Bürger einem Gemeinwesen zugehörig fühlen und nicht einem anderen? Und warum sollen sie überhaupt fühlen, wenn gemeinsame Identität allein auf rationale Prinzipien gegründet ist? Mit anderen Worten: Weder Patria noch Passionen, so die Kritiker, hätten einen Platz in einem scheinbar so „blutleeren" Patriotismus (im Gegensatz zum bekanntlich vollblütigen oder manchmal schlichtweg blutigen Nationalismus).

Habermas hatte schon in den achtziger Jahren eine Antwort gegeben, die aber oft geflissentlich überhört wurde. Jedes Land, so Habermas, müsse sich Demokratie und Menschenrechte auf eigene Weise und vor dem Hintergrund seiner jeweiligen Geschichte und Kultur aneignen. Besonders eine kritische Durcharbeitung der Vergangenheit, welche Habermas als unabdingbar auf dem Weg zur Ausbildung „rationaler kollektiver Identitäten" erachtete, müsse im nationalen Rahmen erfolgen. Insofern war der Ausdruck postnational von Anfang an nicht nur provokativ, sondern auch irreführend. Besser hätte es wohl „post-nationalistisch" geheißen (Cronin 2003).

Verfassungspatriotismus war aber auch eine überzeugende Entgegnung auf das deutsche Mantra, der demokratische Staat lebe von Grundlagen, welche er selbst nicht schaffen könne. Diese Einsicht von Ernst-Wolfgang Böckenförde wurde in vielen politischen Köpfen zu einer Art Glaubenssatz. Aber gut durchdachte Ideale und gut gestaltete Institutionen können sehr wohl dauerhafte Verhaltens- und Vertrauensmuster erzeugen, die sich dann in gewisser Weise selbst tragen – und der amerikanische Patriotismus, der sich auf Ideale *und* real existierende Institutionen bezieht, ist, bei allen Unterschieden zum Alten Europa, ein wichtiges Beispiel dafür.[3] Das Schreckbild eines ständig an der eigenen Substanz Raubbau betreibenden Staates ist unvereinbar mit einem liberalen Gemeinwesen, in dem Freiheit auch ohne nationalen *feel-good-factor* und andere vorpolitische Substanzen geschätzt werden kann. Denn Bürger brauchen nicht so sehr politische Gefühlsvorlagen, als vielmehr gute Gründe für ihre Entscheidungen.

Wie oben schon angedeutet, haben Anhänger des Verfassungspatriotismus den Begriff in verschiedenen nationalen Kontexten sehr unterschiedlich interpretiert. In Großbritannien hat man einen „civic patriotism" vorgeschlagen, der sich

---

[3] In diesem Zusammenhang wäre auch ein Vergleich zwischen deutschen Verfassungspatrioten und den *progressive cosmopolitan patriots* wie Horace Kallen und John Dewey interessant.

vor allem in einer politischen Kultur und weniger durch universalistische Verfassungsprinzipien ausdrückt (Laborde 2002). In Spanien war der Begriff zwischenzeitlich auf der Rechten angesiedelt, als die Aznar-Regierung ihn sich als Teil ihres politischen Kampfes gegen die ETA aneignete. Ganz arbiträr war diese Aneignung nicht: Verfassungspatriotismus beinhaltete auch immer eine Konzeption von „wehrhafter Demokratie", welche mehr oder weniger liberal ausfallen konnte. Ebenso konnte Verfassungspatriotismus als eine Art verkappter Zentralismus gegen Autonomiebestrebungen instrumentalisiert werden. Dass man den Begriff jedoch von links zurückerobern wollte, demonstrierte wiederum seine politische Attraktivität.

Verfassungspatriotismus als Modell für Deutschland und Europa: Eine liberale politische Leitkultur

Trotz seiner universalistischen Ansprüche ist Verfassungspatriotismus wohl kaum in allen politischen Konstellationen eine realistische Möglichkeit. Ob er sich zu *nation-building* eignet, ist eine offene Frage. Sicherlich kann er keine Fragen nach politischer Selbstbestimmung und Grenzziehungen beantworten. Insofern ließe sich durchaus sagen, dass Verfassungspatriotismus von Voraussetzungen lebt, die er selbst nicht ex nihilo schaffen kann – nämlich einem postnationalistischen Nationalstaat.

Man mag ebenfalls einwenden, dass der Begriff durch Zugeständnisse an nationale Besonderheiten – wie seit jeher von Habermas vorgeschlagen – seine eigene Besonderheit weitgehend verloren hat. Die Unterschiede zwischen einem reinen, post-nationalen Universalismus und nationalem Partikularismus sind sicher nicht so deutlich wie mancher Anhänger eines unbefleckten Verfassungspatriotismus es sich wünschen würde. Auch die Differenzen zu nationalem Republikanismus und liberalem Nationalismus sind in der hier verfolgten Lesart weniger deutlich.

Ein entscheidender ethischer Unterscheid bleibt jedoch bestehen: Für die Vertreter des Verfassungspatriotismus hat die Nation keinen ethischen Wert an sich, und sie ist auch nicht für alle Zeiten die Bedingung der Möglichkeit von Demokratie. All dies verbietet selbstverständlich nicht den demokratisch wohlbegründeten Schutz nationaler Traditionen. Aber es verbietet eine unmittelbare Ableitung ethischer Ansprüche aus Nationalität, wie dies bei den liberalen Nationalisten der Fall ist. Was wir einander zumuten dürfen – diese Frage beantwortet sich nicht einfach durch gemeinsam Zugehörigkeit. Was als gemeinsam imaginiert wird, muss auch gemeinsam durchdacht werden.

Was heißt all dies nun konkret? Verfassungspatriotismus beinhaltet einen harten Kern liberaldemokratischer Prinzipien. Wer diese ablehnt, ist politisch nicht integrierbar. Demokratische Bürger sind jedoch nicht gezwungen, die Feinde der liberalen Demokratie mit Verboten oder anderen drakonischen Formen politischer Intoleranz zu bestrafen. Öffentliche Solidarität mit den Verfassungsprinzipien kann auch als Überzeugungsarbeit gegenüber den Feinden der Verfassung verstanden werden. Man denke an die türkischen Demonstrationen in Köln im November 2004 oder an britische Demonstrationen im Jahre 2000 nach rechtsextremistisch motivierten Anschlägen in Londoner Pubs (Laborde 2002).

Gleichzeitig bedeutet Integration nicht einfach Befriedung oder gar gesellschaftliche Ruhigstellung. Sicherlich hat Niels Werber zu Recht an die Definition Niklas Luhmanns erinnert, wonach Integration ganz generell „Reduktion von Freiheitsgraden" bedeute (Werber 2005). Nur muss zum einen Verfassungspatriotismus nicht der einzige Grund für die Stabilität von Gemeinwesen sein – Bürger können sich aus vielen anderen, nicht-politischen Gründen mit ihrer Demokratie einverstanden zeigen. Andererseits – und dies ist wiederum ein Aspekt, der Verfassungspatriotismus deutlich von liberalem Nationalismus unterscheidet – erschöpft sich der normative, universalistische Gehalt von Verfassungspatriotismus nie in jeweils existierenden Institutionen. Verfassungspatriotismus kann auch – aus etatistischem Blickwinkel – destabilisierend, ja geradezu gefährlich sein. Man muss nicht so weit gehen, das Schreckbild der amerikanischen Milizen heraufzubeschwören, um zu sehen, dass Verfassungspatriotismus *auch* eine Form zivilgesellschaftlicher Ermächtigung (im Sinne von *empowerment*) ist. Dieses „normative Überschießen" macht Verfassungspatriotismus nicht nur zu einem Instrument politischer Integration – sondern auch zu einer Quelle liberaldemokratischer Inspiration.

Idealerweise bilden sich um Verfassungsprinzipien das, was man national durchaus unterschiedliche Verfassungskulturen nennen könnte. Es ist unwahrscheinlich, dass diese Kulturen in Europa in naher Zukunft konvergieren werden. Aber diese Kulturen sind eben auch nicht einfach politische Kulturen als politischer Ausdruck von Nationalkulturen. Was in Europe in absehbarer Zeit denkbar erscheint, ist ein überlappender Konsens über Verfassungsprinzipien, wie er sich – bei allen Mängeln – schon im europäischen Verfassungsvertrag ausdrückt. Und was sich bereits heute abzeichnet, ist eine Art „liberales Minimum", welches europäische Nationalstaaten von Einwanderern erwarten. Hier handelt es sich aber eben nicht um eine Nationalkultur, an die sich Einwanderer assimilieren sollen, sondern um eine gemeinsame liberale politische Kultur (Joppke 2004). Bisher haben wir schlichtweg keinen besseren Ausdruck als Verfassungspatriotismus, um diese liberale politische Kultur auf einen Begriff zu bringen.

Außenpolitisch heißt Verfassungspatriotismus vor allem konzertierte Bemühungen, eine liberale Verfassungskultur auszubreiten oder, um einen sehr französischen Begriff zu verwenden, *ausstrahlen* zu lassen. „Europäisierung" kann man auch als eine Art Liberalisierungsschub (oder gar als eine „liberale Hilfestellung") bezeichnen, der ehemals undemokratischen Ländern erlaubt, sich freiwillig an supranationale Normen und eine freiheitliche Wirtschaftsordnung zu fesseln. In ein derart liberal getöntes Bild von der EU als Befriedigungs- und Befreiungsprojekt passen denn auch eine europaweite Marktwirtschaft, ebenso wie die Rechte, welche europäische Bürger gegen ihre eigenen Nationalstaaten einklagen können.

Es mag sein, dass sich Europas Bürger eines Tages entschließen, dass ihnen dieses liberale europäische Projekt nicht ausreicht – dass sie in Richtung einer wirklich umfassenden politischen Union aufbrechen möchten. Aber was sie bereits erreicht haben, ist nicht einfach eine Freihandelszone, wie manche enttäuschte Euro-Föderalisten meinen. Es ist ein liberales Projekt auch in dem Sinne, dass sich politische Kulturen gegenseitig anerkennen und sich gegenseitig füreinander öffnen (Ferry 2000). Aufgrund dieser Erfolge ist Europa, um mit Emerson (und Richard Rorty) zu sprechen, von einer Partei der Erinnerung bereits wieder zu einer Partei der Hoffnung geworden.

Ganz unabhängig von Europa (und den nicht zu unterschätzenden Versuchungen eines neuen Eurozentrismus) ist Verfassungspatriotismus also ein genuin gehaltvoller Begriff und ein wichtiges Erbe der Bonner Republik. Jüngere deutsche Intellektuelle, so scheint mir, täten gut daran, diese Erbe der Bonner Republik nicht auszuschlagen, wie dies bisweilen mit etwas nassforscher Geste geschieht. Und Verfassungspatriotismus für eine provinzielle Partikularität der Bonner Republik zu halten, ist heute selbst provinziell.

Verfassungspatriotismus ermöglicht die Formulierung eines Integrationsprogramms, dessen europäische Gesellschaften heute so dringend bedürfen und das nationale Verschiedenheiten reflektiert, ohne auf eine Assimilation an Nationalkulturen hinauszulaufen. Er ist nicht notwendigerweise „abstrakt" oder „blutleer". Um Verfassungsprinzipien kann sich eine „liberale Leitkultur" bilden, welche aber eben vor allem eine politische und keine Nationalkultur ist. Schließlich vermeidet Verfassungspatriotismus die unglückliche Verbindung von Geographie und Werten, an welcher der Begriff des „Westens" schon immer krankte.

Verfassungspatriotismus bedeutet gleichzeitig keine völlige Abkehr von „Selbstbewusstsein" und Sonderweg. In gewisser Weise hebt er diese in sich auf – anstatt diese Kategorien einfach zu negieren und damit auf sie negativ fixiert zu bleiben. Denn eine liberale (politische) Leitkultur bedingt nicht zuletzt produktiven Streit um Vergangenheit und um den Inhalt einer patriotischen Moralpsychologie.

Literatur

Abizadeh, Arash (2004), „Liberal nationalist versus postnational social integration: On the nation's ethno-cultural particularity and ‚concreteness'", in: *Nations and Nationalism*, Jg. 10, S. 231-50.

Benner, Erica (1997), „Nationality without Nationalism", in: *Journal of Political Ideologies*, Jg. 2 , S. 189-206.

Bouretz, Pierre (2000), *La République et l'universel*, Paris.

Cronin, Ciaran (2003), „Democracy and Collective Identity: In Defence of Constitutional Patriotism", in: *European Journal of Philosophy*, Jg. 11, S. 1-28.

Debray, Régis (1999), Le Code et le Glaive: Après l'Europe, la nation? Paris.

Ferry, Jean-Marc (2000), *La question de l'État européen*, Paris.

Habermas, Jürgen (1976), „Können komplexe Gesellschaften eine vernünftige Identität ausbilden?", in: ders., *Zur Rekonstruktion des Historischen Materialismus*, Frankfurt a. M., S. 92-126.

Habermas, Jürgen (2004), *Der gespaltene Westen*, Frankfurt a. M.

Joppke, Christian (2004), „The retreat of multiculturalism in the liberal state: theory and policy", in: *The British Journal of Sociology*, Jg. 55, S. 237-57.

Laborde, Cécile (2001), „The Culture(s) of the Republic: Nationalism and Multiculturalism in French Republican Thought", in: *Political Theory*, Jg. 29, S. 716-35.

Laborde, Cécile (2002), „From Constitutional to Civic Patriotism", in: *British Journal of Political Science*, Jg. 32, S. 591-612.

Lacroix, Justine (2004), *L'Europe en procès: Quel patriotisme au-delà des nationalismes?*, Paris.

Lilla, Mark (1994), „The Other Velvet Revolution: Continental Liberalism and its Discontents", in: *Daedalus*, Jg. 123, H. 2, S. 129-57.

Markell, Patchen (2000), „Making Affect Safe for Democracy? On ‚Constitutional Patriotism',", in: *Political Theory*, Jg. 28, S. 38-53.

Miller, David (1995), *On Nationality*, Oxford.

Pettit, Philip (1997), *Republicanism: A Theory of Freedom and Government*, Oxford.

Schnapper, Dominique (1994), *La communauté des citoyens: Sur l'idée moderne de nation*, Paris.

Sternberger, Dolf (1980) *Staatsfreundschaft, Schriften IV*, Frankfurt a. M.

Taguieff, Pierre-André (2005), *La République Enlisée: Pluralisme, „communautarisme" et citoyenneté*, Paris

Tamir, Yael (1993), *Liberal Nationalism*, Princeton.

Uriarte, Edurne (2003), *España, Patriotismo y Nación*, Madrid.

Werber, Niels (2005), „Was hat Multikulti damit zu tun?", in: *die tageszeitung*, 3. Januar.

Die Verteidigung des Unvollkommenen
Zur Aktualität des altbundesrepublikanischen Liberalkonservatismus

Jens Hacke

Dass in Deutschland immer wieder die Debatte über Leitkultur und Patriotismus erneuert wird, weist auf einen Missstand hin. Die Forderung nach einem souveränen Umgang mit kultureller Tradition und nach „vaterländischer" Identifikation wird nur erhoben, wenn es an Orientierung mangelt. Entsprechend mager fallen die Beiträge der Unionsparteien und der ihnen zugeneigten Publizistik aus, wenn es um eine programmatische Präzisierung von Leitkultur und Patriotismus geht. Das ist wenig verwunderlich, scheinen sich doch diese Begriffe, die eine staatspolitische Normalität etablieren wollen, jeder qualifizierenden Beschreibung zu entziehen. Leitkultur und Patriotismus speisen sich aus ihren kontingenten Herkunftsbeständen. Sie weichen in ihrem traditionsgeprägten Charakter jeder intentionalen Steuerung aus, denn sie sind ein vielstimmiges Ensemble mit kulturellen, religiösen, national und emotional geprägten Komponenten. Sie können nur „gelebt" werden und entziehen sich in gewisser Hinsicht der Reflexion.

Es scheint nun zum Erbe der „Bonner Republik" zu gehören, Wertfragen mit gesamtgesellschaftlicher Orientierungsfunktion nur universalistisch, also postnational beantworten zu wollen. „Bloß nicht zu viel eigene Tradition", so die Maxime von emphatisch westlich orientierten Intellektuellen – und damit wird die lange Liste deutscher Geistesgrößen abgearbeitet, die mit vorgeblichem deutschen Tiefsinn oder metaphysischer Schwere eine politisch notwendige pragmatische Vernunft demontiert hatten. Doch diese „Zerstörung der Vernunft" (Lukács) liegt nun schon ein Menschenleben zurück, und es ist wohl anzunehmen, dass etwas davon in den sechzig Jahren nach Kriegsende wiederhergestellt werden konnte. In der institutionell vermittelten demokratischen Praxis sowie in der unmittelbaren, ganz bürgerlichen Lebenswelt der Zivilgesellschaft hat man in Deutschland den Gemeinsinn wieder eingeübt. Aber auch im intellektuellen Feld kann es durchaus lohnenswert sein, einen Blick auf diese Wiedergewinnung politischer Vernunft zu werfen. Denn warum sollte man nicht versuchen, dieses erfolgreiche Kapitel deutscher Ideen- und Geistesgeschichte für die Gegenwart auszuschöpfen?

In der Geistesgeschichte spiegelt sich die – allgemein schwer fixierbare – kollektive Identität einer Nation, die einem fortwährenden Transformations- und Erneuerungsprozess unterliegt. Alle Versuche, diese kollektive Identität kulturell, historisch und politisch zu beschreiben, sind zugleich schon Deutungen, die selbst Einfluss auf Form und Gehalt nehmen. In diesem Sinne ist auch Politische Philosophie ein Konstituens kollektiver Identität. Sie ist eine Sphäre unter anderen, in der gesellschaftliche Auseinandersetzungen über die normativen Grundlagen des Staates stattfinden. Politische Philosophie besitzt deshalb nicht nur eine erkenntnisleitende und orientierende, sondern auch eine repräsentative Rolle. Dazu ist sie eher geeignet als die politische Theorie, die das Moment der institutionellen Implementierung politischer Konzeptionen und ihre praktische Umsetzbarkeit fokussiert. Politische Philosophie bezieht den vorpolitischen Raum der Moral, der Religion, Kultur und Tradition in ihre Überlegungen ein und darf in ihren Aussagen wesentlich allgemeiner bleiben. Das macht sie zu einem Medium gesellschaftlicher Selbstverständigung.

Die intellektuelle Gründung der alten Bundesrepublik

Die frühe Bundesrepublik stand zunächst nicht im Verdacht, einen besonders ausgeprägten politisch-philosophischen Charakter zu besitzen. Historische Schuld, historische Verantwortung – gewiss, davon gab es im Übermaß. Aber die durch die Verfassung ausgedrückten normativen Leitlinien schienen keine große Anerkennung zu genießen. Nicht nur repräsentierte das Grundgesetz ganz überwiegend westeuropäisch-liberaldemokratisches *state of the art* in Sachen Verfassungslehre, es stellte sich damit auch ideengeschichtlich in die Tradition des Westens. Wie schon die Weimarer Reichsverfassung, so galt auch die Gründungsurkunde der trizonalen Republik als modernstes politisches Organisationsstatut seiner Zeit – es war nicht nur der politischen Reife der Bürger selbst weit voraus, sondern es war unabhängig von jeder gesellschaftlich wahrnehmbaren Debatte nach den Vorgaben der Alliierten entstanden. Als Abkehr vom „deutschen Sonderweg" wurden nationale Eigentümlichkeiten und historische Kontinuitäten peinlichst vermieden. Im Gegenteil, äußerste Sachlichkeit und technische Effizienz zeichnen die 146 Artikel in besonderem Maße aus, so dass der normative Gehalt der Grundrechte als Ausdruck eines „philosophischen Geistes" insbesondere von konservativen Technokraten geflissentlich übersehen wurde. Für sie war ein Zustand der Geschichtslosigkeit insoweit erreicht, als dass die Bundesrepublik zum „paradigmatischen Fall des Staates in der Industriegesellschaft" wurde, wie es der Staats- und Verwaltungsrechtler Ernst Forsthoff (1971: 7) ausdrückte. Im Zeitalter der „technischen Realisationen" hatte das Politische seine existentielle Kraft verloren. Der „Daseinsvorsorgestaat" bedurfte keiner „geistigen Selbstdarstellung" mehr, die Verfassung regelte die Administration, hatte aber ihre konstitutive Kraft lange eingebüßt.

Die belasteten konservativen Eliten nahmen den neuen Staat hin. Sie schätzten die Stabilität und die Disziplinierungsleistungen des politischen Systems nach 1949. Dessen geistiger Begründung standen sie skeptisch gegenüber, vermuteten sie doch als Konsequenz der Forderungen nach individueller Freiheit, sozialer Gerechtigkeit und Demokratisierung schnell eine „Tyrannei der Werte" (Carl Schmitt). In vielerlei Hinsicht waren diese desillusionierten Denker repräsentativ für eine Haltung, die aus der eigenen ideologischen Verirrung die Rechtfertigung zog, normativ geleitete Politikentwürfe, ja die moralische Reflexion überhaupt zu verwerfen. Sie wähnten sich in einem postideologischen und posthistorischen Zeitalter, das die politischen Richtungskämpfe hinter sich gelassen hatte. Moralische Fragen erübrigten sich in einer Situation, in der die Technik das Leben beherrschte. Für sie blieb der Sozialstaat bundesrepublikanischen Zuschnitts „immer ein subtiles und in hohem Maße künstliches Gebilde", das man stets „mit einem gewissen konservativen Schauer betrachten wird" (Forsthoff 1976: 63). Zweifellos beinhaltete die Bezeichnung „konservativ" in diesem Kontext immer noch Traditionsbestände eines dezidiert antidemokratischen Denkens.

Ein Defizit an normativer Orientierung und die Zurückhaltung gegenüber einer politischen Identifikation mit dem jungen Staat trugen zur Misere der politischen Philosophie bei. Doch auch von anderer Seite wurde deren konjunkturelles Tief diagnostiziert. „Political philosophy is dead", so brachte Peter Laslett (1956: VII) die Überzeugung derjenigen pragmatisch-realistisch orientierten *cold war liberals* (wie Raymond Aron oder Karl Popper) auf den Punkt, die rigide jede kritische theoretische Anstrengung unter Kommunismus-Verdacht stellten. Der 68er-Protest war schließlich eine Reaktion auf diese Verdrängung des Politischen. Allerdings kann man schwerlich behaupten, dass sich die Neue Linke auf die Fahnen geschrieben hätte, die politische Philosophie zu rehabilitieren: Sie teilte mit den von ihnen kritisierten technokratischen Positivisten die Leidenschaft für die Soziologie als „Wirklichkeitswissenschaft". Nur stand für Jürgen Habermas, Claus Offe oder Oskar Negt natürlich nicht Affirmation, sondern Gesellschaftskritik auf dem Programm. Das gezeichnete Bild glich allerdings demjenigen von Ernst Forsthoff, Helmut Schelsky und Arnold Gehlen bis zur Verwechselbarkeit: eine verwaltete Welt, entmündigte Individuen, Herrschaft von technokratischen Eliten, Formaldemokratie – der selbständige Bürger fand darin keinen Platz. *Citoyen* und *Bourgeois* waren hoffnungslos antiquiert, von einer Zivilgesellschaft redete auch auf der Linken niemand. Dort machte man sich mit Adorno „keine Illusionen über den Tod des bürgerlichen Individuums".

Es kam darauf an, die „Verblendungszusammenhänge" und das falsche Bewusstsein im „spätkapitalistischen Gesellschaftssystem" zu enttarnen, um „die bürgerliche Ideologie zu durchschauen" (Habermas 1972: 32f.). Makrogesellschaftlich strebte man vor allem danach, Legitimations-, Rationalitäts- und Reflexionsdefizite durch demokratische Partizipation zu überwinden. Für die „Rose im Kreuz der Gegenwart" (Hegel), also für das Positive in der bürgerlichen Welt der Bundesrepublik besaß man keinen Sinn, stand doch der Faschismus verkleidet als „f.d.G.O." („freiheitlich demokratische Grundordnung") wieder vor der Tür.

Vor diesem Hintergrund scheint es verfehlt, dem Wirken der „Frankfurter Schule" das Verdienst um die „intellektuelle Gründung der Bundesrepublik" (Albrecht u. a. 1999) zuzusprechen. Diese These besitzt allenfalls eine gewisse Plausibilität, wenn man ihre Kritik der „Vergangenheitsbewältigung" und ihren Beitrag zur „Erziehung nach Auschwitz" (Adorno) würdigt oder wenn man ihren indirekten Einfluss auf die spätere Identifikationsbereitschaft der 68er mit dem zunächst bekämpften Staat zum Maßstab macht. Denn Marcuses Enttarnung einer „repressiven Toleranz", Horkheimers „Kritik der instrumentellen Vernunft" oder Adornos Analyse der Kulturindustrie ebenso wie seine Deutung des „autoritären Charakters" haben die Studentenbewegung kaum in bundesrepublikanische Gründerlaune versetzt. Auch Habermas' Forderung nach „herrschaftsfreiem Diskurs" verstand sich zumindest anfangs als Alternative zu den bestehenden politischen Institutionen.

Zwar ging es auch Adorno, wie er 1967 im WDR mitteilte, um eine „möglichst adäquate Umsetzung des Grundgesetzes", womit er zumindest das Bestreben ausdrückt, sich am institutionellen Gründungsakt der Republik zu orientieren. Dies hieß allerdings im Sinne der Frankfurter Schule, die kritische Frage zu stellen, „ob überhaupt und in welcher Weise formale Demokratie zu einer inhaltlichen werden kann" (zit. n. Albrecht u. a. 1999: 339). Aus biographisch verständlichen Gründen blieb die Haltung der Frankfurter reserviert gegenüber dem westdeutschen Staat. Die „Kritische Theorie" mag mittelbar und indirekt zur Bildung eines bundesrepublikanischen Staatsbewusstseins beigetragen haben. Begriffe man solche Gründungsvorgänge jedoch intentional, so gehörte die Frankfurter Schule wohl kaum in das Kandidatenfeld der „intellektuellen Staatsgründer", weder in der Perzeption ihrer Adepten, noch weniger aus der Sicht ihrer Gegner. Zu wenig staatstragend, zu wenig an den institutionellen Realitäten der Bundesrepublik war ihre Gesellschafts- und Kulturkritik orientiert, um im eigentlichen Sinne als Beitrag zu einer identifikatorisch relevanten politischen Philosophie gewertet zu werden. Die „alten Frankfurter" haben letztlich auf politischer Ebene – wie Jürgen Habermas (1985: 172f.) resümiert – „die bürgerliche Demokratie nie so recht ernst genommen".

Wo ließe sich suchen, wenn es um die positive intellektuelle Begründung der Bundesrepublik geht? Wo wurde eine geistige Haltung artikuliert, die dem Charakter des jungen Staates entsprach und die bürgerliche Demokratie politisch ernst nahm? Vieles spricht dafür, dass erst die Herausforderung der institutionellen Ordnung eine philosophische Haltung zu ihrer Verteidigung nötig machte. Und es gehört zu den Merkwürdigkeiten der Nachkriegsgeschichte, dass in der westfälischen Provinz der Flankenschutz und das Affirmationsprogramm für die junge bundesdeutsche Demokratie entwickelt worden ist: Gemeint ist die Münsteraner Schule des heute fast vergessenen Philosophen Joachim Ritter. Der 1903 (im selben Jahr wie Adorno) geborene Cassirer-Schüler verband auf eigene Weise Hegels Konzept der bürgerlichen Gesellschaft mit einem an Aristoteles geschulten, selbstbewussten Bürgerbegriff: Recht, Institution, Sittlichkeit und Tradition avancierten zu den Kernbegriffen einer Philosophie der Moderne, die Herkunft und Zukunft in ihrem beschleunigten Auseinandertreten zu versöhnen strebte, indem sie diese „Entzweiung" als Bedingung von Subjektivität bejahte. Ritters schmales Werk hätte es wohl kaum zu einem solchen Einfluss gebracht, wenn es nicht über seine Schüler, die die einzelnen Motive ihres Lehrers ausschrieben, vielfach vermittelt worden wäre.[1] Zu den bekanntesten Mitgliedern des Münsteraner *Collegium Philosophicum* zählen die Philosophen Hermann Lübbe, Odo Marquard und Robert Spaemann sowie die Juristen Ernst-Wolfgang Böckenförde und Martin Kriele. Sie alle haben spätestens seit dem Ende der 1960er Jahre nicht nur akademisch, sondern auch als debattenfreudige Intellektuelle in der bundesrepublikanischen Öffentlichkeit gewirkt. Als junge Universitätsprofessoren sahen sie sich unmittelbar mit den Studentenunruhen konfrontiert und fühlten sich aufgerufen – obgleich überwiegend selbst SPD-Mitglieder (Lübbe, Böckenförde, Kriele) –, gegen eine neomarxistische Renaissance politisch Stellung zu beziehen.

Die aus dem Geist der Skepsis formulierte „Kritik der politischen Utopie" (Spaemann 1977) sowie die Verteidigung von humanistischen und christlichen Traditionen zur Kompensation beschleunigter Modernisierungsprozesse bildeten die Grundsätze ihres politischen Denkens. In den erbittert geführten Auseinandersetzungen der 1970/80er Jahre um Bildungspolitik, Regierbarkeits- und Legitimationskrisen der westlichen Demokratien, um das Erbe der Aufklärung und schließlich um den Umgang mit der deutschen Geschichte wurden die Grundzüge einer liberalkonservativen Haltung deutlich, die die geistigen Errungenschaften einer bundesrepublikanischen Erfolgsgeschichte repräsentierte: Verantwortung gegen Gesinnung, institutionalisierte Dezision gegen herrschaftsfreien Diskurs, Tradition und Sittlichkeit versus idealisierte Vernunft und Moralität, eine

---

[1] Die wichtigsten Schriften sind zusammengefasst in Ritter 2003.

unzeitgemäße „Apologie der Bürgerlichkeit" (Marquard) gegen Prophezeiungen
vom Untergang des Spätkapitalismus. Die Beweislast trägt der Reformer, der
beschleunigte Fortschritt verlangt kulturell nach Kompensationen, Ideologien
aller Art ist mit Skepsis zu begegnen, so lauten die eingängigen Glaubenssätze
der „Ritterianer".[2]

Stille Sieger

„Wir sollten Hermann Lübbe zum Sieger erklären", verkündete unlängst Paul
Nolte (2004), und was die praktischen politischen Urteile betrifft, wird man den
Ritterianern im Licht einer bundesrepublikanischen Erfolgsgeschichte ohne weiteres in den meisten Fragen retrospektiv recht geben müssen. Vieles, wofür sie
gestritten haben, hat sich durchgesetzt, während die Intellektuellenprojekte eines
demokratischen Sozialismus Makulatur geworden sind: Die Kritik an der Über-
forderung des Wohlfahrtsstaates, die Skepsis gegenüber utopisch motivierten
Ideologien, das leistungsbasierte Schul- und Hochschulsystem, die Notwendigkeit von Eliten, die affirmative Aneignung der Geschichte, die Historisierung der
NS-Vergangenheit – all dies scheint mittlerweile unumstritten. Den selbstaufer-
legten „Generationsauftrag", ideell zur Ankunft in der liberalen westlichen Demokratie beizutragen, haben sie erfüllt. Mit einiger Berechtigung kann man ihre
politische Philosophie als Legitimation der alten Bundesrepublik begreifen. Deren Status quo hat die Ritter-Schule in den Grundsätzen zäh verteidigt. Im Hinblick auf konservative Traditionen war es schließlich keine geringe Leistung, die
distanzierte Haltung des „technokratischen Konservatismus" zu überwinden und
verfassungsgemäße Bestände, die der Bewahrung bedurften, für einen demokratischen Normalkonservatismus zu erschließen. Im Gegensatz zu Schelsky und
Forsthoff begnügten sich die Ritterianer nicht damit, die sozialtechnische Rei-
bungslosigkeit des Wohlfahrtsstaates zu preisen, sondern verlegten sich darauf,
die Liberalität der gewaltenteiligen Verfassung und den Parteienpluralismus als
eigene Werte zu verteidigen, welche die bürgerlichen Freiheiten des Individuums
sicherten.
　　Insbesondere die Anverwandlung der Institutionentheorie vom Zuschnitt
Gehlens und Schelskys, aber auch das Aufgreifen der dezisionistischen Politik-
lehre Carl Schmitts kann in diesem Kontext als transformierende Anpassung
konservativer Theoreme an liberale Verfassungsrealitäten erkannt werden. Beide
Theorieelemente wurden miteinander verklammert: Die Dezision wurde von

[2] Als politische Grundschriften der Ritter-Schule können gelten Böckenförde 1976; Lübbe 1971,
1980, 1987; Kriele 1994; Marquard 1973, 1981, 1986; Spaemann 1977. Vgl. dazu insgesamt Hacke
2004.

ihrem voluntaristischen Moment gereinigt, denn sie war nur innerhalb eines institutionell garantierten liberalen Ordnungsrahmens denkbar. Die Institutionen verloren die von Gehlen vorgenommene Beschränkung auf Stabilisierungs- und Führungsleistungen, indem sie normativ mit den Vorgaben der liberalen Verfassungsordnung verknüpft wurden. Diese abstrakt formale Dimension ließ sich vor allem für den Schutz der klassisch liberalen „negativen Freiheit" nutzbar machen. Der gewaltenteilige Charakter der Institutionen und der dezisionistische Wahrheitsvorbehalt beruhten auf der für die *cold war liberals* zentralen Unterscheidung zwischen totalitärer und liberaler Demokratie, die unter Berufung auf Hobbes' Diktum *auctoritas non veritas facit legem* zur Abwehr von politischen Radikalismen diente.

Die Grenzen für eine liberale Transformation des Konservatismus waren freilich erreicht, sobald es um eine positive normative Begründung von Gesellschafts- und Staatsordnung ging. Für diese Aufgabe boten die konservativen Vordenker der 1950/60er Jahre kaum Anknüpfungsmöglichkeiten. Einzig die Skepsis gegenüber Ideologisierung und politischer Moralisierung erwies sich als anschlussfähig. Diese Skepsis, die für die Ritter-Schüler Bestandteil der generationellen Geschichtserfahrung ist, wird zum Ausgangspunkt für eine Kritik der Geschichtsphilosophie, die sich als Ideologiekritik versteht: Die „Erfahrung der Geschichte" und die Persistenz des Geschichtlichen bieten das Fundament für eine Begründung des Liberalismus, der sich nicht primär auf die normativ-materialen Grundsatzerklärungen der Moderne bezieht (*Bill of Rights*, Unabhängigkeitserklärung, Erklärung der Menschenrechte), sondern Pluralismus, Gewaltenteilung, Traditionsvielfalt und die Vorzüge des bürgerlichen Lebens historisch begründet – nämlich im Blick auf deren Zerstörung durch ideologisch inspirierte Regimes. Als „skeptische Hegelianer" (Marquard) finden die Ritter-Schüler das Vernünftige in der Geschichte und im gemäßigten Fortschritt der Moderne vor. Die Fortschrittssicherung durch Institutionen, der pflegliche Umgang mit Traditionen und der Rekurs auf die Sittlichkeit des *Common sense* und auf die moralischen Bestände der Religion bilden die Garantien dafür, dass die Moderne nicht ein weiteres Mal entgleitet und die menschliche Vernunft überfordert.

Die Liberalkonservativen sehen in praktischer Hinsicht keine Veranlassung, sich an neuen normativen Zieldebatten zu beteiligen. Laut Lübbe sind die politischen Probleme des modernen Wohlfahrtsstaates nicht als Ziel-, sondern als Steuerungskrisen zu behandeln. Reduktionistisch beschreiten die Ritterianer den Weg zu einer neuen Schlichtheit des Diskurses über die Leitlinien des Politischen. Aus dem, was alle wollen – Gerechtigkeit, Frieden, Glück –, sei nichts herzuleiten (Lübbe 1975: 131). Ethik und moralische Fragen werden von den Ritter-Schülern in den Bereich der privaten Lebensführung überführt. „Das Normative ist vor allem das Kleine", findet Marquard (2003: 80), und auch

Spaemann (1989: 183f.) sieht in der Ethik zunächst „die Reflexion auf die Bedingung gelingenden Lebens". Dahinter steht die Einsicht, dass der Mensch von eigenverantwortlicher moralischer Entscheidung durch keine moralphilosophische Vorleistung erlöst werden kann.

Die Liberalkonservativen wissen sehr wohl, dass sie sich nicht lediglich auf die Pflege von Sitten und Traditionen zurückziehen können. Zwar greifen sie im Sinne „vernünftiger Orientierungen" auf bewährte Formen der Vermittlung von moralischen Werten zurück. Sie präsentieren jedoch ein Ensemble von moralbegründenden Kapazitäten, die in ihrer Mischung aus Traditionsbezug und Offenheit modernitätsermöglichend wirken sollen. Sie berufen sich auf den *Common sense*, der als demokratische Instanz zum einen den gesunden Menschenverstand eines Mehrheitsvotums legitimiert, zum anderen für die Einhaltung konventioneller moralischer Grundsätze sorgt. Lebbare Moral – auch in säkularisierter Gegenwart – lässt sich auf Religion zurückführen, wie Lübbes Konzept der Zivilreligion unterstreicht. Zivilreligiöse Praxen und Rituale unterstreichen die Angewiesenheit staatlicher Funktionsfähigkeit auf die Bestände religiöser Kultur, ohne die Religion selbst bekenntnispflichtig zu machen. So dokumentiert Zivilreligion auch, dass der Staat auf liberale Weise bestimmte über ihn selbst hinaus reichende Werte anerkennt. Damit ist ihm eine gewisse Ideologieresistenz eingebaut.

Wie eng verbunden die Ritterianer dem klassischen Liberalismus sind, veranschaulicht die viel zitierte Böckenförde-Doktrin, nach der „der freiheitliche säkularisierte Staat (…) von Voraussetzungen (lebt), die er selbst nicht garantieren kann" – dies sei „das große Wagnis (…) um der Freiheit willen" (Böckenförde 1976: 60). Damit ist der Staat davon entlastet, seine Existenzbedingungen normativ präzise zu fixieren. Das heißt nichts anderes, als dass der Staat auf das Engagement und den politischen Sinn seiner Bürger angewiesen bleibt; ihnen müssen in der Zivilgesellschaft Entfaltungs-, aber auch Rückzugsräume zur Verfügung stehen, die sich der Reglementierung entziehen. Insgesamt zeugt diese Position von großem Vertrauen in die Balance zwischen staatlicher Institutionenordnung und bürgerlicher Gesellschaft einerseits sowie in die automatischen Selbstregulierungsmechanismen des politischen Systems andererseits. Dies zeigt schon, dass die Bezeichnung „skeptische Generation" zumindest missverständlich ist. Ideologische Skepsis hatte ihre Berechtigung, als sie seit Ende der 1960er Jahre die Neue Linke in Schranken zu weisen suchte. Die Traumatisierung durch die studentische „Kulturrevolution" hatte zur Folge, dass die Skepsis einseitig blieb. Ihre Rückseite war eine entschiedene Affirmation des Bestehenden, wie es in der „Beweislastverteilungsregel" zum Ausdruck kommt, nach welcher die Begründungspflicht dem Veränderer zugewiesen wird. Diese Haltung geht von einem weitgehend geordneten Gemeinwesen aus. Nicht zufällig hatten die Ritterianer in den 1980er Jahren ihre publizistische Hochzeit, denn ihre Abwehr einer mittlerweile harmlos gewordenen Linken war fest im Wohlstand und im Selbstbewusstsein der alten Bundesrepublik verankert. Ihr konservierender Liberalismus erlangte den Rang einer besseren Staatsbürgerkunde, die frei von jeder Provokation war. Dies erkennt mittlerweile sogar Jürgen Habermas (1995: 117-121) an, der den „staatstragenden" Anverwandlungen konservativer Traditionen retrospektiv zubilligt, „arbeitsteilig zu einem liberalkonservativen Grundverständnis beigetragen" zu haben. Die Ritter-Schüler haben geholfen, eine kulturelle und intellektuelle Legitimität der Bundesrepublik zu begründen. Ihre rückhaltlose Verteidigung dieses Staates ist ein Beitrag zur inneren Akzeptanz und damit zu einer sukzessiven geistigen Gründung gewesen. Dies darf man getrost als ein historisches Verdienst bezeichnen.

Ein deutscher Weg des Liberalismus

Mit dieser politischen Philosophie der Bürgerlichkeit ist ein spezifisch „deutscher Weg" zur Entfaltung liberaler Prinzipien beschritten worden – mit wenig Emphase, unter Vermeidung belasteter identifikatorischer Leitgrößen wie Nation und Gemeinschaft. Nüchtern und pragmatisch stand für die Ritter-Schüler im Mittelpunkt, ein funktionsfähiges, gewaltenteiliges und freiheitssicherndes Gemeinwesen zu bewahren. Dabei machten sie von Anfang an die Grenzen politischer Philosophie deutlich. In ihr konnten sie nie die Möglichkeit zur Entwicklung eines Masterplans erkennen, mit dessen Hilfe eine bestimmte gesellschaftliche Vorstellung zu verwirklichen sei. Sie war vielmehr ein Medium der Reflexion, um vor Verirrungen zu warnen und pragmatisch korrigierend zu intervenieren.

Nicht nur inhaltlich, auch formal ist die liberalkonservative politische Philosophie ein Ernüchterungs- und Pragmatisierungsprogramm hin zu Klarheit und Allgemeinverständlichkeit. Die Ritter-Schüler überführen das Politische in einfache lebensweltliche Zusammenhänge im Dreieck von Institution, Dezision und *Common sense*. Die Eingängigkeit ihrer Argumentation unterstreicht Bürgernähe und einen demokratischen Anspruch; sie nehmen den Durchschnittsbürger in seinen traditionellen und regionalen Prägungen, in seinen Sicherheitsbedürfnissen, aber auch in seinen Leistungen für das Gemeinwesen auf der unmittelbaren lokalen und kommunalen Ebene ernst. Dabei wird deutlich, wie viel Vertrauen die Ritterianer in die individuellen Bewältigungs- und Kompensationskapazitäten aufbringen, wenn es darum geht, sich dem beschleunigten Fortschritt anzupassen.

Nicht der rücksichtslose Sprung in eine entworfene Modernität, sondern ihre reflexive Bejahung, etwa als Akzeptanz gesteigerter Mobilität, schwieriger
Familienkonstellationen oder einer sich rapide verändernden Arbeitswelt, ist für
die Ritterianer die einzig gangbare Alternative. Dazu ist es erforderlich, sich die
Werte und Traditionen, die vom Wandel bedroht sind, zu vergegenwärtigen und
dadurch am Leben zu erhalten: „Je änderungsbereiter wir leben, um so mehr sind
wir auf die Nutzung alterungsresistenter Bedingungen unserer Zukunftsfähigkeit
angewiesen", formuliert Lübbe (2002: 3). Die Ritter-Schüler repräsentieren eine
Haltung, die Anthony Giddens (1999: 84) einen für die Modernisierung erforderlichen „philosophischen Konservatismus" genannt hat: „Er plädiert für eine
pragmatische Einstellung bei der Bewältigung des Wandels; ein nuanciertes Bild
von Wissenschaft und Technik, das deren zweideutigen Folgen Rechnung trägt;
Respekt vor der Vergangenheit und der Geschichte; und schließlich, im Umwelt-
bereich, eine Übernahme des Vorbeugeprinzips wo immer möglich."
    Ebenso wie die Kulturphilosophie des Fortschritts wird die politische Philo-
sophie von dem Optimismus getragen, mit den bereits zur Verfügung stehenden
Mitteln die notwendigen Anpassungsleistungen vollbringen zu können. Es handelt sich in Anlehnung an Odo Marquard um eine „Nicht-Krisentheorie" des
Wohlfahrtsstaates, der nur mit kulturellen Akzeptanzproblemen, nicht aber mit
ernsthaften Funktionsstörungen zu tun hat. Die Aufgabe der politischen Philosophie besteht dann darin, aufklärend zu wirken und falsches Krisenbewusstsein im
Sinne der praktischen Vernunft zu korrigieren. So werden die Liberalkonservativen zu nachhaltigen Befürwortern der für die bürgerliche Gesellschaft konstitutiven „Entzweiung", die es gegen romantisch-utopisches Einheits- und Gemein-
schaftsdenken zu verteidigen gilt. Historisch kann man es zweifellos als eine
Leistung ansehen, die „Entfremdung" des Menschen in der modernen kapitalistischen Industriegesellschaft positiv zu wenden und den „untrennbare(n) Zusammenhang der Entfremdung mit Freiheit, Kreativität und Individualität" zu unterstreichen, wie Jörg Lau (2003: 764f.) dies tut, der dazu anregt, am „Lob der
Entfremdung" weiterzuschreiben.
    „Die Bundesrepublik ist keine versäumte Revolution, sondern eine gelun-
gene Demokratie" (Marquard in: Ritter 2003: 456), so das bescheidene Credo
der Ritterianer, die in ihrem nüchtern-pragmatischen Gestus so typisch für die
intellektuelle Kerngruppe der „skeptischen Generation" sind. Im Gegensatz zu
ihren sozialphilosophisch und gesellschaftstheoretisch orientierten Generationsgenossen Habermas und Luhmann haben sie keine ausgearbeitete Theorie vorge-
legt. Darin spiegelt sich womöglich eine genuin konservative Eigenart. Das Wi-
derstreben der Ritter-Schüler, sich auf Theoriejargon und intellektuelle Moden
einzulassen, hat nicht ohne eigenes Verschulden ihren Wirkungskreis einge-
schränkt. Die Rezeption der Kommunitarismus-Debatte in Deutschland zeigte

beispielsweise, dass internationales nicht unbedingt höheres Niveau heißen muss. Über die wesentlichen Themen – kommunales Bürgerengagement, Zivilreligion (Robert Bellah), Rolle der Tradition (Alasdair McIntyre) – hätte man auch hierzulande mit Lübbe, Marquard oder Spaemann gewinnbringend streiten können.

Sollte einmal die Ideengeschichte der Bundesrepublik geschrieben werden, so Ulrich Raulff (2003) jüngst, werde der Schule Joachim Ritters „ein besonderes Gewicht" zukommen. Im Rahmen einer Selbstvergewisserung „bundesrepublikanischen Geistes" ist die Wiederentdeckung der „Skeptiker" in jedem Fall angebracht. Dabei wird sich auch zeigen, dass die Etablierung eines liberalen pragmatischen Normalkonservatismus die Bundesrepublik weiter europäisiert hat. In den Fußstapfen von Raymond Aron, Isaiah Berlin, Michael Oakeshott oder Karl Popper hat sich auch in Deutschland ein Liberalismus herausgebildet, der das kulturelle Kapital der europäischen Nationen nach dem vor allem in Europa ausgetragenen Weltbürgerkrieg 1914 bis 1945 wieder belebt hat. Dabei sollte man nicht übersehen, dass das Festhalten an einer skeptisch-liberalen Position bis in die 1980er Jahre durchaus mit Standhaftigkeit zu tun hatte. Damals, als der Zeitgeist fortschrittsoptimistisch *social engineering* betrieb, galten die *Common sense*-geleiteten Invektiven der Ritter-Schüler als hoffnungslos reaktionär. Zwar war die intellektuelle Kultur in Deutschland niemals so polarisiert und streitorientiert wie jenseits des Rheins, wo politische Exaltation als geistreich prämiert wurde. In Frankreich wurde es zu einem geflügelten Wort, dass man es vorziehe, mit Sartre zu irren, als mit Aron Recht zu haben. Doch hierzulande könnte man würdigen, dass es verdienstvoll war, an denjenigen Tugenden festzuhalten, die sich einer Präzisierung fast völlig entziehen, aber dennoch unerlässlich sind: Urteilskraft, pragmatische Vernunft und weberianisch verstandenes Augenmaß.

Die Alternativlosigkeit des altbundesrepublikanischen Erbes

Es ist interessant zu beobachten, wie sehr sich die einflussreichsten Vertreter der „skeptischen Generation" heute einander angenähert haben. Während Jürgen Habermas spätestens mit seinem rechtstheoretischen Werk „Faktizität und Geltung" (1992) seine institutionelle Wende vollzogen hat und zum Verfassungspatrioten der Bundesrepublik geworden ist, so ist Hermann Lübbes institutionentheoretischer Zugriff mehr und mehr einem Interesse am Bürger gewichen, dem auf dem Wege direkter Demokratie größere Partizipationsmöglichkeiten eingeräumt werden sollen (Lübbe 2004). Auch in der Wertung religiöser Fragen haben sich die ehemaligen Kontrahenten immer weiter aufeinander zu bewegt.

Sicherlich, im Lichte heutiger Debatten um Reformbedarf in Wirtschaft, Bildung und Sozialpolitik mag das Reservoir eines philosophischen Liberalkonservatismus begrenzt sein. Es hieße die politische Philosophie überfordern, wollte man sie auf politische Programmschriften oder auf die Behebung von fälligen gesellschaftlichen Missständen verpflichten. War lange „vernünftig", „wer den Ausnahmezustand vermeidet" (Marquard 2000: 107), so gerät nun das Festhalten an einer langwierig erstrittenen Normalität in die Kritik. Man könnte meinen, dass der politische Stillstand der Republik eine Überkompensation ihrer mühsamen geistigen Normalitätsetablierung ist, für welche die Ritter-Schüler beharrlich gestritten haben.

Man sollte die liberalkonservative Linie politischer Philosophie der alten Bundesrepublik dennoch nicht in einer Sackgasse enden lassen. Sie hat nicht nur ihre historischen Verdienste, sie könnte auch in Zukunft noch gebraucht werden. Wenn nämlich in den vergangenen 15 Jahren so viel von Neu- und Umgründung der Bundesrepublik bzw. von der verpassten Gelegenheit dazu die Rede war, so sollte man hinsichtlich des politisch-philosophischen Erbes Realismus walten lassen: Die Alternativen waren begrenzt, die Bonner Republik ist in dieser Hinsicht alles, was zur Wahl steht. Wenn für einige Skeptiker immer der Vorzug galt, dass Demokratie und Marktwirtschaft „kalte Projekte sind, die keinen Anspruch erheben auf die Herzen und Seelen von Menschen" (Dahrendorf 2004: 86), dann erscheint es angebracht, ihrer erfolgreichen Etablierung wenigstens retrospektiv etwas identifikatorische Wärme angedeihen zu lassen. Vielleicht schadet es nicht, in Zeiten, in denen die Krisenbeschwörung auf allen Feldern überhand nimmt, eine Perspektive zu wahren, die die Errungenschaften der alten Bundesrepublik ebenso wenig vergisst wie sie ein nüchternes Problembewusstsein kultiviert. „Unendlichen Krisenstolz" könnten wir uns gar nicht leisten, formulierte Odo Marquard (2003: 81) jüngst. Konstruktive Reform anstelle uferloser Kritik – aus dieser Überzeugung des engagierten Intellektuellen haben die Ritterianer die Grundsätze ihrer politischen Philosophie artikuliert. Dahinter steht ein Ethos der bescheidenen und selbstverständlichen Identifikation mit dem Gemeinwesen, dem man als Bürger angehört. Identität haben Lübbe und Marquard stets mit Bezug auf die unmittelbare Lebenswelt des Bürgers definiert, in der er Verantwortung trägt und die er mitgestalten kann. Damit setzen sie auf einen kompensatorischen Effekt – je unaufhaltsamer die Globalisierung, desto stärker wird das Bedürfnis nach regionalen und lokalen Gegengewichten; je forcierter der Trend zur europäischen Einigung und supranationaler Integration, desto stärker werden föderale Tendenzen – kurz: Universalisierung und Uniformierung sind nicht ohne Individualisierung und Ausdifferenzierung zu haben.

Zu Veränderungen kann nur derjenige schreiten, der weiß, wer er ist, weil er die Traditionen kennt, auf denen er aufbaut. In den aufgeregt inszenierten Debatten um Leitkultur und Werte der deutschen Gesellschaft, aber auch angesichts der neuerdings manchmal sehr rustikal wirkenden Geschichtspolitik, würde es nicht schaden, sich an den besonnenen Liberalkonservatismus der Ritter-Schule zu erinnern. Ohne dass sie auf aktuelle Theoriemoden wert legten, traten sie weit vor der Zeit für eine Zivilgesellschaft im besten Sinne ein und erkannten in der Verallgemeinerung von Bürgerlichkeit und Zivilität nicht nur den beherrschenden Trend, sondern auch den einzig gangbaren Weg. Diese liberalen Werthaltungen werden auch weiterhin zur Basisausstattung der Bundesrepublik gehören.

Literatur

Albrecht, Clemens u. a. (1999), *Die intellektuelle Gründung der Bundesrepublik. Eine Wirkungsgeschichte der Frankfurter Schule*, Frankfurt a. M./New York.

Böckenförde, Ernst-Wolfgang (1976), *Staat, Gesellschaft, Freiheit. Studien zur Staatstheorie und zum Verfassungsrecht*, Frankfurt a. M.

Dahrendorf, Ralf (2004), *Der Wiederbeginn der Geschichte. Vom Fall der Mauer bis zum Krieg im Irak. Reden und Aufsätze*, München.

Forsthoff, Ernst (1971), *Der Staat der Industriegesellschaft. Dargestellt am Beispiel der Bundesrepublik Deutschland*, München.

Forsthoff, Ernst (1976), *Rechtsstaat im Wandel. Verfassungsrechtliche Abhandlungen 1954-1973*, 2. Aufl., München.

Giddens, Anthony (1999), *Der dritte Weg. Die Erneuerung der sozialen Demokratie*, Frankfurt a. M.

Habermas, Jürgen (1972), *Theorie und Praxis. Sozialphilosophische Studien*, 4. Aufl., Frankfurt a. M.

Habermas, Jürgen (1985), *Die neue Unübersichtlichkeit. Kleine politische Schriften V*, Frankfurt a. M.

Hacke, Jens (2004), *Eine Philosophie der Bürgerlichkeit. Die liberalkonservative Begründung der Bundesrepublik*, Phil. Diss. Berlin.

Kriele, Martin (1977), *Legitimationsprobleme der Bundesrepublik*, München.

Kriele, Martin (1994), *Einführung in die Staatslehre. Die geschichtlichen Legitimitätsgrundlagen des demokratischen Verfassungsstaates*, 5. Aufl., Opladen.

Laslett, Peter (1956), *Philosophy, Politics and Society*, Oxford.

Lau, Jörg (2003): „Lob der Entfremdung", in: *Merkur*, Jg. 57, H. 9/10, Nr. 653/654, S. 758-767.

Lübbe, Hermann (1971), *Theorie und Entscheidung. Studien zum Primat der praktischen Vernunft*, Freiburg.

Lübbe, Hermann (1975), *Fortschritt als Orientierungsproblem. Aufklärung in der Gegenwart*, Freiburg.

Lübbe, Hermann (1980), *Philosophie nach der Aufklärung. Von der Notwendigkeit pragmatischer Vernunft*, Düsseldorf/Wien.

Lübbe, Hermann (1987), *Politischer Moralismus. Der Triumph der Gesinnung über die Urteilskraft*, Berlin.

Lübbe, Hermann (2002), *Laudatio anläßlich des Baltasar-Gracián Kulturpreises für Erwin Scheuch. Ein Beitrag zur neuesten Begriffsgeschichte des Konservativismus in Deutschland* (unveröffentlichtes Manuskript, 12 Seiten).

Lübbe, Hermann (2004), *Modernisierungsgewinner. Religion, Geschichtssinn, Direkte Demokratie und Moral*, München.

Marquard, Odo (1973), *Schwierigkeiten mit der Geschichtsphilosophie. Aufsätze*, Frankfurt a. M.

Marquard, Odo (1981), *Abschied vom Prinzipiellen. Philosophische Studien*, Stuttgart.

Marquard, Odo (1986), *Apologie des Zufälligen. Philosophische Studien*, Stuttgart.

Marquard, Odo (2000), *Philosophie des Stattdessen. Studien*, Stuttgart.

Marquard, Odo (2003), „‚Ich bin ein Weigerungsverweigerer'. Ein Gespräch mit Odo Marquard", in: *Ästhetik & Kommunikation*, Jg. 34, H. 122/123, S. 77-81.

Nolte, Paul (2004), „Skeptiker der Moderne. Wir sollten Hermann Lübbe zum Sieger erklären: Die Forderungen des Neokonservativen nach Entschleunigung und kultureller Einhegung haben sich längst durchgesetzt", in: *die tageszeitung*, 28. August.

Raulff, Ulrich (2003), „Das bürgerliche Leben. Hundert verweht: Joachim Ritter kehrt zurück", in: *Süddeutsche Zeitung*, 3. April.

Ritter, Joachim (2003), *Metaphysik und Politik. Studien zu Aristoteles und Hegel*, erweiterte Neuausgabe, mit einem Nachwort von Odo Marquard, Frankfurt a. M.

Spaemann, Robert (1977), *Zur Kritik der politischen Utopie. Zehn Kapitel politischer Philosophie*, Stuttgart.

Spaemann, Robert (1989), *Glück und Wohlwollen. Versuch über Ethik*, Stuttgart.

Nationale Phantomschmerzen
Zum öffentlichen Gebrauch von Erinnerung in der neuen Bundesrepublik

Uffa Jensen

Als im Herbst 2004 die seit längerem schwelende Diskussion über die Integration der Ausländer in Deutschland erneut ausbrach, wandte sich Bundeskanzler Gerhard Schröder direkt an die in der Bundesrepublik lebenden Muslime. Er tat dies bemerkenswerterweise im Berliner Jüdischen Museum, wo er die Laudatio auf den ehemaligen Bundespräsidenten Johannes Rau hielt, dem der Preis für Verständigung und Toleranz verliehen wurde (Ulrich 2004). Die museale Erinnerung an die Geschichte der deutsch-jüdischen Minderheit bot den scheinbar logischen Hintergrund für Schröders Gedanken über den gegenwärtigen Umgang mit Minderheiten in der bundesrepublikanischen Gesellschaft. Der Zusammenhang, den Schröder in seiner Rede voraussetzte, ist in der deutschen Öffentlichkeit seit langem etabliert: Wann immer das Problem der Fremdenfeindlichkeit diskutiert wird, fehlt der Hinweis auf die Geschichte des Antisemitismus und des nationalsozialistischen Judenmordes nicht. Die Intoleranz der Vergangenheit wird argumentativ für eine tolerante Gesellschaft in der Gegenwart in Dienst genommen. Die Protagonisten der bundesrepublikanischen Erinnerungskultur, denen sich die Bundesregierung politisch verpflichtet fühlt, schrieben sich stets in dieser Weise die Verteidigung einer offenen Gesellschaft auf ihre Fahnen.

Zugleich werden derartige Zusammenhänge in der öffentlichen Diskussion eher evoziert als wirklich detailliert analysiert. Es bleiben zwei Fragen offen: Welche Gegenwart hat man eigentlich in solchen Momenten im Blick, und wird man ihr gerecht? Ist es eigentlich die angemessene Vergangenheit, auf die man sinnvollerweise hinweist? Beides lässt sich durchaus problematisieren: Einerseits droht man mit dem stilisierten Vergangenheitsbezug den gegenwärtigen Wandel der Phänomene „Fremdenfeindlichkeit" und „Antisemitismus" zu verfehlen. Andererseits wird das Zusammenleben von Juden und Nichtjuden gerade nicht in einer für die Gegenwart relevanten Weise zitiert, sondern zu einer allgemeinen Ermahnung stilisiert, was für schreckliche Folgen Hass und Ausgrenzung haben können. Ein historisch geschulter Blick auf Exklusionsmechanismen in der deutschen Kultur existiert hingegen noch viel zu selten.

Mit einem solchen Blick wird man vor allem thematisieren müssen, dass auch die Verquickung von vergangenem Antisemitismus, Holocaust und gegenwärtiger Fremdenfeindlichkeit aus der Suche nach einer deutschen Identität resultiert – eine Identität, über die seit der Wiedervereinigung wieder verstärkt diskutiert wird. Bereits die verspätete Nationalstaatsgründung im 19. Jahrhundert hatte in Deutschland jene Debatten über die Einheit der Nation besonders virulent gestaltet. Vor allem in Deutschland wurde dabei die prinzipielle Unerreichbarkeit einer solchen Einheit immer wieder deutlich. Aus diesem Leiden an der unvollkommenen Nation heraus neigte man zur Postulierung von Objekten, an denen markiert werden konnte, wer ein Deutscher ist und wer nicht. Hierzu eigneten sich insbesondere die deutschen Juden. Auch in den Selbstverständigungsdebatten der neuen Bundesrepublik offenbart sich ein ähnlicher Phantomschmerz, da sie ihr anvisiertes Ziel – eine gefestigte Vorstellung von Deutschsein – nicht erreichen, nicht erreichen können.

Die wiederkehrende Konstruktion von nationalen Feindbildern (Juden, Türken, Islamisten) ist jedoch nur ein Aspekt dieses Scheiterns. Die Abgrenzungen und die teilweise sehr aggressiven Zuschreibungen entstehen – wie dies bei den Vorläufern im 19. Jahrhundert bereits zu beobachten war – aus einer essentialistischen Sicht des Eigenen und des Fremden. Die Vorstellung einer „Nation" impliziert eine Einheit unter ihren Mitgliedern, die man kulturalistisch (oder rassistisch) absichern muss, um sie ungeachtet der viel komplizierteren Wandlungsprozesse aufrechterhalten zu können. Dieses Denken setzt einen normativen Kulturbegriff voraus, der einer modernen Vorstellung von Kultur entgegensteht. Wie aus der anthropologischen Diskussion bekannt, bestehen Kulturen aus hochdynamischen Systemen, die sich kaum in den Rahmen einer Nationalkultur pressen lassen. Zwar gibt es in Volkskulturen längerfristige kulturelle Ablagerungen (etwa Vorstellungen von Religiosität oder einer Sexualmoral), selbst diese gestalten sich aber wesentlich beweglicher, veränderbarer und fließender, als das in der Rede von einer nationalen Kultur oft impliziert wird.

Unter dieser Beweglichkeit und den faktischen sozialen, kulturellen und mentalen Uneinheitlichkeiten in der „Nation" leiden die Anhänger des normativen Kulturbegriffs. Gegenwärtig ist dies an zwei Punkte zu beobachten: in den Debatten über den Zustand der inneren Vereinigung, in denen die differenten Erfahrungswelten zweier Großkollektive – „Ostdeutsche" und „Westdeutsche" – als Problem empfunden werden, und in der Rede von der deutschen Leitkultur, mit der die multiethnische Realität der Bundesrepublik thematisiert wird. Der Begriff der Leitkultur ist längst nicht mehr nur unter christdemokratischen Politikern populär; er ist vielmehr in der Mitte der Gesellschaft angekommen. Man mag die Vorstellung zutiefst ablehnen; ihr rhetorischer Erfolg basiert auf eben jener Sehnsucht nach einem gemeinsamen Fundament, einem unwandelbaren

Orientierungspunkt in einer als zerklüftet wahrgenommenen Gesellschaft – und in diesem Punkt treffen sich die Diskussionen um die Vereinigung und um die multiethnische Bundesrepublik. Eine westdeutsche, als „deutsch" und christlich konnotierte Hegemonialkultur schafft sich ihre Gegenüber: den renitenten Ostdeutschen und den islamistischen Ausländer. Gleichwohl ist diese Kontinuität in den deutschen Selbstverständigungsdebatten seit dem 19. Jahrhundert nicht allein struktureller Art. Die Juden spielen weiterhin als Objekt derselben eine gewichtige, allerdings veränderte Rolle, wie im Folgenden zu zeigen sein wird. Gegenüber diesem Willen zur Einheit durch Abgrenzung erweist sich die Erinnerungskultur in mehrfacher Hinsicht als eine zunehmend stumpfe politische Waffe.

Ohne Juden gibt es keine deutsche Nation

In dem nationalen Phantomschmerz lebt eine Grundkonstellation der „Judenfrage" des 19. Jahrhunderts fort, wenn auch vielfach gebrochen durch Erinnerungsnarrative und gesellschaftliche Veränderungsprozesse. Für nationale Selbstverständigungsdebatten eigneten sich Juden in Deutschland schon lange (Alter u. a. 1999; Holz 2001). Seit dem Beginn des jüdischen Emanzipations- und Akkulturationsprozesses im frühen 19. Jahrhundert waren die Diskussionen niemals nur durch die (vermeintlichen oder wirklichen) praktischen Probleme dieses Prozesses geprägt. In ihnen spielte die Profilierung eigener Selbstbilder durch Abgrenzung eine ebenso wichtige Rolle. Die verzögerte Nationalstaatsbildung und später die kulturellen Schwierigkeiten der inneren Reichsgründung wiesen den deutschen Juden eine besondere Stellung in der nationalen Ordnung zu: Hier bildeten sie nicht etwa Angehörige einer anderen Nation, sondern verkörperten das Nicht-Nationale, die Relation als solche (Holz 2000). Damit drohten sie aber sogleich die nationalen Zuschreibungen zu unterlaufen, deren Nichtjuden sich so nachdrücklich zu vergewissern suchten. Der Berliner Historiker Heinrich von Treitschke (1879: 574) etwa sah diese jüdische Position paradigmatisch in dem Literaten Ludwig Börne verkörpert: „Börne führte zuerst in unsere Journalistik den eigenthümlich schamlosen Ton ein, der über das Vaterland so von außen her, ohne jede Erfurcht abspricht, als gehöre man selber gar nicht mit dazu (...)." Das Problem mit den Juden erscheint in solchen Texten als das des Scheinhaften, der Uneigentlichkeit. Sie sprechen nicht einfach „von außen her" – das wäre eine erlaubte Position, mithin die eines Mitgliedes einer anderen Nation. Juden wie Börne sprechen „so" von außen; sie nehmen eine „Als-ob-Haltung" ein, als gehörten sie selbst gar nicht dazu. Es ist diese ihnen nachgesagte Einstellung, welche die Position der Juden fragwürdig macht, weil mit ihr die Kategorisierung des Sozialen durch das Nationale unterminiert wird. Damit waren stets kulturelle Selbstbilder, insbesondere des Bürgertums, verbunden. Anhand der Juden und ihres vermeintlich unbürgerlichen Charakters ließ sich die eigene Kultur stabilisieren. Auch hier trieb die offenkundige Ambivalenz der Juden die Kategorisierung voran: Eben weil sie ihrer nichtjüdischen Umwelt so ähnlich, weil sie unheimliche Doppelgänger geworden waren, wurden Bilder von ihnen entworfen, die sie zum Gegenteil der eigenen Kultur stempelten (Jensen 2005).

Während die Juden im 19. und frühen 20. Jahrhundert als das Andere von Nation und Kultur exkommuniziert wurden, werden sie im späten 20. Jahrhundert als Opfer wieder eingemeindet. Die Begründung des deutschen Staates, für jüdische Zuwanderer einen besonderen Kontingentstatus zuzulassen, der dieser Gruppe die Einwanderung erlaubt, liegt in dem außenpolitisch bedeutsamen Nachweis, dass die deutsche Nation Juden in ihrer Mitte willkommen heißt. „Normalität" als Nation lässt sich nur mit Hilfe derjenigen erlangen, deren legitimen Status in der Nation man vorher bestritten hatte. Die Zukunft der Nation bleibt so an die Juden gebunden. Zugleich sind sie dabei noch immer bloß Gegenstand, das Objekt nationaler Selbstverständigung. Selbst in der Erinnerung an ihre Ermordung steckt noch die unaufgearbeitete Trauer über den Verlust der nationalen Identität. Die besonderen Erfolge, die jüdische Buchautoren oder Klezmer-Musik in Deutschland feiern, haben einen ähnlichen Ursprung: Mit dieser kulturellen Wiedereingliederung lässt sich eine Normalität des Kulturlebens herstellen, unter deren Abwesenheit man zutiefst leidet.

Gleichzeitig kann diese Erinnerung für die Propagierung einer neuen, besseren, mithin erinnernden nationalen Identität in den Dienst genommen werden. Eine derartige Verknüpfung von nationaler Identität und Holocaust-Erinnerung war nicht von Beginn an offenkundig. Das Streben nach einer öffentlichen Erinnerung an den nationalsozialistischen Judenmord begann in den 1970er und 80er Jahren als ein kritisches Projekt, mit dem gerade der vormals gängigen Verknüpfung von NS-Verharmlosung und nationalem Identitätsstreben entgegengetreten werden sollte. In lokaler und regionaler Gedenkstättenarbeit wurde vergessene und verdrängte Geschichte wieder sichtbar gemacht. In öffentlichen Diskussionen wurde immer öfter an die nationalsozialistischen Verbrechen erinnert. Der „Historikerstreit" stellte zugleich Abschluss und, wie im Rückblick deutlich wird, Wendepunkt dieses Projektes dar. Jürgen Habermas griff 1986 eine bestimmte Variante des konservativen Nationalismus an, den Historiker wie Andreas Hillgruber, Michael Stürmer oder Ernst Nolte (implizit oder explizit) vertraten. Nationale Identität schien in dieser Denkrichtung nur herstellbar, wenn es gelänge, die sich herauskristallisierende Zentralität der NS-Epoche und insbesondere des Holocaust in der öffentlichen Auseinandersetzung zu bestreiten (Habermas 1987: 120-136). Ein gekräftigtes Identitätsbewusstsein schien nur durch die (sprachliche oder inhaltliche) Relativierung von Auschwitz vorstellbar zu sein. Stürmer forderte mit seinem Diktum des geschichtslosen Landes, in dem alles möglich sei, ein Mehr an geschichtlichem Bewusstsein, das zugleich ein Weniger an vermeintlicher NS-Fixierung sein sollte.

Die gegen diese Versuche gerichtete linksliberale Kritik hat diese Art der Koppelung von Nationalismus und Verharmlosung langfristig selbst in weiten Teilen des politischen Konservativismus diskreditiert. Nach der Wiedervereinigung hat sich das Feld der Selbstverständigungsdebatten zudem grundlegend verändert. Habermas' Konzept einer posttraditionalen Identität, das er als Alternative im Historikerstreit lancierte (Habermas 1987: 159-179), wurde durch einen ganz neuartigen Versuch ersetzt, mit der deutschen Vergangenheit Identität zu begründen. Damit erwies sich, dass die Diskussionen über den nationalsozialistischen Judenmord nicht von nationalen Identitätsfragen abgelöst wurden. Es ging langfristig eben nicht um das Hinterfragen eines Denkens, in dem Geschichte vor allem als Ressource für nationale Identifikationsangebote dient, sondern um die Etablierung einer anderen Geschichte, um eine andere nationale Identität zu propagieren. Nur wenn man die Kritik an nationalen Identifikationsprozessen aufgibt, ist das die bessere Wahl.

Alle fühlen sich irgendwie als Opfer

Für die gegenwärtige gesellschaftliche Situation lässt sich von einem fundamentalen Wandel in der Erinnerungskultur sprechen. Auch die Ältesten aus der Generation der Täter und der Opfer des nationalsozialistischen Massenmordes sterben allmählich. Erinnerung wird dadurch endgültig virtuell (Frei 2004). Zwar scheinen sich die Befürchtungen, dass mit dem Ableben der Opfer auch der Holocaust in Vergessenheit geraten würde, nicht zu bewahrheiten. Aber gleichzeitig sind die Implikationen dieses Virtualisierungsprozesses für die Erinnerungslandschaft noch längst nicht klar. Was bedeutet es, wenn die „authentische" Erinnerung der Opfer (und der Täter) selbst Geschichte wird und von nachfolgenden Generationen nur noch aus zweiter Hand erfahrbar ist? Zugleich werden die Erinnerungsprotagonisten der ersten Stunde älter, wodurch sich ihre biographische Erinnerung neu auszurichten scheint. Die in den letzten Jahren verstärkte Diskussion über (nichtjüdische) Deutsche als Opfer trifft auf ein erneuertes Unbehagen an einer vermeintlichen Instrumentalisierung von Auschwitz. In der Zusammenschau gewinnt man den Eindruck, dass sich diese Erinnerungsarbeiter in ihren Narrativen erschöpft haben und nach einer neuen Synthese suchen, die einerseits ihre früheren Ansätze nicht gänzlich verleugnet, andererseits aber differente Erfahrungsbestände – aus der NS-Vergangenheit und aus der Gegenwart der neuen Bundesrepublik – zu integrieren verspricht. Dies kann kläglich scheitern wie im Falle Walsers (Schirrmacher 1999); es kann eine Akzentverschiebung darstellen wie in Günther Grass' Novelle „Im Krebsgang". Es droht dabei aber immer eine populäre Reaktion, in welcher die Abkehr von der Holocaust-Erinnerung (und die Betonung der eigenen Opferrolle) nur allzu gerne nachvollzogen wird. Dies wird besonders deutlich in der erneuten Diskussion über den Bombenkrieg gegen die deutsche Zivilbevölkerung (Friedrich 2002). Hier kündigen sich fundamentale Umstrukturierungen in der Erinnerungslandschaft an.

Nun rächt sich, dass in der bundesrepublikanischen Erinnerungskultur das Hauptaugenmerk auf den Opferstatus gelegt wurde. Den Opfern der nationalsozialistischen Vernichtungspolitik Gerechtigkeit widerfahren zu lassen, ist zu Recht ein zentrales Anliegen der Auseinandersetzungen über die deutsche Vergangenheit geworden. Gleichzeitig geriet diese Form der Erinnerung immer wieder in Konkurrenz zu einer Beschäftigung mit den Tätern und ihrer Gesellschaft. Die emotionale Auseinandersetzung, die Empathie mit den Opfern konnte im Gegensatz zur rationalen, historischen Beschäftigung mit den Tätern konturiert werden. In dieser Abspaltung konservierte sich eine ganz anders gelagerte Opferdebatte: Parallel zur Erinnerung an die jüdischen Opfer des NS-Regimes stand immer die Erinnerung an die „eigenen" Opfer. Erinnerung konnte mitunter fast unmerklich von der einen Seite auf die andere verschoben werden. „Den Opfern von Krieg und Gewaltherrschaft" heißt die Inschrift der Neuen Wache, die der frühere Bundeskanzler Helmut Kohl errichten ließ und für die er im Austausch die Zusage gab, sich für das Berliner Mahnmal für die ermordeten Juden einzusetzen. Doch müssen die verschiedenen Opfererinnerungen nicht wie in diesem Erinnerungsablasshandel inkompatibel sein. Sie lassen sich durchaus kombinieren, etwa wenn die „Vorkämpfer" des Berliner Mahnmals wie Leah Rosh den Eindruck hinterließen, sie seien selbst zu Opfern der Erinnerungsverweigerer geworden (Kramer 1996). In dieser Art von Opfermimikry kommt die verstörende, politisch weniger nützliche Auseinandersetzung mit den Tätern nicht mehr vor: eine vorteilhafte und dadurch konsensfähige Erinnerungskonstellation für die Tätergesellschaft.

Im deutschen Erinnerungsstolz lauert ein neuer Chauvinismus

Solche Veränderungen sind schließlich nicht zuletzt durch die gewandelte politische Kultur der Bundesrepublik bedingt. Zentral ist dabei die Integration des Holocaust in ein nationales Narrativ. Es ist in der Tat gelungen, gegen erheblichen Widerstand die Erinnerung an die jüdischen Opfer der nationalsozialistischen Vernichtungspolitik zu einem Teil des nationalen Gedächtnisses werden zu lassen. Dafür steht stellvertretend das Berliner „Denkmal für die ermordeten Juden in Europa". Diese Erinnerungspolitik, die von einer überwältigenden Mehrheit der politischen Entscheidungsträger sanktioniert wurde, hat klare Grenzen. Zunächst reproduziert sich in der ausschließlichen Erinnerung an die Ausrottung des europäischen Judentums, die zwar einen herausgehobenen, aber eben doch einen Teil einer umfassenderen nationalsozialistischen Vernichtungspolitik darstellte, die Opfernomenklatur des NS-Regimes selbst (Koselleck 1998). Auch hier erwies sich darüber hinaus die Erinnerung an die Opfer als einfacher als der öffentliche Umgang mit den Tätern: Während im Winter 2004 die letzte Stele des Berliner Holocaust-Mahnmals feierlich platziert wurde, erhielt der Berliner Senat die richterliche Erlaubnis, die Reste des Neubaus für die Topographie des Terrors abzureißen. Das Versagen der politischen Klasse in diesem Fall hat auch damit zu tun, dass der politische Wille zur Auseinandersetzung mit der Tätergeschichte wesentlich weniger ausgeprägt ist. Mit den Opfern lässt sich in der neuen Republik (Außen)Politik betreiben, mit den Tätern aber immer noch keine (Innen)Politik. Dazu passt die bereits Mitte der 1990er Jahre in der Goldhagen-Debatte auftretende Tendenz, die nationalsozialistischen Täter erneut zu dämonisieren und in einem kulturellen Niemandsland zu exterritorialisieren (Schoeps 1996). Einer kritischen deutschen Öffentlichkeit lieferte Goldhagen die Möglichkeit, einerseits die Generationen der Väter und Großväter (und ihrer Frauen) für ihre Verstrickungen zu verurteilen, sich andererseits von ihnen zu emanzipieren, weil Goldhagen die radikal antisemitische Vorstellungswelt der Täter von der (deutschen) Gegenwart gänzlich abtrennte (Goldhagen 1997). Mit der Goldhagen-Debatte waren die Voraussetzungen für eine positive Wendung der Erinnerungskultur vorhanden: Der verstörende Charakter der NS-Täter und ihrer Vernichtungspolitik war durch radikale Historisierung gemildert, die emotionsgeleitete Erinnerung an die Holocaust-Opfer etabliert und die erinnerungskulturelle Erfolgsgeschichte der Bundesrepublik, die ihre Legitimität aus ihrer Vergangenheitspolitik schöpft, vorgezeichnet.

Die Integration der Erinnerung an die Holocaust-Opfer in die offizielle Rhetorik der Berliner Republik kann als Novum in der Gedächtnisgeschichte bezeichnet werden: Nationale Identität gründet sich auf einem Schuldbekenntnis und erhält dadurch einen ganz neuen moralischen Status. Die deutschen Eliten sind nicht mehr auf ihre Vergangenheit stolz, aber dafür um so mehr auf ihre Erinnerung an dieselbe. Die Implikationen für konkretes politisches Handeln werden derzeit ausprobiert. Diese neuartige Legitimitätspolitik impliziert fast automatisch ein erhebliches Sendungsbewusstsein, das früheren Arten eines deutschen Sonderbewusstseins wesentlicher verwandter ist, als dies zunächst den Anschein haben mag. Wir sind wieder wer, weil wir nicht mehr so sind, wie wir mal waren und deshalb anderen Ländern sagen können, wie sie anders werden müssen, indem sie sich mit ihrer eigenen Vergangenheit konfrontieren. Hier lauert ein neuer Chauvinismus, der auf ganz traditionelle Weise anderen Kulturen das Gute der eigenen Kultur predigen will: An deutschem Wesen soll schon wieder die Welt genesen.

Die Erinnerungskultur droht unkritisch zu werden

Seit den 1980er Jahren hat sich ein fundamentaler Wandel in der intellektuellen Kultur der neuen Bundesrepublik durchgesetzt: „Erinnerung" wurde aus einem kritischen gesellschaftspolitischen Projekt zu einem weithin akzeptierten, unkritischen, medial inszenierten, staatlich geförderten, positiv gewendeten Narrativ. Das lokale, zivilgesellschaftliche Projekt der Erinnerungsarbeit wurde immer stärker überdeckt durch ein Bedürfnis nach nationaler Repräsentation des Erinnerungskollektivs, welches sich im Erinnern eine neue Zukunft zu geben hoffte. Entscheidend waren auch hier die mittelfristigen Veränderungen durch die deutsche Wiedervereinigung, mit welcher die Sehnsucht nach einer Normalität in der deutschen Nation mit neuer Verve aufkam. Natürlich lässt sich fragen, ob öffentliche Erinnerung nicht notwendigerweise immer dem nationalen Gedächtniskonsens untergeordnet ist. Zugleich hat Erinnerungsarbeit den Sinn, den verstörenden Charakter der Vergangenheit zu bewahren, ihn nicht durch Narrative nationaler Sinnstiftung zu glätten. Keiner dieser analytischen Aspekte ist ohne Gegenwartsbedeutung, die schlicht in der Frage zu sehen ist: Welche Erinnerung etabliert sich in der neuen Bundesrepublik und wie ist diese in nationale Selbstverständigungsdebatten eingebunden – Selbstverständigungsdebatten, die in einer ethnisch und politisch immer komplizierter werdenden Gesellschaft stattfinden? Oder anders gefragt: Kann die Erinnerung an die nationalsozialistische Vernichtungspolitik auf den sich wandelnden Charakter der Gegenwartskultur reagieren?

Sowohl Xenophobie als auch Antisemitismus unterliegen in vielen europäischen Gesellschaften derzeit fundamentalen Veränderungen. Die intellektuelle Auseinandersetzung über den neuen Antisemitismus ist zwar keineswegs abgeschlossen; allerdings scheint sich allmählich die Wahrnehmung zu etablieren, dass sich antijüdische Vorurteile in den letzten Jahren grundlegend gewandelt haben (Rabinovici 2004). Israelfeindschaft und Antizionismus spielen eine neue, bis dato unbekannte Rolle. Antisemitismus erhält somit ganz neue Legitimitätspotenziale in der Mitte der Gesellschaft, wobei im Anschluss auch eher traditionelle Formen des Antisemitismus erneut gesellschaftsfähig werden können. Es ist jedoch eine völlig offene Frage, ob mit dem Verweis auf das NS-Regime und den Holocaust diesen neuartigen Formen des Antisemitismus wirksam begegnet werden kann. Die neuen Formen des Judenhasses legitimieren sich durch ganz anders gelagerte Konflikte im Nahen Osten, deren politische Sprengkraft man zu missachten droht. Besonders akut werden die Schwierigkeiten der bundesrepublikanischen Erinnerungskultur mit diesem neuen Antisemitismus auch durch die Tatsache, dass nicht zuletzt die in Europa lebenden Muslime Anhänger solcher Vorstellungen zu sein scheinen. Hier ergibt sich ein schwer zu lösender Konflikt zwischen dem Kampf gegen Antisemitismus und demjenigen gegen Fremdenfeindlichkeit. Kann ein ausländischer Deutscher, der Vorurteile gegen Juden vorbringt, auf Unterstützung bei xenophobischen Vorwürfen rechnen? Oder schürt die Abscheu über Antisemitismus auch neue Formen der Abgrenzungen gegen muslimische „Mitbürger"?

Darüber hinaus entwickelte sich in den letzten Jahren eine spezifische Post-Holocaust-Variante des Antisemitismus, die beispielsweise in der Auseinandersetzung um die Äußerungen Jürgen Möllemanns und Martin Hohmanns nicht unwichtig war. Es müssen gar keine konkreten antisemitischen Ressentiments mehr geäußert werden; es reicht der Hinweis, dass man Derartiges doch wohl wieder werde sagen dürfen. Die rhetorisch inszenierte, potenzielle Offenheit für antisemitische Affekte kann in einer erinnerungspolitisch hoch sensibilisierten Öffentlichkeit bereits entsprechend gedeutet werden. Dabei kalkuliert der Antisemitismus andeutende Provokateur die Reaktionsmuster der Öffentlichkeit bewusst mit ein – ohne sie funktioniert seine Rhetorik nicht. Der reflexartige Verweis auf die mörderischen Folgen von Antisemitismus in der Vergangenheit verfehlt nicht nur diese innere Dynamik der Erinnerungskultur, sondern läuft gleichsam ins Leere. Man habe doch, kann solchen Einwürfen entgegnet werden, gar keine derartige Vorurteile vorgebracht; aber das sei durchaus typisch: In einer derartig unangemessenen Reaktion zeigten sich die unrichtigen Denk- und Sprechverbote der Gesellschaft, gegen die man sich legitimerweise zur Wehr setze. Möllemann und Hohmann brauchen die Strukturen der Erinnerungskultur, um provozieren zu können und sich Gehör zu verschaffen.

Parallel zum ideologischen und funktionalen Wandel des Antisemitismus strukturiert sich auch Fremdenfeindlichkeit in europäischen Gesellschaften um. Nicht erst seit dem 11. September 2001 gewinnen Vorstellungen eines Kulturkampfs zwischen westlichen und muslimischen Gesellschaften beständig an Einfluss, wobei dies durchaus keine rein amerikanische Tendenz ist, wie mit Verweis auf Samuel Huntington (1998) gelegentlich behauptet wird. Für die bundesrepublikanische Diskussion ist beispielsweise bemerkenswert, wie rasch und problemlos seit langem verbreitete anti-türkische in anti-muslimische Haltungen umgewandelt werden können. Natürlich spielen auch in diesem Zusammenhang spezifische Traditionsbestände eine große Rolle. Wie in allen westlichen Gesellschaften schreiben sich hier insbesondere Vorstellungswelten des Orientalismus fort, deren Wirkungsmacht in Europa und den USA weiterhin unterschätzt wird. In ähnlicher Weise wie beim neuen Antisemitismus ist hier zudem gerade entscheidend, dass sich solche Ideologeme mit Sichtweisen zu gegenwärtigen politischen Konflikten, insbesondere des islamistischen Terrorismus, vermischen und dadurch eine ganz andere Legitimität erhalten, die man mit Mitteln der deutschen Erinnerungskultur zu verfehlen droht. Hier ergibt sich somit die Schlussfolgerung, dass gerade die neuen Formen von Antisemitismus und Xenophobie neue Herausforderungen darstellen, für welche die notwendige Erinnerung an die nationalsozialistische Vernichtungspolitik nur unzureichend Antworten liefert.

Die multiethnische Bundesrepublik hat noch keine Vergangenheit

Die Strukturen der Erinnerungskultur implizieren ganz bestimmte Positionen für Juden in der bundesrepublikanischen Öffentlichkeit. Juden sind für das Nostalgische zuständig. In der neuen Mitte Berlins hat sich ein jiddisches Theater angesiedelt. Führungen rund um die Neue Synagoge sind sehr beliebt. Nirgendwo auf der Welt verkauft sich Klezmer-Musik so gut wie in Deutschland. „Reale" Juden dulden wir besonders gerne als Mahner, wie die öffentliche Funktion des Zentralratsvorsitzenden beweist. Die ganz unterschiedlichen Personen, welche sie ausgefüllt haben, bekamen in der Öffentlichkeit die stets gleiche Rolle zugeschrieben: Heinz Galinski, Ignatz Bubis und Paul Spiegel wirken daher sehr ähnlich. Besonders diese Position ist in der Bundesrepublik so wichtig, dass es ernsthafte Stimmen gab, die Ignatz Bubis für das Amt des Bundespräsidenten vorschlugen. Über die tiefe Skepsis, die Bubis angesichts seiner Erfahrungen in der prominenten Rolle des Mahners entwickelte, sprach er am Ende seines Lebens in einer Reihe von Interviews.

Doch ist der Mahner nicht die einzige Rolle, die Juden einnehmen dürfen. Hinzu kommen der Kritiker (Henryk M. Broder, Marcel Reich-Ranicki) und der telegene Intellektuelle (Michel Friedmann). Dass einzelne Juden ihre Rolle teilweise mit ihrer ganzen Persönlichkeit ausfüllen oder ausfüllten, ändert nichts an den strukturellen Beschränkungen, die mit ihnen für öffentliche Rollen von Juden etabliert werden. Die antisemitischen Potenziale dieser Rollen sind offensichtlich und können auf eine lange Geschichte zurückblicken. In regelmäßigen Abständen wurden sie daher auch in nahezu jedem der genannten Fälle aktualisiert. Zwar mag man es für einen weiteren Aspekt der „Normalisierung" in der deutschen Gesellschaft halten, dass Skandale nunmehr auch weithin bekannte Juden betreffen können, wie dies im Fall Friedmanns offenkundig wurde.

Gleichwohl wird man nicht übersehen können, dass öffentliche Rollen von Juden noch weitgehend im Banne der Vergangenheit stehen. „Reale" Juden oder jüdisches Leben in Deutschland kommen jenseits solcher Rollenzuschreibungen in der deutschen Öffentlichkeit noch immer sehr selten vor. Diese existieren nur als „jüdische Mitbürger" – eine in sich aussagekräftige, abstrakt-abwertende Kategorie.

So sehr die in der Bundesrepublik praktizierte Erinnerungskultur den Juden klare öffentliche Funktionen zuschreibt, so weit ist sie davon entfernt, dem multiethnischen Charakter der Gesellschaft insgesamt angemessen zu sein. In gewisser Hinsicht ist sie sogar ein Residuum nationalen Denkens: Hier gibt es nur rein „deutsche" Probleme mit einer rein „deutschen" Vergangenheit. Im Schulsystem und in der Öffentlichkeit werden Zuwanderer mit dieser Erinnerungskultur konfrontiert, ohne dass sie besonders geeignet erscheint, von ihnen adaptiert zu werden (Georgi 2003). Für russische Juden, die in den letzten Jahren in die Bundesrepublik eingewandert sind, scheinen die Strukturen der Erinnerungskultur ebenfalls fremdartig zu sein, zumal in Russland kaum ein öffentliches Bewusstsein vom Holocaust vorhanden ist. An solchen Konfrontationen lässt sich erkennen, wie sehr die Erinnerungskultur auf einem nationalstaatlichen, ethnischen Kulturverständnis beruht. Gleichwohl ist es eine schwierige Frage, wie sich der spezifische Umgang der deutschen Gesellschaft mit der NS-Vergangenheit an die Gegebenheiten einer komplizierten Einwanderungsgesellschaft anpassen lässt, ohne dass daraus ein unbestimmtes Erinnern an Leid und Verbrechen und ein ungerichtetes Plädoyer für Toleranz und Offenheit entsteht.

Auch in der noch jungen wiedervereinten, ethnisch pluralisierten Bundesrepublik kann es gerade nicht darum gehen, in ein geschichts- und erinnerungsloses Land zurückkehren zu wollen. Auch kann man den Aporien der Erinnerungskultur nicht einfach entfliehen. Allerdings ist die Einsicht in diese Aporien wichtig, damit das kritische Projekt, als das die Erinnerung an die NS-Vergangenheit vor drei Jahrzehnten begonnen worden war, ein solches bleibt und nicht zur bloßen nationalen Sinnstiftung verkommt, mit der das neue Deutschland seine Politik und Kultur zu legitimieren versucht. Im öffentlichen Gebrauch von Erinnerung sollte anstelle eines ritualisierten Verweises auf die NS-Verbrechen ein vertieftes Nachdenken über die kulturellen und nationalen Kontinuitäten einsetzen, welche die Selbstverständigungsdebatten seit dem 19. Jahrhundert geprägt haben. Als Resultat dieser Reflexion kann es dann sehr sinnvoll sein, im Jüdischen Museum in Berlin die deutschen Muslime zu adressieren.

Literatur

Alter, Peter/Bärsch, Claus E./Berghoff, Peter (Hg.) (1999), *Die Konstruktion der Nation gegen die Juden*, München.

Frei, Norbert (2004), „Gefühlte Geschichte", in: *Die Zeit*, 21. Oktober.

Friedrich, Jörg (2002), *Der Brand. Deutschland im Bombenkrieg 1940-1945*, Berlin.

Georgi, Viola B. (2003), *Entliehene Erinnerung. Geschichtsbilder junger Migranten in Deutschland*, Hamburg.

Goldhagen, Daniel J. (1997), „Modell Bundesrepublik. Nationalgeschichte, Demokratie und Internationalisierung in Deutschland", in: *Blätter für deutsche und internationale Politik*, Jg. 42, H. 4, S. 424-442.

Habermas, Jürgen (1987), *Eine Art Schadensabwicklung. Kleine Politische Schriften 6*, Frankfurt a. M.

Holz, Klaus (2000), „Die Figur des Dritten in der nationalen Ordnung der Welt", in: *Soziale Systeme*, Jg. 6, H. 2, S. 269-290.

Holz, Klaus (2001), *Nationaler Antisemitismus. Wissenssoziologie einer Weltanschauung*, Hamburg.

Huntington, Samuel P. (1998), *The Clash of Civilizations and the Remaking of World Order*, London.

Jensen, Uffa (2005), *Gebildete Doppelgänger. Bürgerliche Juden und Protestanten im 19. Jahrhundert*, Göttingen.

Koselleck, Reinhart (1998), „Wer darf vergessen werden? Das Holocaust-Mahnmal hierarchisiert die Opfer", in: *Die Zeit*, 19. März.

Kramer, Jane (1996), *The Politics of Memory. Looking for Germany in the New Germany*, New York.

Rabinovici, Doron (Hg.) (2004), *Neuer Antisemitismus? Eine globale Debatte*, Frankfurt a. M.

Schirrmacher, Frank (Hg.) (1999), *Die Walser-Bubis-Debatte. Eine Dokumentation*, Frankfurt a. M.

Schoeps, Julius H. (Hg.) (1996), *Ein Volk von Mördern? Die Dokumentation zur Goldhagen-Kontroverse um die Rolle der Deutschen im Holocaust*, Hamburg.

Treitschke, Heinrich von (1879): „Unsere Aussichten", in: *Preußische Jahrbücher*, Jg. 44, H. 4, S. 559-576.

Ulrich, Bernd (2004), „Muslime, Juden, der Kanzler und ein Bayer", in: *Die Zeit*, 25. November.

Politik *denken*

Mehr Konsens wagen
Zur Krise des deutschen Parteiensystems

Frank Decker

„Bürger auf die Barrikaden!" Unter diesem Titel veröffentlichte der streitbare Berliner Publizist und Historiker Arnulf Baring wenige Wochen nach der Bundestagswahl 2002 einen viel beachteten Artikel in der *Frankfurter Allgemeinen Zeitung*, der eine Totalabrechnung mit der politischen Klasse und dem bundesdeutschen Parteiensystem darstellte. Barings Polemik gipfelt in dem kühnen historischen Vergleich, wonach sich die Bundesrepublik auf dem Weg zu einer „westlichen DDR light" befinde. An anderer Stelle beschwört er die bei diesen Gelegenheiten fast schon übliche Parallele zu den dreißiger Jahren, so als ob der Kollaps des demokratischen Systems unmittelbar bevorstehe. Baring versteigt sich sogar zu einem Lob des Notverordnungsartikels 48 der Weimarer Reichsverfassung, mit dessen Hilfe „erforderliche, schmerzliche Reformen ohne das Parlament" in die Wege geleitet werden konnten – eine Möglichkeit, die er beim Grundgesetz offenbar vermisst.

Auch wenn man diesen Einlassungen eines aus dem Ruder gelaufenen Nationalkonservativen nicht den Wert einer „Analyse" zusprechen mag, weil sie jeglichen Sinn für die historischen Proportionen vermissen lassen, muss man sie allein aufgrund ihrer öffentlichen Wirkung ernst nehmen. Barings wütender Rundumschlag stößt in das Horn derer, die in der Parteiendemokratie und den Parteipolitikern schon immer die Quelle allen Übels wähnten. Das Muster der Vorwürfe ist wohl vertraut. Den Vertretern der politischen Klasse wird nachgesagt, dass sie sich vom Volk entfremdet hätten, dass sie nur an ihren eigenen Machterhalt und nicht an das Gemeinwohl dächten, dass sie inkompetent seien und insbesondere von den wirtschaftlichen Zusammenhängen nichts verstünden, dass sie keine Lust verspürten, klare Alternativen aufzuzeigen, dass sie sich programmatisch und in ihrem Personal kaum noch voneinander unterschieden. Solche Feststellungen entstammen dem Arsenal der altbekannten Parteien- und Parlamentarismusschelte, die gerade in Deutschland auf eine lange Tradition zurückblicken kann. In ihrer weniger vulgären Variante kommen sie heute als Empfehlung daher, die vermeintlich verloren gegangene Entscheidungsfähigkeit der Politik durch institutionelle Reformen wieder herzustellen. Das Hauptproblem ist dabei rasch ausgemacht: Es liege in der „Machtvergessenheit" unseres

Regierungssystems, das die Entscheidungsprozesse unnötig verlangsame und inhaltliche Lösungen oft nur auf dem kleinsten gemeinsamen Nenner zulasse. In den Blickpunkt rückt hier vor allem die Überlagerung der Parteiendemokratie durch den Föderalismus.

Auf dem Feld der Verfassungskritik scheinen sich in jüngster Zeit gerade Wirtschaftswissenschaftler und -journalisten zu tummeln, die mit ihrer Forderung nach „Entkomplizierung" offenbar vielen Beobachtern aus der Seele sprechen. Wie sich an Auflagenhöhen und Medienpräsenz ablesen lässt, kann die differenzierte Sichtweise der Politikwissenschaft gegen den populistischen Dezisionismus der Barings, Henkels und Steingarts nicht viel ausrichten. Dies gilt umso mehr, als der wirtschaftswissenschaftlichen Kritik auch von verfassungsrechtlicher Seite fleißig sekundiert wird. Selbst der Präsident des Bundesverfassungsgerichts bildet da keine Ausnahme (Papier 2003). Den Juristen geht bekanntlich nichts über genau geregelte und abgegrenzte Kompetenzen, weil nur diese die klare Zuweisung politischer Verantwortlichkeit gestatten. So begründet dieses Prinzip aus demokratietheoretischer Sicht sein mag, so wenig wird es der Komplexität des heutigen Regierungsgeschehens gerecht, die sich auch in einer normativen Betrachtung nicht einfach ausblenden lässt. Gewiss enthalten die Diagnosen der populistischen Kritiker mehr als nur ein Körnchen Wahrheit. Wo sie die normativen Maßstäbe überhöhen, zeichnen sie jedoch ein Zerrbild, das an der Sache vorbeigeht und insoweit zunächst nur eines bewirkt: nämlich die vorhandene Parteiendemokratie weiter zu delegitimieren und dadurch die Politikverdrossenheit zu schüren.

Dies vorab zu betonen bedeutet nicht, die feststellbaren Krisenzeichen zu übersehen oder zu verharmlosen. Ohne sich hier auf die wenig fruchtbare Diskussion um den sozialwissenschaftlichen Krisenbegriff einzulassen, scheint es nicht übertrieben, von einer Vertrauens-, Repräsentations- oder Legitimationskrise des heutigen parteiendemokratischen Systems zu sprechen. Streicht man die unterschiedlichen Nuancen ab, besagen all diese Begriffe mehr oder weniger dasselbe: Als Kern der Krise wird eine gestörte Beziehung zwischen Bürgern und (etablierten) Parteien ausgemacht, die sich in Wahlabstinenz, Unterstützung von Außenseiterparteien und der Zunahme anderweitiger Protestformen ausdrückt. All das zieht Veränderungen im Parteiensystem und den Strukturen des Parteienwettbewerbs nach sich, die wiederum für die Koalitionsbeziehungen und die Regierungsbildung maßgeblich sind.

Nun ist die Rede von einer Krise der Parteien und der Parteiendemokratie nicht neu. Sie kann an den immer gleichen Buch- und Aufsatztiteln abgelesen werden kann, in denen das Thema in regelmäßigen Abständen aufbereitet wird (Dittberner/Ebbighausen 1973; Krockow/Lösche 1986). Seit den neunziger Jahren haben wir es jedoch mit einer strukturellen Verfestigung der Krise zu tun, die

auf einen nachhaltigen Wandel der gesellschaftlichen und politischen Rahmenbedingungen des Regierens hinweist. Betrifft dieser Wandel die westlichen Demokratien in vergleichbarer Weise, so wird er in der Bundesrepublik durch die
Wiedervereinigung besonders akzentuiert. Das historisch einmalige Unterfangen,
eine postkommunistische Gesellschaft in ein bestehendes und sich seinerseits
rasch wandelndes pluralistisches Staatswesen zu integrieren, lässt die Ungleichzeitigkeiten der heutigen Modernisierungsprozesse wie unter einem Brennglas
hervortreten. Für den Parteienforscher sind diese Entwicklungen gewiss ein fas-
zinierender Untersuchungsgegenstand. Allerdings wirken sie bisweilen auch
frustrierend, weil mit der Geschwindigkeit und wechselnden Richtung der Veränderungen seine Erklärungsmodelle und Analysekategorien immer häufiger
versagen. Dennoch lohnt es sich, die denkbaren Erklärungsmuster für die angeblich zunehmende Politikverdrossenheit, insbesondere mit Blick auf die Entwicklung des deutschen Parteiensystems nach 1989, zu überprüfen und nach Wegen
zu ihrer Bekämpfung zu fragen.

Die Folgen der Wiedervereinigung für das deutsche Parteiensystem: Der Osten als Trendsetter für Gesamtdeutschland

Unter dem Gesichtspunkt der Modernisierung ist der Vergleich zwischen den
Parteiensystemen der beiden deutschen Teilgesellschaften höchst aufschluss-
reich. Er stellt ein Spiegelbild der allgemeinen wirtschaftlichen und sozialen
Entwicklung dar. Im Westen scheint man immer noch nicht richtig zu verstehen,
welche enormen Anpassungsleistungen die Ostdeutschen in den eineinhalb Jahrzehnten seit der Wende erbracht haben (Dürr 2004). Dass die industrielle Entleerung, die ganze Landstriche veröden lässt und Teile der Bevölkerung vom gesellschaftlichen Geschehen auf Dauer abkoppelt, ein Vorbote auch für die alten
Länder sein könnte, weil sie den Gesetzlichkeiten der globalen Wissensökonomie entspricht, mag dort verständlicherweise niemand wahrhaben. Die Ungleichzeitigkeit der in der ehemaligen DDR und anderen postkommunistischen Gesellschaften ablaufenden Modernisierung besteht darin, dass die Menschen einerseits
in einer kurzen Zeitspanne Erfahrungen und Lernprozesse nachholen müssen, die
in den etablierten demokratischen Staaten über eine sehr viel längere Strecke
kontinuierlich aufgebaut wurden. Dies gilt in ökonomischer, politischer wie auch
in kultureller Hinsicht. Andererseits haben diese Gesellschaften in vielen Berei-
chen die Möglichkeit, gleich auf dem höchsten Niveau der Entwicklung einzu-
steigen, weil sie die Relikte der Vergangenheit nicht mit sich schleppen müssen.
Wo das Alte keinen Bestand hat und das politische Feld noch nicht von Interes-
senwiderständen verstellt ist, kann auch das Neue leichter gedeihen. Das Pro-

blem besteht allerdings darin, dass dieses Neue nicht automatisch zu einer größeren Lebenszufriedenheit führt. Modernisierungsprozesse teilen die Gesellschaft in Gewinner und Verlierer und gehen daher stets mit „Schließungsreaktionen" einher (vgl. Dürr in diesem Band). Dabei muss es sich gar nicht um objektive Verluste handeln; entscheidend ist das Gefühl der (relativen) Benachteiligung, das sich aus der Orientierung an Erwartungen oder Referenzgruppen ergibt. Für die Ostdeutschen bilden die Bewohner der alten Länder naturgemäß die wichtigste Referenzgruppe. Vergleicht man die Entwicklung in den neuen Ländern mit den Modernisierungsprozessen in anderen postkommunistischen Transformationsgesellschaften, so war die Existenz des großen Bruders im Westen für die Ostdeutschen in vielerlei Hinsicht ein Segen. Ob er sich auch bewusstseinsmäßig per saldo positiv ausgewirkt hat, darf aber bezweifelt werden, wie die anhaltend hohe Unzufriedenheit vieler Ostdeutscher mit dem politischen System deutlich macht.

Die deutsche Einheit hat jedenfalls die (partei)politische Landschaft in der Bundesrepublik kräftig umgepflügt. Weil die Postkommunisten ihre Position in den östlichen Bundesländern behaupten und sogar noch ausbauen konnten, haben wir es heute mit zwei regional unterschiedlichen Parteiensystemen zu tun (Decker 2004b: 40ff.). Im Westen des Landes, wo die PDS bis heute ein Schattendasein fristet, bleibt es bei der in den achtziger Jahren konsolidierten Vierparteienstruktur mit zwei annähernd gleich starken Lagern. Im Osten bildete sich nach der Wende hingegen zunächst ein Fünfparteiensystem mit drei großen bzw. mittelgroßen (Union, SPD und PDS) sowie zwei kleineren Parteien heraus (FDP und Bündnis 90/Grüne). Dieses System entwickelte sich Mitte der neunziger Jahre auf eine Dreiparteienstruktur mit Union, SPD und PDS zurück, wobei die Postkommunisten zu den beiden Volksparteien immer mehr aufschlossen. Mit dem Wiedererstarken der kleinen Parteien scheint auch diese Phase inzwischen beendet zu sein. Nimmt man die gelegentlichen Wahlerfolge der Rechtsaußenparteien und den nach wie vor großen Zulauf zur PDS hinzu, zeichnet sich die Parteienlandschaft im Osten folglich durch eine hohe und weiter wachsende Fragmentierung aus. Dies bleibt natürlich nicht ohne Rückwirkungen auf das gesamtstaatliche Parteiensystem, das bisher noch stets die Bildung einer Regierung nach dem vertrauten Muster einer kleinen Koalition zugelassen hat. Der Einzug einer fünften oder sechsten Partei in den Bundestag würde diese Möglichkeit in Zukunft gefährden.

An der Entwicklung des parteiendemokratischen Systems lassen sich die Konsequenzen und Widersprüche der Modernisierung gut veranschaulichen. Auch hier hat der Osten einen gewaltigen Lern- und Anpassungsprozess durchlaufen. Was die gesellschaftliche Verwurzelung der Parteien und ihre Organisationsbasis betrifft, bestehen aber weiterhin unüberbrückbare Unterschiede, die einer Angleichung an das westdeutsche Modell Grenzen ziehen. So können z. B. von der Sozialstruktur in den neuen Ländern kaum Rückschlüsse auf das Wahlverhalten gezogen werden. Mit Blick auf die religiös-konfessionelle Spaltung entspricht die Zuordnung zwar dem auch aus dem Westen geläufigen Muster, wonach die Union bei Katholiken und kirchengebundenen Protestanten auf mehrheitliche Unterstützung rechnen kann, doch wird durch dieses Merkmal in der zu über zwei Dritteln konfessionslosen ostdeutschen Bevölkerung nur ein marginaler Wähleranteil erfasst. Der klassische sozialökonomische Verteilungskonflikt wiederum hat in den neuen Ländern sogar eine umgekehrte Zuordnung erzeugt, indem die Union in der (im Vergleich zu Westdeutschland quantitativ bedeutsameren) Gruppe der Arbeiter zur bevorzugten Partei avancierte (Thumfart 2002: 272).

Auch bei den Wertorientierungen zeigen sich im Vergleich zur alten Bundesrepublik deutliche Unterschiede (Jagodzinski/Kühnel 2001). Die ostdeutschen Wähler sind in dieser Beziehung erstens homogener. Zweitens bleiben ihre Ansichten weiterhin stark von „Elementen des sozialistischen Gesellschaftsmodells" geprägt, was sich z. B. in der hohen Wertschätzung von Gleichheits- und Fürsorgevorstellungen ausdrückt und dem erwähnten Wahlverhalten der Arbeiter scheinbar zuwider läuft. Dies führt dazu, dass ein ostdeutscher CDU-Wähler mit einem ostdeutschen SPD-Wähler häufig mehr gemeinsam hat als mit einem CDU-Wähler aus dem Westen. Dennoch ist das ostdeutsche Parteiensystem in ideologischer Hinsicht stärker polarisiert als das westdeutsche, da sich infolge der nachwirkenden SED-Vergangenheit zwischen der postkommunistischen PDS und den Ablegern der Westparteien immer noch tiefe Gräben auftun. Diese Gräben dürften aber in Zukunft an Bedeutung verlieren, wenn die Erinnerung an das DDR-Regime verblasst und die fortgesetzte Einbeziehung der Postkommunisten in die Regierungsverantwortung dazu führt, dass diese von ihren systemfeindlichen Positionen abrücken müssen.

Richten wir den Blick weiter auf die organisatorische Seite. Auch hier begegnet uns eine unter dem Gesichtspunkt der Modernisierung eigentümliche Ambivalenz. So wie das ostdeutsche Parteiensystem in seiner gesellschaftlichen Verankerung einen Zustand beschreibt, von dem das westdeutsche Pendant einstweilen zwar noch entfernt ist, auf den es sich aber schrittweise zu bewegt, so nehmen die Parteien in den neuen Ländern auch als Organisationen manches von dem vorweg, was die künftige Wirklichkeit der Parteiendemokratie ausmachen wird. Die Rede von „eklatanten Organisationsdefiziten" (Birsl/Lösche 1998: 10) ist daher zumindest missverständlich. Natürlich kommen die Parteien auch in Ostdeutschland um den Aufbau einer flächendeckenden Infrastruktur auf den verschiedenen föderalen Ebenen nicht herum, wenn sie im Parteienwettbewerb durch eine erfolgreiche Wählerwerbung bestehen wollen. Dass dies ohne eine gewisse Mitgliederdichte nur schwer möglich ist, hat nach der Wende gerade die SPD schmerzhaft erfahren. Während Union und FDP auf die Ressourcen der gleichnamigen Blockparteien zurückgreifen konnten, mussten die Sozialdemokraten in den neuen Ländern als Organisation praktisch bei Null beginnen. Auch heute hat die SPD in Ostdeutschland insgesamt gerade mal so viele Mitglieder wie ein durchschnittlicher mittlerer Parteibezirk im Westen. Ihre schwache gesellschaftliche Anbindung benachteiligt sie nicht nur bei der Wähleransprache; sie führt auch dazu, dass es der Partei mitunter an Kandidaten mangelt, um Vorstandsposten und kommunale Wahlämter zu besetzen. In den neuen Ländern gehört deshalb ein sehr viel höherer Prozentsatz unter den Mitgliedern als in den westlichen Parteigliederungen zu den „Aktivisten" (50 gegenüber 10 Prozent), was sich zugleich in der Häufigkeit der Ein- und Austritte niederschlägt.

Die gesellschaftliche Entwurzelung der Parteien

So wichtig die Schaffung einer funktionierenden Mitgliederorganisation für die Parteien im Osten ist, so wenig können sie dabei auf alte Vorbilder zurückgreifen. Wenn die Ära der herkömmlichen Massenintegrationsparteien in den etablierten demokratischen Systemen vorbei ist, wird sie in den sich demokratisierenden Staaten Mittel- und Osteuropas wohl kaum neu anbrechen. Im Gegenteil: Die dort entstandenen bzw. in Entstehung begriffenen Parteien werden die Herausbildung eines neuartigen Parteientyps auch in den westlichen Ländern beschleunigen. Haupttriebfeder dieses Prozesses ist die Lockerung der gesellschaftlichen Bindungen der Parteien, die sich in rückläufigen Mitgliederzahlen und einer Erosion der Kernwählerschaft ausdrückt. Diese Entwicklung, die bereits vor der Wende in der alten Bundesrepublik angebahnt wurde, beschleunigte sich rasant in den neunziger Jahren. So ging im Zeitraum 1990 bis 2002 die Gesamtmitgliederzahl der politischen Parteien von 2,3 auf rund 1,6 Millionen zurück, was einem Minus von 30 Prozent entspricht. Heute dürfte sie bei rund 1,5 Millionen liegen, nachdem allein die SPD seit Verkündung der „Agenda 2010" den Austritt von weiteren 70.000 Mitgliedern zu verkraften hatte. Nicht minder eindrucksvoll ist die Verschiebung des Verhältnisses von Stamm- und Wechselwählern. Untersuchungen der Konrad Adenauer-Stiftung haben ergeben, dass von den Unionswählern heute nur noch 25 Prozent, von den SPD-Wählern sogar nur noch 20 Prozent zur sicheren Stammwählerschaft gerechnet werden können. Die restlichen 75 bzw. 80 Prozent sind lediglich mobilisierbare Wechselwähler, die von den Parteien gezielt umworben werden müssen (Brunner/Graf/Neu 2001).

Der Rückgang der Parteibindungen kann auf gesellschaftliche (sozialstrukturelle) und politische Gründe zurückgeführt werden. Die sozialstrukturellen

Faktoren sind längerfristig wirksam und insofern weniger kontingent als das Handeln der politischen Akteure. Deshalb und weil sie sich mit den quantitativ-statistischen Methoden der Wahlsoziologie gut einfangen lassen, haben sie die Forschung lange Zeit dominiert. Mit dem Bedeutungsverlust der einstmals parteibildenden Konfliktlinien und Milieus sind die politischen Faktoren stärker ins Blickfeld geraten. Über Formen und Ursachen der gesellschaftlichen Entwurzelung der Parteien existiert eine umfangreiche Literatur, die hier nicht weiter ausgebreitet werden muss (statt vieler: Brettschneider/van Deth/Roller 2002). Die Stichworte lauten Tertiarisierung, Ausbau des Wohlfahrtsstaates, Individualisierung, Säkularisierung und Wertewandel. Zusammengefasst werden können sie im Begriff der „Pluralisierung": So wie der sozioökonomische Konflikt sich in mehrere disparate Verteilungskonflikte „verflüchtigt", bei denen die Interessen der verschiedenen Gruppen immer weniger Übereinstimmungspunkte aufweisen, so werden auch die kulturellen Orientierungen und Lebensstilmerkmale vielfältiger. Gleichzeitig entkoppeln sich beide Aspekte, so dass von der sozialökonomischen Lage einer Person nur noch bedingt auf ihre Wertvorstellungen geschlossen werden kann. Ob die kulturellen gegenüber den verteilungsbezogenen Konflikten in der nachindustriellen Gesellschaft generell an Bedeutung zunehmen, wie es manche Autoren behaupten, können wir an dieser Stelle dahingestellt sein lassen (Decker 2004a: 233 ff.). Ihre Brisanz liegt vor allem in der polarisierenden Wirkung, da Wertfragen – anders als Verteilungsfragen – der Natur nach wenig kompromissfähig sind.

Dies bedeutet selbstverständlich nicht, dass sozialstrukturelle Merkmale für das Wahlverhalten irrelevant wären – wie der bleibende Stammwähleranteil zeigt, sind sie es keineswegs (Thaidigsmann 2004). Nach wie vor wählen kirchentreue Katholiken überproportional häufig CDU/CSU und Gewerkschaftsmitglieder SPD. Die Merkmale verlieren aber in qualitativer und quantitativer Hinsicht an Bedeutung. Die Bindungen schwächen sich auch bei den Traditionswählern ab und durch den Konflikt wird ein immer kleinerer Teil der Gesellschaft berührt. Beide Effekte können sich unterschiedlich verteilen. So ist z. B. die Quote der regelmäßigen Kirchgänger unter den Katholiken in den letzten fünfzig Jahren von 60 auf 12 Prozent (!) gesunken, so dass der Union die vergleichsweise große Treue dieser Wählergruppe nur wenig nützt. Umgekehrt stellt sich das Problem bei der SPD dar: Hier hält sich der Schrumpfungsprozess ihrer Kernklientel in der Industriearbeiterschaft noch in Grenzen, doch kann die Partei diese schon lange nicht mehr als sicheres Rekrutierungsreservoir betrachten. Beide Volksparteien stehen mithin vor der Situation, ihre Mehrheitsfähigkeit nur durch eine programmatische Öffnung für neue Wählerschichten retten zu können. Gerade damit laufen sie aber Gefahr, die getreuen Stammwähler weiter zu

verprellen. Der Münchener Politologe Elmar Wiesendahl (1992) spricht treffend
von einer „Modernisierungsfalle".

Der veränderte Parteienwettbewerb und seine Folgen für die staatliche Handlungsfähigkeit

An dieser Stelle kommt der Faktor „Politik" ins Spiel. Als Daniel Bell in den
sechziger Jahren seine These vom „Ende der Ideologien" formulierte, lag der
Zusammenbruch des Sowjetkommunismus noch ebenso in Ferne wie der beschleunigte Globalisierungsprozess. So wie die Blütenträume eines sozialistischen oder anderen „dritten" Weges jenseits des Kapitalismus endgültig verflo-
gen sind, so ist auch die Fähigkeit der demokratisch verfassten Nationalstaaten,
die wirtschaftliche und gesellschaftliche Entwicklung aktiv zu gestalten, seither
deutlich geschrumpft. An die Stelle autonomer Politik tritt vermehrt der bloße
Nachvollzug heteronomer Sachgesetzlichkeiten. Für die parteipolitischen Akteure erwächst daraus ein schwieriges Dilemma. Einerseits kommen sie nicht umhin, sich in ihren programmatischen Standpunkten und tatsächlichen Handlungen
anzugleichen, wenn sie den Sachgesetzlichkeiten Rechnung tragen wollen. Andererseits beruht die Legitimität des in Wahlen ausgetragenen demokratischen
Wettbewerbs gerade darauf, dass es einen Unterschied macht, wer regiert.

Um beide Anforderungen miteinander zu vereinbaren, haben die politischen
„Anbieter" im Prinzip drei Möglichkeiten. Die *erste* Strategie besteht darin, vor
der Wählerschaft auf die unterschiedlichen Details in den Problemlösungen zu
verweisen. Sie erscheint am wenigsten praktikabel. Weil die Details in der Regel
kompliziert sind und sich nur schwer vermitteln lassen, würde ein ausschließlich
an der Sache orientierter Wahlkampf das Publikum im Zweifel überfordern oder
langweilen. *Zweitens* könnten die Parteien Themen außerhalb der Sozial- und
Wirtschaftspolitik aufgreifen, bei denen ihre Positionen stärker auseinander klaf-
fen. Hier wäre insbesondere an wertebezogene Fragen zu denken, in bestimmten
Situationen vielleicht auch an die Außenpolitik. Eine solche Strategie funktioniert allerdings nur für den Fall, dass diese Themen auf der Agenda ganz nach
oben gelangen, was in der Bundesrepublik bislang die Ausnahme gewesen ist
(etwa bei der Bundestagswahl 2002). Zudem lässt sich die Priorisierung der
Themen von den Parteien nicht einseitig steuern. Größeren Nutzen verspricht da
die *dritte* Möglichkeit, die den Charakter der heutigen Wahlkämpfe am besten
umschreibt: das Ausweichen auf Personalisierung, Inszenierung und politische
Symbolik. Ihre Logik besteht darin, den Wettbewerb zu „entsubstanzialisieren",
die Verpackung anstelle des Inhalts zu setzen. Ein verantwortungsvoller
Gebrauch dieser Strategie fällt nicht leicht. Denn hier beginnt zugleich das Reich

der Verführung, wo man unhaltbare Versprechungen macht, eine in Wahrheit längst verloren gegangene Handlungsmacht vortäuscht und sich in populistischer Stimmungsmache übt. Geben die Politiker dieser Versuchung allzu sehr nach, drohen sie die Legitimität der gesamten Parteiendemokratie zu untergraben.

Die Erosion der sozialstrukturellen Bindungen der Parteien und das Schwinden der ideologischen Gegensätze haben für den Parteienwettbewerb ambivalente Folgen. In der Vergangenheit war es die Gleichzeitigkeit von gesellschaftlicher Segmentierung und ideologischer Polarisierung, welche die demokratische Funktionalität des Parteiensystems gewährleistete und damit zugleich eine Schutzvorkehrung gegen den Populismus bildete. Die aus den kulturellen und sozialen Konflikten des 19. und beginnenden 20. Jahrhunderts hervorgegangenen Parteien waren repräsentativ, indem sie eine klar umrissene politische Identität ausbildeten. Sie standen für die Interessen ganz bestimmter Bevölkerungsgruppen und waren in deren gesellschaftlichen Milieus fest verankert. Pflegten die Parteien diese Bindungen, konnten sie sich auf die Unterstützung ihrer natürlichen Anhängerschaft verlassen. Ihre kompetitive Orientierung blieb dadurch begrenzt. Die Parteien verfügten über gesicherte Stimmanteile und brauchten sich deshalb um die Stimmen der Konkurrenz nicht besonders zu bemühen (Mair 2002).

Die politischen Systeme zogen aus dieser Situation unterschiedliche Konsequenzen. In einigen Ländern wurden die gesellschaftlichen und ideologischen Spaltungen durch ein Konsenssystem an der politischen Spitze überbrückt, in dem die Parteieliten vertrauensvoll zusammenarbeiteten. Exemplarisch dafür standen früher Österreich oder die Niederlande. In anderen Ländern (Großbritannien, Frankreich, Deutschland) sorgte der mehrheitsdemokratische Parlamentarismus dafür, dass die weltanschaulich-programmatischen Differenzen zwischen den Parteien voll zum Tragen kamen und der Wettbewerb sein Steuerungspotenzial behielt. Hier machte es tatsächlich einen Unterschied, wer regierte. Je nachdem, wie die Konfliktlinien in der Gesellschaft verliefen, konnte es dabei auch vorkommen, dass eine Partei oder ein Lager für längere Zeit die Hegemonie errang. In der Bundesrepublik war das z. B. in den fünfziger und sechziger Jahren der Fall, als die Union im Parteiensystem über ein deutliches Übergewicht verfügte.

Auch nachdem die ideologischen Gegensätze allmählich verblassten und ihr gesellschaftlicher Rückhalt schwächer wurde, gelang es den Parteien zunächst weiter, ihre jeweiligen Klientelen bei der Stange zu halten. Die Grundlage dafür schuf eine Politik der materiellen Interessenbefriedigung. Die hohen Wachstumsraten in der „Goldenen Ära" des Keynesianismus hielten nicht nur die Arbeitslosigkeit gering, sie führten auch dazu, dass der Wohlfahrtsstaat stetig ausgebaut werden konnte und es für alle genügend zu verteilen gab. Der soziale Ausgleich bereitete unter diesen Bedingungen kaum Probleme. Doch schon in den siebziger Jahren änderte sich das Bild. Wachstumseinbrüche und die zunehmende finanzielle Überbeanspruchung des Staates machten es schwieriger, die Interessenunterschiede innerhalb der Wählerschaft ökonomisch zu überbrücken. Hinzu kam, dass Teile der Gesellschaft – unter dem Einfluss des Wertewandels – jetzt auch grundsätzliche Zweifel am Verteilungsparadigma hegten. Die Politik geriet in das Dilemma, einerseits die Negativfolgen des auf Wachstum programmierten industriegesellschaftlichen Systems bekämpfen und andererseits die Grundlagen eben dieses Wachstums sichern zu müssen. Nachdem die Globalisierung der Finanzmärkte einer nachfrageorientierten Vollbeschäftigungspolitik („Keynesianismus in einem Lande") den Boden entzogen hatte, musste sie dazu verstärkt auf angebotsseitige Maßnahmen zurückgreifen, die in vorhandene Besitzstände eingriffen. Um die hohe Arbeitslosigkeit zurückzuführen, kam man nicht umhin, die Löhne und Lohnersatzleistungen zu begrenzen sowie den Arbeitsmarkt zu flexibilisieren. Auch in der Kranken- und Altersversicherung galt es, das Versorgungsniveau zu reduzieren, wenn man einen weiteren Anstieg der Arbeitskosten verhindern und zugleich den Auswirkungen des demographischen Wandels begegnen wollte. Letzterer hat dazu geführt, dass einer gleich bleibenden bzw. sinkenden Zahl von Beitragszahlern immer mehr Leistungsempfänger gegenüberstehen.

Während die konsensdemokratischen Systeme in Schweden, Dänemark oder den Niederlanden mit diesen Herausforderungen vergleichsweise gut fertig geworden sind, hat die Bundesrepublik die Reformnotwendigkeiten lange Zeit negiert und vor sich her geschoben. Erst im Jahr 2003 kam es unter der rotgrünen Regierung Gerhard Schröders zu einer größeren Kraftanstrengung, für die der sozialdemokratische Teil der Koalition prompt mit massivem Stimmentzug bestraft wurde. Da die SPD ihre Wähler vor der Bundestagswahl 2002 über den einzuschlagenden Kurs im Unklaren gelassen hatte, musste sie mit dieser Quittung rechnen. Machtpolitisch war ihr damaliges Handeln nachvollziehbar. Aufgrund der kompetitiven Logik des bundesdeutschen Parteiensystems, nach der die Großparteien um eine zunehmend wechselbereiter werdende Wählerschaft buhlen müssen, vermeiden es die politischen Akteure, unangenehme Wahrheiten zu verkünden, wenn sie im Rennen um die Wählergunst die Nase vorn haben wollen. Der Drang zur Mitte wirkt hier in doppelter Hinsicht verhängnisvoll. Zum einen hält er die Parteien davon ab, jenen Mittelschichten, die vom Ausbau des Wohlfahrtsstaates in der Vergangenheit am meisten profitiert haben, die nötigen Reformen zuzumuten, weil diese das Gros ihrer (potenziellen) Wähler ausmachen. Zum anderen nimmt er ihnen die Fähigkeit – und zum Teil auch den Willen –, die randständigen Bevölkerungsgruppen zu repräsentieren, die fürchten, vom Modernisierungsprozess – ökonomisch und kulturell – abgekoppelt zu werden. Diese sogenannten „Modernisierungsverlierer" stellen heute die wichtigste Wählerreserve rechtsextremer oder -populistischer Protestparteien dar (Decker 2004a: 195ff.).

Die Politik im permanenten Belagerungszustand

Wenn diese Diagnose stimmt, dann ist von der Politik vor allem Führungswillen und -fähigkeit gefordert. Für die Parteien heißt das z. B., dass ihre programmatische Funktion heute im Zweifel eine noch wichtigere Bedeutung gewinnt als früher, wo sie in erster Linie der ideologischen Selbstvergewisserung der eigenen Klientel diente. Die zunächst brutale Abstrafung der Agenda-Politik des Kanzlers hat gezeigt, was passiert, wenn man die politische Richtung ständig verändert und die Wähler auf den einzuschlagenden Weg nicht rechtzeitig mitnimmt. Falsch wäre es aber, die Forderung nach Führung „voluntaristisch" zu überhöhen. Dieselben Gründe, die Führung heute so notwendig erscheinen lassen, machen sie zugleich zu einem schwierigen Unterfangen. Dies gilt nicht nur für die eben beschriebenen Versuchungen des Parteienwettbewerbs, das Machtinteresse über die eigentliche Problemlösung zu stellen. Es zeigt sich auch an anderen Erscheinungsformen des parteiendemokratischen Systems, die eine konsistente und problemlösende Politik „aus einem Guss" behindern. Der Regierung „handwerkliche Fehler" vorzuwerfen, gehört mittlerweile zum Standardrepertoire der Oppositionsparteien. Hier muss die Frage gestellt werden, ob solche Fehler nicht vielleicht auch strukturelle Ursachen haben.

Die erste – von der Politikwissenschaft hinlänglich bestätigte – Ursache könnte darin liegen, dass im deutschen Regierungssystem die Handlungsmöglichkeiten der gewählten Bundesregierung durch eine (zu) hohe Zahl von Vetospielern über Gebühr beschränkt werden. Als Problem erweist sich hier insbesondere der Föderalismus, der durch seine hochgradig verflochtenen Strukturen zu Entscheidungsblockaden tendiert, statt ein produktives Zusammenwirken der beteiligten Institutionen und Akteure zu gewährleisten (Decker 2004c). In normalen Zeiten haben sich diese Strukturen als Fehlervermeidungssystem glänzend bewährt. Unter Reformstress geraten sie jedoch immer mehr zu einer Fehlerquelle, wie die Verabschiedung des großen Gesetzespaketes zur Steuer-, Gesundheits- und Arbeitsmarktreform im Vermittlungsausschuss Ende 2003 eindrucksvoll gezeigt hat. Wenn der Bundeskanzler und die CDU-Vorsitzende glauben, eine so komplizierte Frage wie die Zahnersatzregelung in einem nächtlichen Telefonat mal eben selbst aushandeln zu können, braucht man sich über das Ergebnis nicht zu wundern (Niejahr 2004).

Ein zweiter Punkt hängt damit eng zusammen. Mit wachsender gesellschaftlicher Differenzierung steigt die Zahl der Akteure und Interessen, die im politischen Prozess berücksichtigt werden wollen. Die Konsequenz ist eine immer rascher voranschreitende Verrechtlichung der sozialen Beziehungen, die sich durch die Europäische Integration noch beschleunigt hat. Experten schätzen, dass heute bereits mehr als die Hälfte der nationalen Gesetze allein durch europäisches Recht beeinflusst bzw. veranlasst werden. Um nicht in Handlungsunfähigkeit zu erstarren, muss das politische System diesen Komplexitätszuwachs irgendwie bewältigen. Die dazu eingesetzten Strategien – Auslagerung der Regierungsgeschäfte in spezialisierte Kommissionen, in denen Experten und Interessenvertreter unter sich bleiben, und/oder Informalisierung des Entscheidungsprozesses an der Regierungsspitze – haben allerdings ihren Preis. Indem sie den Handlungsspielraum der Regierung verbreitern, erhöhen sie zwar einerseits die Entscheidungseffizienz. Andererseits entwerten sie jedoch die demokratisch verfassten Regierungsorgane und tragen so zur weiteren Delegitimierung des Systems bei.

Die Auswanderung der Politik aus den Institutionen stellt – drittens – zugleich eine Reaktion auf die omnipräsenten Medien dar, die die Politik heute in einen permanenten plebiszitären Belagerungszustand versetzen. Dies führt dazu, dass die öffentliche Darstellung der Entscheidungen mit deren tatsächlichem Inhalt und Zustandekommen immer weniger zu tun hat. Autoren wie Thomas Meyer (2001) gehen sogar so weit, von einer „Kolonialisierung" zu sprechen, bei der das Mediensystem die Politik seiner eigenen Handlungslogik unterwerfe. Die Gründe dafür liegen zunächst in der technologischen Entwicklung, die in den achtziger Jahren durch die Vervielfachung des Programmangebots zu einer Verbesserung der Zugangschancen für Parteien und Politiker zu den elektronischen Medien geführt hat. In Verbindung mit den oben beschriebenen Versuchungen des Parteienwettbewerbs gewinnt diese ständige mediale Verfügbarkeit an Brisanz. Dass die Politiker heute im Fernsehen gut „rüberkommen" wollen und sich deshalb in der (Selbst)Darstellung den Gesetzen des Mediums anpassen, wird ihnen im Ernst niemand vorwerfen. Die eigentlichen Probleme beginnen dort, wo die Darstellungslogik die Oberhand gewinnt und auf die materiellen Entscheidungen zurückwirkt. Wenn die politischen Akteure sich von Stimmungen nicht nur leiten lassen, sondern diese Stimmungen selbst aktiv herbeiführen und beeinflussen, dann droht die plebiszitäre Ansprache in Gefälligkeitspolitik und populistische Anbiederung abzugleiten. Hinzu kommt, dass die Medien in ihrem Hang zur Personalisierung und Dramatisierung jenen Allmachtsmythos der Politik bestärken, den diese selbst glaubt vor der Wählerschaft erzeugen zu müssen. In Wahrheit wissen es beide besser. Die Journalisten drehen also einerseits selbst kräftig mit an der Spirale der Erwartungen. Auf der anderen

Seite stellen sie die Politiker an den Pranger, wenn die Erwartungen nicht in Erfüllung gehen bzw. sich als unhaltbar erweisen.

Das heißt aber, dass die Medien für den Ansehensverlust des parteiendemokratischen Systems auch ganz unmittelbar verantwortlich sind. Weil negative Berichterstattung mehr Resonanz verspricht als positive, ist die Haltung, die sie der politischen Klasse gegenüber an den Tag legen, grundsätzlich gegnerschaftlich. Nicht wenige Sozialwissenschaftler sehen hierin den eigentlichen Grund für den empirisch nachweisbaren Anstieg der Politikverdrossenheit. Bei der Frage, warum die Medien immer negativer berichteten, gehen die Meinungen allerdings auseinander. Kepplinger (1998) führt dies vor allem auf das veränderte Selbstverständnis der Journalisten (infolge des Generationswechsels) zurück, während andere Autoren die Kommerzialisierung des Mediensystems als Hauptursache hervorheben. Beiden Erklärungen ist gemeinsam, dass sie die negative Darstellung der Politik als unabhängig betrachten von deren realen Leistungen und Versäumnissen. Nimmt man die einschlägigen empirischen Untersuchungen (z. B. Brettschneider 1995), wurden diese Leistungen von der bundesdeutschen Bevölkerung bis Anfang der neunziger Jahre durchaus positiv bewertet – zu einem Zeitpunkt also, als die Politikverdrossenheit bereits angestiegen war. Wie lässt sich dieser Widerspruch erklären? Brettschneider vermutet zum einen, dass die Politiker heute dank der Umfragen besser als früher imstande seien, sich „responsiv" zu verhalten, das heißt den Bedürfnissen ihrer Wähler zu entsprechen. Zum anderen stelle die gemessene Übereinstimmung nur einen Durchschnittswert dar, der die unterschiedliche Dringlichkeit der Themen unberücksichtigt lasse. Es sei daher denkbar, dass sich die Negativurteile auf diejenigen Themen konzentrierten, die hohe Medienaufmerksamkeit erzielten und von der Bevölkerung als besonders wichtig eingestuft würden. Genauso naheliegend könnte es aber sein, die Erklärung in den unterschiedlichen inhaltlichen Bezügen von „Responsivität" und „Verdrossenheit" zu suchen. Während Responsivität die Einstellungen der Bevölkerung zu ganz konkreten Sachfragen misst, geht es bei der Verdrossenheit um allgemeine Bewertungen der politischen Klasse und ihrer Institutionen. Dass diese häufig vorurteilsbeladen sind und darum im Tenor negativer ausfallen als die Sachurteile, ist nicht sonderlich überraschend. Dies gilt umso mehr, als die mit der Verdrossenheit zusammenhängenden Themen (Amtsmissbrauch, Korruption, Verschwendung von Steuergeldern etc.) aufgrund ihres höheren Nachrichtenwertes von den Medien regelmäßig in den Vordergrund gespielt werden. Autoren wie Andreas Schedler (1993) haben daraus den Schluss gezogen, dass es sich bei der behaupteten Politikverdrossenheit zumindest teilweise um ein demoskopisches Konstrukt handelt.

Auswege aus der Politikverdrossenheit: Mehr Konsens wagen

Ein Vergleich unter den europäischen Ländern zeigt, dass es gegen populistische Delegitimierungstendenzen der Parteien und Parteiensysteme kein institutionelles Patentrezept gibt. In den konsensdemokratischen Systemen, die sich in erster Linie funktionell über den Entscheidungsoutput legitimieren, neigen die Eliten zur Abgehobenheit und müssen deshalb mit populistischen Protestreaktionen rechnen. Wie sich an den Beispielen Österreichs, der Schweiz und der Niederlande ablesen lässt, geraten die politischen Systeme dadurch unter Druck, sich auch strukturell in Richtung Wettbewerb stärker zu öffnen. In den Mehrheitsdemokratien wiederum besteht das Problem, dass im Zuge der inhaltlichen Entleerung des Parteienwettbewerbs populistische Elemente dortselbst Einzug halten und die plebiszitäre Verwandlung des Regierungsprozesses befördern. Dies kennzeichnet z. B. die Situation in der Bundesrepublik. Manche Autoren gehen sogar so weit, hierin den eigentlichen Grund für das Scheitern des neuen, parteiförmigen Rechtspopulismus in Deutschland zu sehen. Selbst wenn man das so nicht teilt, bleibt doch das Bild eines dramatischen Wandels. Nicht nur, dass die gesellschaftliche Integrationsleistung der Parteien nachlässt. Mit der Verschiebung der Gewichte von der Innen- zur Außenseite der Parteiendemokratie wächst auch die Gefahr politischer Fehlsteuerungen, weil dem machtpolitischen Kalkül nun alle anderen Ziele untergeordnet werden. Der eingebaute Populismus der konkurrenzdemokratischen Systeme und der antiparteienstaatliche Protestpopulismus in den Konsensdemokratien sind so betrachtet Seiten derselben Medaille.

Über die Möglichkeit, den hier beschriebenen Legitimationsproblemen durch eine Reform der Parteien selbst entgegenzuwirken, sollte man sich keinen übertriebenen Hoffnungen hingeben (Dittberner 2004). Auch wenn die in diesem Zusammenhang diskutierten Rezepte wie Abrufung zivilgesellschaftlichen Engagements, Schaffung neuer Partizipationsformen, Netzwerkbildung etc. in die richtige Richtung weisen, reichen sie zur Behebung der Krise alleine nicht aus. Dies gilt umso mehr, als ja auch die Mitwirkungspotenziale nicht voraussetzungslos sind, sondern an den verschiedenen Stellen der Gesellschaft erst heranreifen müssen. Eine andere Gruppe von wohlmeinenden Beobachtern empfiehlt den Parteien, ihr Image dadurch aufzupolieren, dass sie auf Macht und Privilegien freiwillig verzichten. Auch darauf sollte man nicht allzu viel geben. Bei den Machtinsignien handelt es sich ja eher um ein Symptom der Politikverdrossenheit denn um die eigentliche Ursache. Außerdem stellt sich die Frage, warum die Parteien bereit sein sollten, in ihre eigene Entmachtung einzuwilligen. Die bisherigen Erfahrungen – von der Politikfinanzierung bis zur Wahlrechtsreform – stimmen hier nicht gerade optimistisch. Einzig die Zulassung plebiszitärer Elemente auf kommunaler und Landesebene könnte als ermutigendes Gegenbeispiel genannt werden, das allerdings bei genauerem Hinsehen an Erstaunlichkeit verliert. *Erstens* sind die Parteien bei der Ausgestaltung der Volksrechte betont vorsichtig zu Werke gegangen, so dass sie um ihre Position nicht wirklich fürchten mussten. Und *zweitens* rührt der Siegeszug der direkten Demokratie in den neunziger Jahren auch aus der hervorragenden Eignung des Themas für den Parteienwettbewerb. Die Parteien verfolgten bei ihrer Einführung also keineswegs nur altruistische Motive.

Damit wendet sich der Blick zur Außenseite des Parteienwettbewerbs, die unter Legitimationsaspekten zweifellos das schwierigere Problem darstellt. Wenn es einen Hebel zur Bekämpfung der Politikverdrossenheit gibt, dann liegt er auf der Output-Seite – im „guten Regieren". Dies bedeutet nicht, die Output-Legitimation gegen die Mitwirkungs- und Beteiligungsrechte der Bürger auf der Input-Seite aufzurechnen, so als ob es sich bei der Demokratie um ein Nullsummenspiel handelte. Die Beteiligungsrechte müssen aber so zurecht geschnitten sein, dass sie nicht zu Lasten des „guten Regierens" gehen. Das deutsche Regierungssystem wird dieser Forderung leider kaum noch gerecht. Seine Konsensstrukturen, die bis in die achtziger Jahre hinein als vorbildlich gerühmt wurden, scheinen vor den Herausforderungen des 21. Jahrhunderts zu versagen. Das Problem liegt dabei nicht, wie das journalistische Geraune von „Konsensstaat" (Rutz 2003) und „Konsensfalle" (Darnstädt 2004) suggeriert, im Konsensualismus als solchem. Wenn Hans-Olaf Henkel, Arnulf Baring und andere der Öffentlichkeit weiszumachen versuchen, man könne die reale Interessenvielfalt in einem mehrheitsdemokratischen Dezisionismus einfach auflösen, zeugt das nicht gerade von einem tieferen Verständnis der heutigen Regierungswirklichkeit. Entscheidend ist vielmehr die Art und Weise, *wie* der Konsens im politischen System organisiert wird. Das bundesdeutsche Zusammenspiel von mehrheitsdemokratischem Parlamentarismus und föderativem Aushandeln hat sich hier als wenig zweckmäßig erwiesen, weil es die politischen Akteure ganz unterschiedlichen Handlungslogiken unterwirft. Unter Legitimationsgesichtspunkten ist das gleich in doppelter Hinsicht schädlich. Zum einen behindert das System durch seinen Hang zur Nicht-Einigung sachgerechte Entscheidungen. Zum anderen stößt es das Publikum ab, das hinter dem auf offener Bühne aufgeführten, mit allen Winkelzügen und Raffinessen ausgetragenen Machtschauspiel kein wirkliches Problemlösungsinteresse mehr zu erkennen vermag.

Die derzeitigen Reformbestrebungen gehen dahin, durch Zurückdrängung der föderativen Aushandlungszwänge dem parlamentarischen Mehrheitsprinzip wieder größere Geltung zu verschaffen. Die Bundesregierung soll ihrer gesamtstaatlichen Verantwortung nachkommen können, ohne dass der Bundesrat ständig „quer schießt", während die Opposition auf ihre Alternativfunktion zurückverwiesen wird. Die Verhandlungen der Föderalismuskommission sind zwar im

Dezember 2004 fürs Erste gescheitert. Es besteht aber eine realistische Chance, dass die Einigung nur aufgeschoben ist und es noch vor der Bundestagswahl 2006 zu einer durchgreifenden Entflechtung der Bund-Länder-Beziehungen kommt. Stimmt die hier vorgelegte Analyse, wäre mit einer solchen Reform in punkto Legitimation allerdings nur wenig gewonnen. Wenn es im Wesen der parlamentarischen Opposition liegt, dass sie die Vorhaben der Regierung aus Prinzip ablehnen muss, dann macht es in der Tat keinen Sinn, ihr über die Hintertüren des Föderalismus oder der Verfassungsgerichtsbarkeit die Möglichkeit zu geben, die Regierung an der Durchsetzung eben dieser Vorhaben zu hindern. Dies gilt umso mehr, als die Alternativfunktion, die durch die Entflechtung wiederhergestellt werden soll, in der „post-parlamentarischen" Demokratie ohnehin auf tönernen Füßen steht. Heute gebietet es das machtpolitische Interesse der Opposition, auch solche Entscheidungen der Regierung zu kritisieren, von denen sie genau weiß, dass sie sie im Grunde nicht viel anders treffen würde oder könnte.

Um zu verhindern, dass sich der Parteienwettbewerb in bloßen Scheingefechten ergeht, müsste man deshalb die Belohnungen des Machtgewinns, die ein Wahlsieg verspricht, reduzieren und die Parteien dazu anhalten, bereits auf der parlamentarischen Ebene im Interesse der Sache zu kooperieren. Institutionell bieten sich dafür zwei Möglichkeiten an: eine Erprobung von neuen Koalitions- bzw. Regierungsformaten und/oder die Einrichtung von zusätzlichen Konkordanzformen jenseits des Parteienwettbewerbs.[1] Der erste Weg dürfte in der Bundesrepublik durch die tief verankerte Praxis der Konkurrenzdemokratie weitgehend versperrt sein. Das Haupthindernis liegt im Dogma der stabilen Mehrheitsregierung. Vor dem Hintergrund der negativen Weimarer Erfahrungen verständlich, hat die skandinavische Tradition der Minderheitsregierungen in der parlamentarischen Kultur der Bundesrepublik ebenso wenig Wurzeln geschlagen wie das in südeuropäischen Ländern gelegentlich gepflegte Regieren mit wechselnden Mehrheiten. Und Große Koalitionen werden hierzulande nur als „Notlösung" gebildet, wenn es politisch oder rechnerisch keine andere Möglichkeit gibt. Mit der Pluralisierung des Parteiensystems könnten sich solche Konstellationen in Zukunft freilich häufen. Umso notwendiger scheint es daher, sich auf die alternativen Regierungsformate schon vorab einzurichten und ihnen politisch den Weg zu ebnen.

Was den zweiten Weg – die Einrichtung zusätzlicher Konkordanzformen – angeht, könnte man sich z. B. die Einführung von Elementen der Volksgesetzge-

---

[1] Als Konkordanzdemokratien bezeichnet man in der Politikwissenschaft politische Systeme, in denen der Parteienwettbewerb als Konfliktregelungsprinzip weitgehend ausgesetzt ist und möglichst alle relevanten politischen Kräfte in die Regierung einbezogen werden. Beispiele sind die Schweiz und – früher – die Niederlande.

bung auch auf Bundesebene vorstellen. Werden die plebiszitären Verfahren als Initiativrechte ausgestaltet, dann wirken sie ihrer Logik nach konsensuell. Denn wo das Volk die Möglichkeit hat, selbst legislativ tätig zu werden, wird die Regierung gezwungen, etwaige Widerstände gegen ein Gesetzgebungsvorhaben schon im Vorwege zu berücksichtigen. Der eigentliche Nutzen der plebiszitären Elemente liegt also in ihrer präventiven Funktion (und nicht darin, dass das Volk selber die Regierungsgeschäfte in die Hand nimmt). Um diese Funktion zu erfüllen, müssen die Verfahren so geregelt sein, dass weder abschreckend hohe Hürden aufgebaut werden noch die Möglichkeit des Missbrauchs besteht. Der von der rot-grünen Regierung im Jahre 2002 vorgelegte Gesetzentwurf, der jetzt erneut in die Debatte gebracht worden ist, wirft hier noch manche Probleme auf. Das muss man nicht weiter dramatisch finden, da es die Koalition mit der plebiszitären Ergänzung des Grundgesetzes ohnehin nicht allzu ernst meint. Der Vorschlag dient SPD und Grünen in erster Linie dazu, ein populäres Thema zu besetzen. Dass das Instrument dadurch selbst diskreditiert werden könnte, scheint die Regierungsparteien nicht sonderlich zu scheren.

Eine konsensuelle Umgestaltung des Regierungssystems in den hier beschriebenen Formen wäre gerade auch mit Blick auf die besonderen Befindlichkeiten der Ostdeutschen von Nutzen. Deren im Vergleich zum Westen größere Unzufriedenheit mit der Demokratie hat ja nicht nur mit enttäuschten Erwartungen zu tun. In ihr spiegeln sich auch Ernüchterung und Frustration über den in der alten Bundesrepublik praktizierten Politikstil. Empirische Untersuchungen haben für die ostdeutschen Abgeordneten ein Rollenbild nachgewiesen, das – zumindest in der von 1990 bis 1994 reichenden Etablierungsphase des Länderparlamentarismus – noch stark von den Erfahrungen des „Runden Tisches" der Wendezeit geprägt gewesen ist. Die dort praktizierten Dialogformen hatten und haben mit der gegnerschaftlichen Logik des parlamentarischen Prinzips wenig gemein. In der Folge wurden die konsensuellen Orientierungen durch die Anpassung an das westdeutsche Muster jedoch bald verschüttet. Symptomatisch dafür ist das Schicksal des so genannten „Magdeburger Modells". Der Sozialdemokrat Reinhard Höppner hatte die von der PDS geduldete Minderheitsregierung, die ihn selbst ins Amt des Ministerpräsidenten bringen sollte, gegen den offenen Widerstand der Bundespartei durchgesetzt. Seine trotzige Feststellung, dass „die Uhren im Osten anders gehen", wurde zum geflügelten Wort, entsprach aber nur zum Teil der Wahrheit. Das Unverständnis, das dem Magdeburger Modell aus dem Westen (auch von Seiten der Politikwissenschaft) entgegen schlug, sorgte jedenfalls dafür, dass der Tabubruch Episode blieb und weder in den alten noch in den neuen Ländern Schule machte.

Ähnlich verhielt und verhält es sich mit der Volksgesetzgebung. Auch hier haben die Ostdeutschen in den Verfassungsgebungsprozessen manche Schrittmacherdienste geleistet, die jedoch weit davon entfernt sind, die Bundesrepublik in die Nähe einer Konkordanzdemokratie nach Schweizerischem Vorbild zu rücken (Thumfart 2002: 862 ff.). Die restriktive Ausgestaltung und – in der Folge – geringe Nutzung der plebiszitären Instrumente sorgt dafür, dass die Dominanz des gegnerschaftlichen Prinzips ungebrochen bleibt. Ausnahmen wie Bayern, wo den Plebisziten eine größere Rolle zukommt, weil sie das einzig verbliebene Korrektiv gegen die Daueralleinherrschaft der CSU darstellen, bestätigen die Regel.

Welche Folgen ergeben sich daraus? Die Politik benötigt heute infolge der veränderten Rahmenbedingungen des Regierens, so meine These, eher mehr als weniger Konsens. Von daher wächst auch der Bedarf, die Entscheidungsprozesse durch eine möglichst enge Anbindung an die Betroffenen legitimatorisch abzusichern. Gleichzeitig muss die Qualität der Entscheidungsinhalte „stimmen". Das derzeitige parteiendemokratische System in der Bundesrepublik kann beides nicht mehr verbürgen. Um aus der Krise herauszufinden, müsste es die Kraft finden, sich entlang der skizzierten Linien zu erneuern. Ob dies gelingt, ist keineswegs ausgemacht.

Literatur

Baring, Arnulf (2002), „Bürger, auf die Barrikaden! Deutschland auf dem Weg zu einer westlichen DDR", in: *Frankfurter Allgemeine Zeitung*, 19. November.

Birsl, Ursula/Lösche, Peter (1998), „Parteien in West- und Ostdeutschland: Der gar nicht so feine Unterschied", in: *Zeitschrift für Parlamentsfragen*, Jg. 29, H. 1, S. 7-24.

Brettschneider, Frank (1995), *Öffentliche Meinung und Politik. Eine empirische Studie zur Responsivität des deutschen Bundestages zwischen 1949 und 1990*, Opladen.

Brettschneider, Frank/Deth, Jan van/Roller, Edeltraud (Hg.) (2002), *Das Ende der politisierten Sozialstruktur?*, Opladen.

Brunner, Wolfgang/Graf, Jutta/Neu, Viola (2001), *Die politische Meinungslage in Deutschland 1990 – 2001*, Sankt Augustin (Arbeitspapiere der Konrad Adenauer-Stiftung, Nr. 35).

Darnstädt, Thomas (2004), *Die Konsensfalle. Wie das Grundgesetz Reformen blockiert*, München.

Decker, Frank (2004a), *Der neue Rechtspopulismus*, Opladen.

Decker, Frank (2004b), „Systemrezeption und institutionelle Innovationen im deutschen Einigungsprozess. Eine Bilanz", in: *Zeitschrift für Politikwissenschaft*, Jg.14, H. 1, S. 31-67.

Decker, Frank (Hg.) (2004c), *Föderalismus an der Wegscheide? Optionen und Perspektiven einer Reform der bundesstaatlichen Ordnung*, Wiesbaden.

Dittberner, Jürgen (2004), „Die deutschen Parteien. Defizite und Reformideen", in: *Aus Politik und Zeitgeschichte*, Bd. 40, S. 12-18.

Dittberner, Jürgen/Ebbighausen, Rolf (Hg.) (1973), *Parteiensystem in der Legitimationskrise. Studien und Materialien zur Soziologie der Parteien in der Bundesrepublik Deutschland*, Opladen.

Dürr, Tobias (2004), „Ankunft in der Wirklichkeit", in: *Berliner Republik*, Jg. 6, H. 5, S. 40-49.

Henkel, Hans-Olaf (2000), *Die Macht der Freiheit. Erinnerungen*, München.

Jagodzinski, Wolfgang/Kühnel, Steffen (2001), „Werte und Ideologien im Parteienwettbewerb", in: Oscar W. Gabriel/Oskar Niedermayer/Richard Stöss (Hg.), *Parteiendemokratie in Deutschland*, 2. Aufl., Bonn, S. 204-227.

Kepplinger, Hans Mathias (1998), *Die Demontage der Politik in der Informationsgesellschaft*, Freiburg/München.

Krockow, Christian Graf von/Lösche, Peter (Hg.) (1986), *Parteien in der Krise. Das Parteiensystem der Bundesrepublik und der Aufstand des Bürgerwillens*, München.

Mair, Peter (2002), „Populist Democracy vs Party Democracy", in: Yves Mény/Yves Surel (Hg.), *Democracies and the Populist Challenge*, Houndmills/New York, S. 81-98.

Meyer, Thomas (2001), *Mediokratie. Die Kolonialisierung der Politik durch das Mediensystem*, Frankfurt a. M.

Niejahr, Elisabeth (2004), „Handwerk hat doppelten Boden", in: *Die Zeit*, 9. Juni.

Papier, Hans-Jürgen (2003), „Überholte Verfassung?", in: *Frankfurter Allgemeine Zeitung*, 27. November.

Rutz, Michael (2003), „Der Konsensstaat", in: *Die politische Meinung*, Nr. 406, S. 35-39.

Schedler, Andreas (1993), „Die demoskopische Konstruktion von ‚Politikverdrossenheit'", in: *Politische Vierteljahresschrift*, Jg. 34, H. 3, S. 414-435.

Steingart, Gabor (2004), *Deutschland. Der Abstieg eines Superstars*, München.

Thaidigsmann, S. Isabell (2004), *Sozialstruktur und Wählerverhalten. Das Ende einer alten Beziehung?*, Berlin (Arbeitspapiere der Konrad Adenauer-Stiftung, Nr. 126).

Thumfart, Alexander (2002), *Die politische Integration Ostdeutschlands*, Frankfurt a. M.

Wiesendahl, Elmar (1992), „Volksparteien im Abstieg. Nachruf auf eine zwiespältige Erfolgsgeschichte", in: *Aus Politik und Zeitgeschichte*, Bd. 34/35, S. 3-14.

Abschied vom Sozialstaat alter Prägung
Deutschland im demografischen Wandel

Elisabeth Niejahr

Möglicherweise wird es in einigen Jahren Historiker beschäftigen, wann die Debatte über den demografischen Wandel den Alltag der Deutschen erreicht hat – und warum es dazu kam. Im Verlauf der Jahre 2003 und 2004 wurde in ganz Deutschland plötzlich in Volkshochschulen, Talkshows und auf Unternehmenskongressen über Demografie debattiert, „Tatort"-Episoden spielten auf einmal in Pflegeheimen, Hollywood-Filme über verliebte Endfünfziger erzielten an den Kinokassen Rekordergebnisse, Kommunen installierten „Demografiebeauftragte" und ausgerechnet die Grünen gründeten eine Seniorenorganisation. All das geschah, ohne dass irgendwelche neuen Erkenntnisse in die Öffentlichkeit gelangt wären. Die Fakten zum bedrohlichen Doppeltrend aus Bevölkerungsrückgang und Alterung waren seit Jahren bekannt: Die Geburtenrate in unserem Land ist seit Jahrzehnten rückläufig; im Schnitt haben Paare nur noch 1,3 Kinder statt der 2,1 Sprösslinge, die nötig wären, damit die Bevölkerungszahl auch ohne Zuwanderung konstant bliebe. Bekannt ist auch seit langem, dass etwa im Jahr 2030 die Hälfte der einheimischen Bevölkerung über fünfzig sein wird. Dennoch sind diese Entwicklungen und ihre möglichen Konsequenzen erst in den vergangenen Jahren ins Bewusstsein einer breiteren Öffentlichkeit gerückt. Warum gerade jetzt, in den ersten Jahren des neuen Jahrtausends? Am Leidensdruck kann es nicht liegen, den schafft die Demografie vorläufig nicht. Alle aktuellen Probleme von Renten- und Krankenversicherung und auch die ökonomische Flaute der vergangenen Jahre haben mit der Bevölkerungsentwicklung nichts zu tun. Noch sind die Angehörigen der geburtenstarken Jahrgänge im Erwerbsalter. Warum also stieg die öffentliche Aufmerksamkeit plötzlich so stark? Einige Beobachter, darunter auch der Bestseller-Autor und FAZ-Herausgeber Frank Schirrmacher (2004), haben die Debatte mit dem Beginn der Ökologie- und der Frauenbewegung verglichen. Tatsächlich gibt es viele interessante Parallelen: neben den neuen Beauftragten zum Beispiel die Debatte über Diskriminierung in Werbung und Medien. Doch anders als Anfang der achtziger Jahre haben weder Katastrophen wie der Reaktorunfall von Tschernobyl noch sichtbare Krisensymptome wie das Waldsterben das Bewusstsein der Menschen verändert. In Ostdeutschland sind zwar verödete Städte und abrissreife Plattenbausiedlungen zu besichtigen, aber das allein hätte als Anlass für eine breite Debatte sicher nicht gereicht.

Das neue Bewusstsein für den demografischen Wandel

Dennoch hat die Diskussion über das Alter und die Alten, über Kindermangel und Bevölkerungspolitik die Deutschen inzwischen mit großer Verspätung und großer Wucht erfasst. Vor allem drei Erklärungen liegen auf der Hand. Da wäre erstens der veränderte Umgang mit der deutschen NS-Vergangenheit. Bis vor kurzem galt der Rassenwahn der Nazis als Grund dafür, weshalb hierzulande so schwer über Demografie und Bevölkerungsschwund gesprochen werden kann. Es ist kein Zufall, dass es gerade in Deutschland kaum Demografie-Lehrstühle gibt – bei internationalen Kongressen der Fachgemeinde, erzählen die wenigen heimischen Experten, sei die deutsche Delegation meist sogar kleiner als die finnische. Aber nicht nur Wissenschaftler hatten es mit Thesen zum demografischen Wandel lange schwer. Politiker, die eine „nationale Bevölkerungspolitik" fordern, müssen ihre Worte immer noch sehr sorgsam wählen. Die Deutschen haben die Nazi-Parolen vom „Volk ohne Raum" noch zu gut in Erinnerung, als dass sie sich ohne weiteres über einen „Raum ohne Volk" erregen würden. Gleichwohl verändert sich der Umgang mit dem speziellen deutschen Erbe. Das zeigt die neue rot-grüne Außenpolitik, das zeigt ein Bundespräsident wie Horst Köhler, der fast unwidersprochen sagen kann, er „liebe" sein Land, das zeigen gefühlige Hitler-Filme wie Bernd Eichingers *Untergang* und auch die geringe Relevanz aller Warnungen, der Umzug der Regierung aus Bonn in die protzigen Berliner Bauten werde Größenwahn und Nationalismus hervorbringen. So unterschiedlich diese Phänomene sind, so eindeutig stehen sie doch für eine veränderte Tonlage beim Umgang mit der deutschen Vergangenheit (vgl. Jensen in diesem Band).

Auf die Demografie-Diskussion wirkt sich das in besonderem Maße aus. Über staatliche Bevölkerungspolitik kann neuerdings sachlich diskutiert werden – ein Fortschritt, denn es handelt sich um etwas grundlegend anderes als die zuvor praktizierte staatliche Familienpolitik. Es macht einen Unterschied, ob eine Regierung sich in erster Linie für bereits bestehende Familien verantwortlich fühlt oder auch Menschen zur Familiengründung ermutigen will. In vielen anderen Ländern ist das selbstverständlich, vor allem in Frankreich. Schon 1945, unmittelbar nach Kriegsende, wurde die Steigerung der Geburtenrate in Frankreich zur nationalen Aufgabe erklärt. Frankreich brauche zwölf Millionen Babies, verkündete Charles de Gaulle. In den Folgejahren entstand eine umfangreiche Infrastruktur zur Kinderbetreuung, und bis 1960 wurde de Gaulles Ziel tatsächlich erreicht. Heute hat jede Französin im Schnitt 1,9 Kinder, gemeinsam mit Irland liegt Frankreich damit an der Spitze innerhalb der Europäischen Union. Wer in Frankreich staatliche Geburtenförderung fordert, formuliert eine Plattitüde, keine Provokation. Nun nähern sich die Deutschen dieser Haltung an.

Der zweite Grund für das plötzlich erwachte Demografie-Interesse liegt darin, dass die geburtenstarken, Mitte der sechziger geborenen Jahrgänge, und insbesondere ihre Vertreter in den Medien, sich ihrem vierzigsten Geburtstag nähern oder ihn gerade hinter sich haben. Die Lebensphase von grauen Haaren und Kurzatmigkeit beginnt, bei Treffen mit Freunden wird häufiger über verschiedene Varianten der Altersvorsorge gesprochen, und bei Frauen wird allmählich nicht mehr unterschieden zwischen jenen, die schon Mütter sind und anderen, die es werden könnten, sondern zwischen Müttern und Kinderlosen. Plötzlich gibt es also in Deutschland viele Multiplikatoren, die sich für das Alter (und zwangsläufig auch für das Altern) interessieren. Dass in Zukunft wenige junge Arbeitskräfte viele Ruheständler finanzieren sollen, gilt immer weniger als Angelegenheit von Rentenexperten, sondern beflügelt die Fantasie, und das zu Recht. Es wird sich ja viel mehr verändern als die Sozialversicherungen, wenn Deutschland in die Jahre kommt: Wir alle werden anders arbeiten, essen, wohnen, uns fortbewegen und wohl auch anders lieben (Niejahr 2004).

Der dritte Grund für die Intensität der Demografie-Debatte ist Gerhard Schröders „Agenda 2010". In den Reformjahren 2003 und 2004 musste stets der demografische Wandel als Begründung herhalten, wenn es um die Dringlichkeit der bevorstehenden Sozialreformen ging. So wurde einerseits eine Legitimation für die Reformen geschaffen, gleichzeitig hat die Verknüpfung von Tagespolitik und Bevölkerungsentwicklung aber auch der Demografie-Diskussion eine bis dahin nicht gekannte Resonanz verschafft. Wenn der demografische Wandel dazu führt, dass die Regierung eine Praxisgebühr erhebt, Nullrunden für Rentner anordnet und bei den Arbeitslosen kürzt, muss es sich ja wohl um eine gewichtige Angelegenheit handeln – so mögen viele Bürger in den vergangenen zwei Jahren gedacht haben. Jedenfalls wuchs das Interesse sprunghaft. Am Ende bezeichnete der *Economist* das Jahr 2004 als „Jahr der Demografie".

Sozialpolitik integriert denken

Gleichwohl reicht der Zusammenhang zwischen Sozialstaatlichkeit und Alterung viel weiter als in der bisherigen Reformdebatte deutlich wurde. Gerade die grundsätzlichen Fragen blieben bisher offen: Welche Sozialreformen erzwingt die Demografie? Gibt es einen Zusammenhang zwischen der Finanzierung des Sozialstaates und seiner Kinder- und Familienfreundlichkeit? Sind die alten

Bismarckschen Sozialsysteme für den bevorstehenden Wandel geeignet? Einige Reformaufgaben sind offensichtlich. Dass die Rentenversicherung einer alternden Bevölkerung nicht unverändert bleiben kann, versteht sich fast von selbst. Das gleiche gilt für das Renteneintrittsalter, das bei steigender Lebenserwartung ebenfalls steigen muss. Bei der Reform der Krankenversicherung ist der Zusammenhang schon komplizierter. Die Experten sind sich keineswegs einig, welche zusätzlichen Gesundheitskosten eine alternde Gesellschaft mit sich bringt. Es kommt dabei schließlich weniger auf die absolute Zahl der zusätzlichen Lebensjahre an als auf die Frage, wie viele Jahre ein alter Mensch durchschnittlich gesund verbringt. Wichtig ist nicht nur, *dass* wir altern, sondern vor allem, *wie* wir altern – mit oder ohne gesunde Ernährung, mit oder ohne Bewegung und Vorsorge, mit oder ohne neue Medikamente, die zum Beispiel beim Kampf gegen Alzheimer helfen könnten.

Aber wie steht es mit den nötigen Weichenstellungen in der Familienpolitik, mit Investitionen in Kinderbetreuung und Bildungsangebote? Die Alterung der Gesellschaft zu bewältigen ist ja nur eine von mehreren staatlichen Aufgaben, die der Geburtenrückgang mit sich bringt. Das Land braucht außerdem mehr Kinder – und, weil das nicht so einfach zu bewerkstelligen ist, Zuwanderer obendrein. Vor allem für die Stützung von Kindern und Familien sind die Institutionen des deutschen Sozialstaats jedoch besonders schlecht geeignet. Schuld daran ist vor allem das bestehende Sozialversicherungssystem mit seiner hergebrachten Beitragsfinanzierung. Diese Sozialversicherungen gegen Krankheit, Arbeitslosigkeit, Pflegebedürftigkeit und Altersarmut erhalten in der öffentlichen Diskussion häufig am meisten Aufmerksamkeit – mit fatalen Folgen. Zu den größten Schwächen der deutschen Gerechtigkeitsdebatte gehört es, dass Fragen der Bildungs- und Familienpolitik selten mit denen der klassischen Sozialpolitik verbunden werden. Sozialpolitik wird missverstanden als Sozialversicherungspolitik. Die großen Parlamentsreden über Gleichheit und Gerechtigkeit halten die Experten für Renten- und Krankenkassen. Besuche in Schulen oder Kindergärten sind in deren Terminkalendern selten vorgemerkt; auch deswegen geraten die schlimmsten Defizite schnell aus dem Blick. Dabei sind die bedenklichsten sozialen Missstände des Landes durch eine veränderte Sozialversicherungspolitik kaum zu beheben. Wer das nicht für plausibel hält, stelle sich für einen Moment einen unbeteiligten Beobachter aus dem Ausland vor, der in einer Großstadt wie Berlin nach sozialen Missständen Ausschau hält. Wovon würde er daheim berichten? Von Schulen im schmuddeligen Bezirk Wedding, in denen Kinder ohne Frühstück und ohne Socken zum Unterricht kommen und in ihrer Klasse höchstens ein oder zwei Gleichsprachige finden. Vom kostenlosen Straßenkinder-Mittagessen der Suppenküche „Arche" vielleicht, deren Kochstelle zwischen den Plattenbauten von Hellersdorf liegt. Handelte es sich um einen gebildeten Beobachter, würde er davon erzählen, dass aus Unterschichtenkindern in Deutschland besonders oft arbeits- und hilflose Erwachsene werden, Armut quasi erblich ist. Bestimmt würde er kein Wort über die Finanzierung von Brillengestellen und Zahnersatz oder über Rentner-Nullrunden verlieren – über das also, was die Sozialpolitiker im Agenda-Jahr 2003 in Atem hielt. Doch die öffentliche Aufmerksamkeit war oft ein schlechter Indikator dafür, wo die ärgsten Schwächen der Solidargemeinschaft liegen. Der größte gesellschaftspolitische Skandal der vergangenen Jahre wurde von den Sozialpolitikern kaum diskutiert – der Pisa-Schock. Danach sind in keinem anderen Industrieland schulische Leistungen so eng mit der Herkunft verknüpft wie in Deutschland. Lebenschancen sind jedoch von Bildungschancen kaum zu trennen. Wer gut ausgebildet ist, verdient mehr, lebt länger und gesünder; er berappelt sich schneller nach Lebenskrisen wie Kündigung, Krankheit, Scheidung oder Arbeitslosigkeit. Doch die vielfach beschworene Eigenverantwortung wird jemand, der als Kind nicht gelernt hat, pünktlich aufzustehen, auch als Erwachsener nicht übernehmen. Daran können Transfers für Arbeitslose wenig ändern, wohl aber eine staatliche Familien- und Bildungspolitik im Dienst von Chancengleichheit. Bildung sei die zentrale soziale Frage, hatte auch Bundeskanzler Gerhard Schröder im Wahljahr 2002 kurzzeitig als Devise ausgegeben. Vielleicht hatte der Sohn einer Putzfrau sich für einen Moment an seine eigene Aufsteiger-Biografie erinnert.

Sozialpolitik durch Steuern finanzieren

In Ländern wie Großbritannien, Norwegen oder Schweden verlaufen die Debatten anders. Dort werden mehr Sozialleistungen durch Steuern finanziert. Das schärft den Blick dafür, dass die gesamte soziale Infrastruktur vom Kindergarten bis zum Pflegeheim von denselben Menschen finanziert wird – und dass eine natürliche Konkurrenz herrscht zwischen Ausgaben für Junge und Alte, für Studenten und Rentner, für Brillengestelle und Lehrstühle. Mit solchen Einsichten tun sich in Deutschland nicht nur die Sozialpolitiker schwer. Als in den letzten Wochen des Jahres 2003 in Berlin die Studenten streikten, hielt der Senat ihnen vor, dass im Sozialetat gekürzt werden müsse, wenn man bei den Universitäten nicht sparen wolle. Die Studenten reagierten hilflos. Sollten etwa Sozialhilfeempfänger verzichten, damit Romanistik-Lehrstühle erhalten bleiben? Das vielleicht nicht. Bildungs- und Arbeitsmarktpolitiker sollten gleichwohl um knappe Ressourcen konkurrieren. Die Arbeitsverwaltung gibt jährlich zweistellige Milliardenbeträge für Bildungsmaßnahmen aus. Deren Wirkung ist vielfach umstritten, längst nicht alle Angebote erhöhen die Chancen auf einen Arbeitsplatz. Warum stattdessen nicht lieber mehr Geld in die Bildung für Kinder im Vorschulalter stecken? In Zeiten des Sparens werden die Familienpolitiker solche Debatten in jedem Fall führen müssen – und sie dürfen dabei auf nicht zu viel Beifall hoffen. Denn auch für viele Bürger ist das bestehende Sozialsystem bequem, weil es genau solche Alternativen verschleiert und schwierige Entscheidungen erspart. Solange jedoch das Gros der Sozialleistungen – die Ausgaben für Rente, Pflege, Gesundheit und die Absicherung gegen Arbeitslosigkeit – zum weit überwiegenden Teil durch Beiträge statt Steuern finanziert wird, solange beispielsweise bei einer Haushaltsdebatte die Gesamtausgaben für das Gesundheitswesen kaum je erwähnt werden, solange entsteht gerade dieses Denken in Alternativen nicht. Für Abgeordnete und ihre Wähler besteht gar nicht die Notwendigkeit, sich über Prioritäten klar zu werden. Hinzu kommt, dass das föderale System den Überblick über die Finanzströme insbesondere für die Bildungs- und Familienpolitik zusätzlich erschwert. Selbst für Experten ist kaum noch nachvollziehbar, wer im deutschen Sozialstaat mit welchen Abgaben wessen Leistungen finanziert. Versuche, die Verteilungswirkungen des deutschen Systems zu ermitteln, sind bisher noch immer gescheitert. Zwei Bundestags-Enquete-Kommissionen gaben nach einigen Versuchen resigniert auf. Sicher ist immerhin, dass in großem Umfang die Mittelschicht Leistungen für die Mittelschicht bezahlt. Doch der Einzelne ahnt allenfalls, in welchem Maß er profitiert. Für die Familienpolitik ist das fatal. Weil nämlich junge Familien vom Baukindergeld bis zur Beamtenzulage auf einem guten Dutzend Wegen Geld vom Staat bekommen können, hat kaum jemand das gesamte Fördervolumen komplett im Blick. Sonst würde sich schnell herumsprechen, dass die Deutschen zwar im internationalen Vergleich nicht wenig für Familien ausgeben, damit aber besonders wenig Wirkung erzielen. Ein Paar, das über ein Kind nachdenkt, dürfte sich eher davon beeindrucken lassen, dass der Staat ab der Geburt einen vergleichsweise hohen Einzelbeitrag zahlt als davon, dass verschiedene schwer überschaubare Vergünstigungen winken. Deshalb spricht viel dafür, die Leistungen für Familien zu bündeln. So ließe sich vermutlich ein gewisser Effekt auch ohne Mehrausgaben erzielen. Die größte Wirkung, das zeigen verschiedene Untersuchungen, haben solche finanziellen Transfers bei Familien mit mehreren Kindern. Beim ersten Kind hingegen spielt das staatliche Betreuungsangebot eine große Rolle. In Deutschland lassen sowohl Qualität als auch Quantität von Kindergärten und -krippen zu wünschen übrig, und auch die Betreuung von Schulkindern muss ausgebaut werden. In den kommenden Jahren wird es also darauf ankommen, die Mittel für die Familienpolitik umzuschichten; gleichzeitig müssen sie transparenter werden und ihre Finanzierung muss innerhalb der Gesellschaft gerechter verteilt werden.

Dazu eine Testfrage: Wer gibt in Deutschland am meisten Geld für Kinder und Familien aus? Finanzminister Hans Eichel? Familienministerin Renate Schmidt? Die Caritas? Oder die Kindergärten? Auf den vorderen Plätzen landen jedenfalls ganz sicher die Chefs von AOK, Barmer und Co. Die Krankenkassen bezahlen jedes Jahr 19 Milliarden Euro für die kostenlose Mitversicherung von Kindern und Ehepartnern. Das ist mehr als die Hälfte des staatlichen Kindergeldes, für das der Finanzminister im Jahr 2005 immerhin 34 Milliarden eingeplant hat. Auch die Arbeitslosenversicherung zahlt manchmal mehr, manchmal weniger, je nachdem, ob ein Arbeitsloser Kinder hat oder nicht. Das Arbeitslosengeld I schwankt, abhängig vom Familienstand, zwischen 60 und 67 Prozent des letzten Bruttogehalts. Unterstützung für Kinder ist wichtig, aber warum ausgerechnet durch Krankenkassen oder Arbeitsagenturen? Ist das nicht eine Aufgabe für alle in der Gesellschaft? Und warum zahlt bei der Rentenversicherung der Steuerzahler für die Leistungen an Familien, aber bei der Krankenkasse nicht?

Drei Gründe sprechen dafür, Umverteilung ganz grundsätzlich durch Steuern statt Sozialabgaben zu finanzieren. Erstens wird Arbeit mit einem wachsenden Sozialstaat dann nicht ständig weiter verteuert. Zweitens ist ein größtenteils auf Steuereinnahmen basierender Sozialstaat gerechter und effizienter als das jetzige Wirrwarr. Die so genannten Solidarsysteme werden schließlich unsolidarisch finanziert. Bislang ertragen die Deutschen ihre teuren, inflexiblen und intransparenten Zwangssysteme vor allem deshalb, weil es angeblich gerecht zugeht. Das Solidarsystem, so die Vorstellung, schaffe den sozialen Ausgleich. Diese Vorstellung ist falsch. Wie gerecht ist schon ein System, in dem sich ausgerechnet Wohlhabende aus den Krankenkassen verabschieden und in Privatversicherungen absetzen dürfen? Wie fair ist es, Beamte als Privatversicherte generell vom System auszunehmen? Wer viel Geld aus Vermietungen, Verpachtungen oder Aktiengeschäften bezieht, braucht davon ebenfalls nichts in die Solidarversicherung einzubezahlen. Im Extremfall zahlt ein Hausmeister mehr als ein Hausbesitzer. Hinzu kommt drittens, dass es in den Sozialversicherungen, anders als im Steuersystem, keine Freibeträge für kleine Einkünfte gibt. Deshalb bezahlen Geringverdiener – sofern sie nicht unter Sonderregelungen für Minijobs fallen – besonders viel. Deutschland erhebe bei Geringverdienern 34,2 Prozent Steuern und Abgaben und erreiche damit europaweit einen Spitzenplatz, rechnete der Deutsche Gewerkschaftsbund (zit. n. Niejahr 2003) im Herbst 2003 vor und folgerte: „Deutschland hat kein Steuerproblem, aber die Belastung für den einzelnen sozialversicherungspflichtig Beschäftigten ist zu hoch."

Die Politik muss also ein neues Verständnis von Sozialpolitik entwickeln: Investitionen in Bildung mit dem Ziel der Chancengleichheit müssen Priorität haben – und die Ausgaben für Familienleistungen müssen Teil der sozialpolitischen Agenda sein. Im Idealfall würde eine parallel ablaufende Reform der föderalistischen Strukturen dazu führen, dass die Stärkung der Bildungspolitik vom Bund betrieben werden kann. Außerdem sollte der Sozialstaat durch eine stärkere Steuerfinanzierung transparenter und gerechter werden. Damit wären die

Deutschen für den demografischen Wandel bereits deutlich besser gerüstet als bisher.

Der stille Abschied von Bismarcks Sozialstaat hat begonnen

Einige dieser Prozesse sind bereits in Gang gekommen. Momentan verschwindet vieles, was typisch für das Solidarsystem alter Prägung war: Der Bismarcksche Sozialstaat bedeutete Beitragsfinanzierung, Selbstverwaltung, Parität. Doch die alte Selbstverwaltung der Sozialsysteme durch die Tarifpartner wird geschwächt, die Kopplung der Sozialstaatsfinanzierung an den Lohn aufgebrochen. Der deutsche Sozialstaat verändert sein Gesicht: bei der Rente, die längst nicht mehr nur aus Sozialbeiträgen, sondern seit Einführung der Ökosteuer zu etwa einem Viertel vom Steuerzahler finanziert wird; beim Krankengeld, das nicht mehr hälftig, also paritätisch von Arbeitnehmern und Arbeitgebern bezahlt werden soll, sondern allein von den Beschäftigten; bei der Selbstverwaltung der Ärzteschaft, deren Einfluss mit der jüngsten Gesundheitsreform zumindest ein wenig beschränkt worden ist. Das ist immerhin ein Anfang, wenn auch nicht viel mehr. Nötig ist nicht nur, diesen Prozess fortzusetzen. Die Politik muss ihn auch selbstbewusster vertreten als bisher. Noch ist der stille Abschied von Bismarck bei beiden Volksparteien eher Praxis als Programm. Hinzu kommen sollte noch eine Einsicht, die bei den Sozialreformern in den vergangenen Jahren seltener geworden ist: Bei einigen bevorstehenden Projekten sind angesichts der demografischen Langzeittrends nicht etwa weniger, sondern mehr staatliche Investitionen nötig. Das gilt beispielsweise für den Bereich der Pflege. Zu den Gefahren der Sozialdebatten gehört, dass Vokabeln wie „Solidarität" oder „Mitmenschlichkeit" so oft strapaziert werden, dass niemand mehr hinhört, wenn ein Anlass es wirklich verdient. Doch viele Pflegebedürftige brauchen tatsächlich dringend eine umfangreichere, bessere Betreuung, um ihre letzten Monate in Würde verbringen zu können. So schädlich die ineffziente und überdosierte Umverteilung der alten Bundesrepublik vielfach gewesen ist, so sehr wird ein staatliches Gerechtigkeitskorrektiv gerade in einer alternden Gesellschaft gebraucht. Alterung und Geburtenrückgang werden neue Verteilungskonflikte provozieren: zwischen Erben und Nichterben, Eltern und Kinderlosen, Zuwanderern und Einheimischen, Alten und Jungen. Vor einem „demografisch bedingten Verteilungsstress" warnt etwa der Bielefelder Bevölkerungsforscher Herwig Birg (2002: 184). Die sozialen Gegensätze werden künftig härter und sichtbarer werden – und die Politiker der alternden Gesellschaft werden versuchen müssen, sowohl die wachsende Ungleichheit als auch unrealistische Gleichheitserwartungen ihrer Wähler einzudämmen. Häufig ist zu hören, der Konflikt zwischen Alt und Jung werde die klassischen Auseinandersetzungen zwischen Armen und Reichen mittelfristig ersetzen oder überlagern. Das dürfte sich schnell als Irrtum erweisen: Auch innerhalb der Generationen werden die sozialen Unterschiede zunehmen. So sind die Einkommensverhältnisse der Rentner in Deutschland derzeit noch recht homogen. Das liegt unter anderem an den vergleichsweise hohen Ostrenten, die ein Abbild der einheitlichen Einkommensverhältnisse in DDR-Zeiten sind. In Zukunft werden die Alterseinkünfte unterschiedlicher sein. Viele der Langzeitarbeitslosen von heute können keine Rücklagen bilden und werden im Alter wenig besitzen. Gleichzeitig wird die Zahl der Alten mit Vermögen und hohen Erbschaften steigen. Wegen dieser absehbaren Kluft wird man in Zukunft seltener pauschal von den Rentnern sprechen. Es wird sich auch zeigen, dass es wenig sinnvoll ist, den Alten pauschal ein bestimmtes Wahlverhalten zu unterstellen. Oft heißt es, Sozialreformen seien nur noch in den kommenden Jahren durchsetzbar, später würden die Rentner mit ihrer großen Zahl an Wählerstimmen Einschnitte verhindern. Doch vermutlich werden die Rentner so wenig einheitlich wählen und denken wie andere große gesellschaftliche Gruppen – beispielsweise Frauen, Verbraucher oder Autofahrer.

Der demografische Wandel hat neue sozialpolitische Einsichten befördert. Der dänische Soziologe Gøsta Esping-Andersen (2002) hat besonders treffend die Bildungspolitik als Agenda der Altenrepublik propagiert. Von ihm stammt die hübsche Umschreibung, dass es in jungen Gesellschaften oft darauf ankomme, sich um die Alten zu kümmern, während alternde Gesellschaften sich besonders intensiv um den Nachwuchs bemühen müssen. Das trifft auch auf die Situation im alternden Deutschland zu. Auch Investitionen in die Bildung junger Menschen können eine Form der Altersvorsorge sein. Schließlich werden die Jungen von heute die Renten von morgen finanzieren müssen. Hinzu wird allerdings verstärkt auch Fürsorge für diejenigen kommen müssen, denen mit Bildung, Eigenverantwortung und Vorsorge-Appellen nicht geholfen ist – Alten, die in Zeiten langer Arbeitslosigkeit nicht vorsorgen konnten oder Pflegefällen. Die Demografiediskussion der vergangenen zwei, drei Jahre hat die öffentliche Aufmerksamkeit vor allem auf die jüngeren Alten und ihr enormes Potenzial gelenkt. Die Debatte über die anderen, die hilfebedürftigen Alten und die Organisation ihrer Pflege fängt gerade erst an. Das ist keine Angelegenheit kleiner Minderheiten und betrifft nicht nur die Alten selbst. Viele heute 40-Jährigen treibt die Frage um, wie sie die Erziehung von Kindern, ihre Karrieren und die Betreuung ihrer pflegebedürftigen Eltern unter einen Hut bringen können. Das betrifft vor allem Frauen dieser Generation, die oft schon durch die Verbindung von Familie und Beruf extrem gefordert sind. Die Pflegeversicherung zahlt zwar für diejenigen, die sich um hilfebedürftige Angehörige kümmern. Aber das löst die Konflikte von Berufstätigen nicht. Eine Managerin mit Sechzig-Stunden-Woche, deren kranker Vater in einer anderen Stadt wohnt, braucht nicht in erster Linie Geld, sondern einen kooperativen Arbeitgeber. Ihr helfen womöglich Teilzeit-Modelle für Pflegende oder Möglichkeiten, befristet unbezahlten Urlaub zu nehmen. Der Gesetzgeber könnte dafür sorgen, dass Pflegende, die vorüberge-hend aus dem Job aussteigen, ihre Arbeitsplätze nicht verlieren. Vielleicht hilft dabei das plötzlich erwachte Interesse der Deutschen an der Demografie. Wenn das Bewusstsein für die Probleme von Alterung und Bevölkerungsrückgang nicht erst so spät gewachsen wäre, gäbe es heute mehr Unterstützung für Famili-en und wir hätten einen Teil der künftigen Demografie-Probleme nicht. Umso wichtiger ist es, jetzt schon die Zerreißproben von morgen zu erkennen, die Ver-treter der mittleren Jahrgänge im eigenen Interesse auf die Agenda setzen müs-sen. Dazu gehört die schwierige Vereinbarkeit von Pflege und Beruf.

Literatur

Birg, Herwig (2002), *Die Demographische Zeitenwende. Der Bevölkerungsrückgang in Deutschland und Europa*, München.
Esping-Andersen, Gøsta (2002), *Why We Need a New Welfare State*, New York.
Niejahr, Elisabeth (2003), „Die Feigheit der Flickschuster", in: *Die Zeit*, 15. Mai.
Niejahr, Elisabeth (2004), *Alt sind nur die anderen. So werden wir leben, lieben und arbeiten*, Frankfurt a. M.
Schirrmacher, Frank (2004), *Das Methusalem-Komplott*, München.

Die Arbeitslosen von Senftenberg
Über die wahren Verlierer der neuen Gegenwart

Tobias Dürr

Wie aber die Dinge nun tatsächlich weitergehen, können wir nicht absehen, selbst wenn in der äußeren Situation keine unerwarteten Veränderungen eintreten. Denn es ist zweierlei möglich: Es mag sein, dass innerhalb der Gesamtheit bei steigender Not Kräfte entstehen, die zu ganz neuen Erscheinungen führen (Revolte, Wanderungen); es kann aber auch sein, dass sich die Schicksalsverbundenheit der (...) Bevölkerung eines Tages löst und jeder sich seinen eigenen Rettungsversuchen anvertraut.[*]

Es ist Montag, der 16. August 2004. Die Regionalbahn nach Senftenberg fährt vom Bahnhof Zoologischer Garten um 14.26 Uhr ab. Über die Stationen Friedrichstraße, Alexanderplatz, Ostbahnhof, Karlshorst, Schönefeld, Blankenfelde, Dahlewitz, Rangsdorf, Dabendorf, Zossen, Wünsdorf-Waldstadt, Baruth, Luckau-Uckro, Finsterwalde und Großräschen führt der Weg bis in die Kreisstadt in der brandenburgischen Niederlausitz. Außerhalb von Berlin ist, weit bis zum Horizont, bald nur noch Landschaft zu sehen. Gemessen an den Verhältnissen der dicht besiedelten Bundesrepublik ist Brandenburg ein weites, zuweilen fast menschenleeres Land.

Durchs Zugfenster betrachtet, sieht die Welt im frühen 21. Jahrhundert nicht nur im Osten Deutschlands gänzlich anders aus als aus dem fahrenden Auto. Wer sich heute mit dem Auto auf die Reise macht, der bewegt sich fast überall in der modernen Szenerie der postindustriellen Gegenwart. Das ist die Welt der Umgehungsstraßen und Autobahnkreuze, der amerikanischen Schnellrestaurants und dänischen Bettenlager, der Tankstellen mit Bistro, der Einkaufszentren, Getränkemärkte und Autohäuser. Nicht alles, aber doch viel des am Wegesrand Liegenden ist neu. Aus der Eisenbahn heraus dagegen kann der Reisende noch ein anderes, älteres, unmoderneres Land betrachten. Ursprünglicher und natürlicher

---

[*] Die in diesem Essay kursiv gesetzten Abschnitte entstammen dem Band *Die Arbeitslosen von Marienthal* von Jahoda/Lazarsfeld/Zeisel (1975) aus dem Jahr 1933. Das schmale Buch gilt als wegweisende Pionierstudie der empirischen Sozialforschung. In dem Industriedorf Marienthal in Niederösterreich war als Folge von Weltwirtschaftskrise und Fabrikschließungen nahezu die gesamte erwerbsfähige Einwohnerschaft auf Dauer arbeitslos geworden. Den wirtschaftlichen, psychischen und sozialen Konsequenzen dieser Situation versucht die Untersuchung auf den Grund zu gehen.

sehen die Landschaften fernab der Straßen aus. Aber auch abgenutzter und rostiger, irgendwie verbrauchter und erschöpfter die Städte.

Wer heute mit dem Zug durchs Land fährt, der sieht ebenso viel von dessen Vergangenheit wie von dessen Gegenwart. Die Eisenbahn war zugleich das Ergebnis und der Motor der industriellen Welt des 19. und des 20. Jahrhunderts. Heute noch verlaufen ihre Strecken dort, wo man sie damals brauchte, um die ungeheure Dynamik dieser inzwischen brüchigen Welt voranzutreiben: mitten durch einst aufstrebende Städte, vorbei an vormals expandierenden Fabriken mit mächtigen Schornsteinen und weitläufigen Werkhallen, hin zu den Lagerstätten von Kohle und Erz. In der physischen Welt der industriellen Ökonomie bedeuteten Schienen den Anschluss an Fortschritt, an Kommunikation, an Modernität und Zukunft. Ohne die Eisenbahn ging es nicht, nur wo Eisenbahngleise verlegt wurden, konnte die Entwicklung vorwärts und aufwärts gehen.

So auch in Senftenberg. Über Jahrhunderte hatte der kleine Ort in den Wäldern der Niederlausitz stets nur einige hundert Einwohner besessen. Dann aber, um 1860 setzte mit Braunkohlebergbau und Industrialisierung der große wirtschaftliche Aufschwung ein, und innerhalb von zwei, drei Generationen wurden alle Lebensverhältnisse neu und anders. Der Bau der Eisenbahnstrecken von Cottbus nach Großenhain 1870 und von Lübbenau nach Kamenz 1874 schloss das Senftenberger Braunkohlerevier an das deutsche Eisenbahnnetz an, um 1880 lebten in der Stadt bereits 3.000 Menschen. Während fast des gesamten 20. Jahrhunderts ging es mit der Stadt weiter steil bergauf: Auf fast 18.000 Menschen wuchs die Stadt bis 1946, über 32.000 sogar wurden es bis 1981.

Die Regionalbahn aus Berlin erreicht die Endstation Senftenberg um 16.44 Uhr. Drei oder vier Menschen steigen aus, verlassen liegt der Bahnhofsvorplatz in der Nachmittagshitze, ein einziger Taxifahrer wartet dösend auf Fahrgäste, die nicht kommen. Auf dem kurzen Fußweg ins pittoreske und vorbildlich restaurierte Senftenberger Stadtzentrum begegnet der Reisende nur einer Handvoll Menschen.

Jetzt treten wir in den Ort und der Eindruck, den wir gewinnen, ist der einer abgestumpften Gleichmäßigkeit. Was uns im weiteren Verlauf noch in den verschiedensten Belegen begegnen wird, das tritt uns von allem Anfang an in einem einförmigen, bewegungsarmen Bild entgegen: hier leben Menschen, die sich daran gewöhnt haben, weniger zu besitzen, weniger zu tun und weniger zu erwarten, als bisher für die Existenz als notwendig angesehen worden ist.

Anders als viele andere Städte in der ostdeutschen Industrieprovinz hat Senftenberg seine vormalige Größe seit 1989 leidlich halten können, wenn auch nur infolge einiger Eingemeindungen. Noch immer leben hier offiziell 31.000 Einwohner, doch die Stadt selbst ist auf gut 20.000 Menschen eingeschrumpft. Immerhin gibt es eine Fachhochschule, in der Nähe eine brandneue, geradezu riesenhaft dimensionierte Auto- und Motorradrennstrecke und den größten künstlichen Binnensee Europas. Auf ihrer Internetseite feiert sich die Gemeinde als „eine Stadt am See, die sich durch ihr Freizeit- und Erholungsangebot, ihre Naturnähe durch phantastisch gewachsene und beispielhaft rekultivierte Landschaften in ein Freizeit- und Erholungsparadies verwandelt hat". Auch für die Zukunft hat man große Pläne: „Die Stadt Senftenberg soll zu einem Bildungs-, Dienstleistungs- und Handelszentrum in Südbrandenburg entwickelt werden", heißt es im Internet. Und: „Ein harmonisches Zusammenwirken von Ökologie und Ökonomie, Innovationen und Zukunftsorientierungen bestimmen das Handeln in der Stadt Senftenberg."

So weit, so gut. Das Problem ist nur, dass die Stadt vor allem deshalb gezwungen ist, sich ihre neuen Perspektiven für das postindustrielle 21. Jahrhundert in so erkennbar gedrechselter Weise zurechtzulegen, weil sie alle *früheren* Perspektiven als Stadt des Braunkohlebergbaus vollständig verloren hat. Vor der Zukunft kommt die Gegenwart, und auf dieser wiederum lastet schwer wie ein Gullydeckel die Vergangenheit. Das Zeitalter, das überall in Europa Städte wie Senftenberg und Regionen wie die Lausitz groß gemacht hat, war die klassische Industriemoderne, die Ära von Kohle, Eisen und Stahl. Dieses Kapitel der Geschichte ist abgeschlossen, ob in Lothringen oder Lancashire, in Oberschlesien oder an der Ruhr. Aber nicht überall hörte alles so plötzlich auf wie in Senftenberg. Und nicht überall war die Industrie zuvor so einseitig, so einfach und so rückständig organisiert gewesen wie in der Braunkohleregion der DDR.

Deshalb vor allem sind heute in Senftenberg offiziell volle 27 Prozent der Einwohner ohne Arbeit – die höchste Quote im ganzen Land Brandenburg. Deshalb ist der größte Arbeitgeber am Platz die Umweltsanierungsgesellschaft des ehemaligen Braunkohletagebaus. Deshalb ist im Übrigen durchaus nicht sicher, ob ausgerechnet Städte wie Senftenberg, an den Rand geratene Regionen wie das frühere Lausitzer Revier um Senftenberg, Spremberg und Hoyerswerda angesichts ihrer ungünstigen Voraussetzungen in der neuen Welt der Informationsströme, der neuen industriellen Räume und der hochmodernen Dienstleistungen überhaupt noch einmal einen eigenen Platz erobern können. Genau das müssten sie aber, um einer Zukunft in ständig zunehmender ökonomischer Irrelevanz zu entgehen.

Die Leute verlieren allmählich ihre Berufs- und Arbeitstradition: sie empfinden ‚Arbeitslossein' bereits als eigenen Stand. Und zwar sind weder die ganz Jungen, die oft noch die Erinnerung an die eben abgeschlossene Lehrzeit haben, noch die Alten mit ihrer langen Berufstradition am gefährdetsten. Die Gefahr des Verlustes der Arbeits- und Arbeitermentalität ist am stärksten für (die) mittlere Gruppe.

Die Zukunft einer Stadt wie Senftenberg mag selbst unter fundamental veränderten Bedingungen bei aller Skepsis *prinzipiell* offen sein. Dasselbe lässt sich über die Zukunft der Mehrheit der Menschen, die einst die gesamte DDR vom Lausitzer Revier aus mit Energie versorgten, allerdings längst nicht mehr sagen. Ihre Zukunft ist nicht offen, sie werden ganz einfach nicht mehr gebraucht. Das ist gerade hinsichtlich der ehemaligen Bergarbeiter der DDR eine im vollen Wortsinn als tragisch zu bezeichnende Konstellation. Bis 1989 nämlich wurden gerade die Bergleute in der DDR von Partei und Staat angesichts ihrer „heroischen Anstrengungen" fortwährend als proletarische Helden des so genannten Arbeiter- und Bauernstaates gefeiert. Starke Männer und ganze Kerle waren das: „Ich bin Bergmann, wer ist mehr?"

Mit einem schier unglaublichen Anteil von rund 30 Prozent der gesamten Weltförderung wurde die kleine DDR zum bedeutendsten Braunkohleproduzenten überhaupt. Doch im Grunde hatte die SED-Führung mit ihrer historisch und international beispiellosen Entscheidung für ein nahezu vollständig auf der Braunkohle basierendes Energiesystem schon in den fünfziger Jahren jenes autarkiepolitische Dilemma heraufbeschworen, an dem die Wirtschaft der DDR schließlich so jämmerlich zugrunde gehen sollte – und die in der Tat auf ihre Weise „heroischen" Bergarbeiter in der Braunkohleprovinz waren es, die vor und nach 1989 den hohen Preis für die geradezu selbstmörderische Energiepolitik entrichteten.

Denn weil eine moderne, zur Selbsterneuerung fähige Ökonomie (und übrigens auch: Ökologie) auf der alleinigen Grundlage von Braunkohle mit ihrem geringen Heizwert schlechterdings nicht aufzubauen war, kam, wie der Wirtschaftshistoriker Werner Abelshauser (2004: 381) schreibt, die Arbeit der Bergleute von Jahr zu Jahr mehr „den tragischen Mühen des Sagenkönigs Sisyphos" gleich: „Je schwerer sie arbeiteten und je besser sie ihre Pläne erfüllten, desto vergeblicher blieb der Versuch, die Wirtschaft der DDR zu modernisieren und zu wirtschaftlichen Bedingungen auf dem durch Blockzugehörigkeit und Wirtschaftssystem erzwungenen Stand der Autarkie zu halten." Mit anderen Worten: Paradoxerweise gerade *indem* sie gut und aufopferungsvoll arbeiteten, trugen die Kohlewerker dazu bei, den Exitus eines völlig dysfunktional konzipierten ökonomischen Systems hinauszuzögern – wodurch dann der endgültige Untergang zunächst der DDR sowie schließlich des ostdeutschen Braunkohlebergbaus nach 1989 umso umfassender und desolater ausfiel. Bei genauerem Hinsehen ein doppeltes Scheitern.

Die ungebrochenen und die gebrochenen Existenzen scheinen zurückzutreten gegenüber dem Eindruck einer als Ganzes resignierten Gemeinschaft, die zwar die Ordnung der Gegenwart aufrechterhält, aber die Beziehung zur Zukunft verloren hat.

Auch das ist zwar mittlerweile seit anderthalb Jahrzehnten Geschichte. Dennoch ist es nützlich für das Verständnis der Gegenwart, sich vor Augen zu führen, welche kulturelle und ideologische Geltungsmacht der Braunkohlebergbau im Lausitzer Revier einmal besessen hat. Nur dann nämlich lässt sich auch die volle Bedeutung seines Zusammenbruchs ermessen. Fast nichts ist geblieben, und was einmal war, das hat sich, bei ehrlicher rückblickender Betrachtung, noch dazu als katastrophaler Irrweg erwiesen. Natürlich wird die eigene Geschichte von den Betroffenen nur in höchst seltenen Fällen so reflektiert. Menschen neigen nun einmal nicht dazu, nachträglich in Frage zu stellen, was sie taten und dachten, wenn es zu spät geworden ist, noch etwas daran zu ändern.

Umso größer aber ist bei vielen noch immer der verletzte Stolz, umso tiefer sitzt die sprach- und namenlose Verbitterung – nicht nur über das Verschwinden des eigenen Arbeitsplatzes, sondern vor allem über die radikale und restlose Auslöschung einer ganzen Lebensform und Deutungswelt. Für jene, die nach 1989 zu alt waren oder in den veränderten Verhältnissen nicht mehr auf Anhieb die richtigen Qualifikationen besaßen, um noch einmal ganz anders und von vorne anzufangen, wohnte der neuen Zeit von Anfang an kein plausibles Versprechen inne. Diesen Arbeitslosen von Senftenberg bedeutet es nichts, dass aus Senftenberg eine „Stadt am See" geworden ist, die sich, wie ihr Bürgermeister eindringlich wirbt, „durch ihr Freizeit- und Erholungsangebot, ihre Naturnähe durch phantastisch gewachsene und beispielhaft rekultivierte Landschaften in ein Freizeit- und Erholungsparadies verwandelt hat". Diese Arbeitslosen können nicht surfen, und sie gehen auch nicht angeln. Sie sind die wahren Verlierer der neuen Zeit, und ihre Gemeinschaft ist zerbrochen. Auch das ist ja durchaus paradox: Je besser es ihrer Stadt gelingen sollte, als „Freizeit- und Erholungsparadies" in der neuen Welt des 21. Jahrhunderts tatsächlich ihren eigenen Platz zu finden, desto weniger wird sie noch mit dem Ort der schweren körperlichen Arbeit zu tun haben, in dem diese Menschen einst ganz selbstverständlich zu Hause waren. So sind sie nach und nach heimatlos geworden, ohne jemals aus Senftenberg weggegangen zu sein.

Die Menschen aber, denen es früher gut ging und die heute besonders schlecht durchhalten, sind vor allem auffallend durch ihren großen Mangel an Elastizität. Es sind die Absturzexistenzen, die einfach den großen Unterschied von früher zu jetzt nicht ertragen können.

Auch für den ästhetischen Reiz des Senftenberger Marktplatzes haben die überwiegend mittelalten Männer und Frauen keinen Blick übrig, die an diesem Mon-
tagabend im August 2004 kurz vor sieben Uhr auf Fahrrädern oder zu Fuß aus
allen Nebenstraßen herbeizuströmen beginnen. Manche haben Transparente mitgebracht, die sie noch eingerollt auf den Schultern tragen. Etwas scheu zunächst
noch bleiben die Menschen einzeln oder in kleinen Gruppen an den Rändern und
im hinteren Bereich des Platzes stehen, während sich vorne ein paar Leute an
einer Lautsprecheranlage zu schaffen machen. Das sind die Organisatoren der
hiesigen Montagsdemonstrationen von der „Initiative gegen soziales Unrecht
Senftenberg". Schon erklingen aus den fertig aufgestellten Boxen deutsche
Schlager: „Fiesta, Fiesta Mexicana / Bald wird wieder alles so schön / Hossa!
Hossa! Hossa!", singt Rex Gildo, und die Senftenberger wippen verhalten mit.
Endlich passiert hier wieder mal was, scheinen sie zu denken.

Seit der 46-jährige ehemalige Schlosser Rainer Roth zwei Wochen zuvor,
am 2. August, die erste Senftenberger Montagsdemonstration gegen die Arbeitsmarktreformen der Bundesregierung initiiert hat, ist ausgerechnet das kleine
Senftenberg zum Brandenburger Hauptort des in Ostdeutschland flächenbrandar-
tig aufwallenden Protests gegen Hartz IV geworden. Damit ist die Stadt zugleich
in den Focus des Landtagswahlkampfes geraten, der gerade zu dieser Zeit in
seine heiße Phase eintritt. Über 1.000 Menschen waren zur ersten Senftenberger
Demonstration gekommen, eine Woche später bereits 2.000. Am 27. August
wird Ministerpräsident Matthias Platzeck auf eben diesem Platz in Senftenberg
sprechen, am 19. September wird gewählt. Heute, am 16. August weiß kein
Mensch, welche Dynamik die Bewegung in Ostdeutschland noch annehmen
wird. Einstweilen scheint buchstäblich alles möglich und nichts mehr ausgeschlossen.

Denn heute sind es schon wieder deutlich mehr Menschen, die sich versammelt haben. Gute 3.000 dürften es sein, die sich kurz nach sieben Uhr auf
dem Marktplatz zusammendrängen und in Rage diskutieren. Halb fröhlich erregt,
halb aggressiv ist die Stimmung, die über dem Platz liegt. Eben noch hat ein
friedlicher Familienvater seiner kleinen Tochter ein Schokoladeneis spendiert, da
bricht er unvermittelt in hasserfüllte Flüche gegen Hartz, Schröder und „die da
oben" im Allgemeinen aus. Ein von hartem Leben gegerbter Mann mit Ordner-
armbinde und Hakenkreuztätowierung streicht mit gewichtiger Miene durch die
Reihen. Rentner recken „Linksruck"-Plakate mit der Aufschrift „Schröder muss
weg!" in die Höhe. „Armes Deutschland, reiche Politiker" und „Es gärt schon
lange" steht auf anderen. Ein Protestierer stellt die Dinge in ihren historischen
Zusammenhang: „Wir waren froh, dass wir Erich & Co. von der Backe hatten.
Nun regiert uns eine noch größere und korruptere Bande." So ist in diesen Tagen
die Stimmung hier.

Die gänzlich unvorhergesehene politische Mobilisierung der seit 1989 passiven ostdeutschen Bevölkerung hat allerhand obskure Aktivisten auf den Plan gerufen, die die unwahrscheinliche, vorerst nur vage definierte Bewegung für ihre Anliegen einzuspannen hoffen. Etliche von ihnen tauchen nun auch in Senftenberg auf, um dem Volk den richtigen Weg zu weisen. Ein junger Mann mit idealistisch verklärtem Blick verteilt ein Flugblatt, auf dem es unter der Überschrift „Der Kampf um das Bewusstsein" heißt: „Es muss jedem klar werden, (...) dass das System scheitern musste – erst dann kann nach dem Wegräumen der alten Trümmer ein wirklich neues und tiefes Fundament für einen neuen hohen Bau errichtet werden. (...) Unsere Aufgabe kann es (...) nicht sein, eine Alternative zur SPD in all den anderen Parteien zu suchen – sie alle sind der gleichen demokratischen Ideologie verfallen. All das Fremde, den ganzen Materialismus dieser Scheinwelt hinter uns zu lassen und zu uns selbst, zu unserem eigenen Wesen zurückzufinden, um so verantwortlich und gemeinschaftlich zu gestalten, muss daher unsere Aufgabe sein." Vorgeschlagen wird im ersten Schritt das Brechen der Zinsknechtschaft.

Der Rückfall von der höheren kulturellen Stufe der politischen Auseinandersetzung auf die primitivere der individuellen gegenseitigen Gehässigkeit ist fast aktenmäßig zu belegen.

Rainer Roth ist das Gegenteil eines charismatischen Volkstribuns. Genau genommen ist er weder ein guter Redner noch ein scharfsinniger Analytiker. Eher schon erinnert der hagere Mann in seiner ausgewaschenen Jeansjacke, der sich selbst schlicht als „Ossi" charakterisiert, an die ohnmächtig und hilflos gegen unverstandene Mächte und erlittenes Unrecht aufbegehrenden Gestalten in den Theaterstücken eines Christoph Schlingensief. Die Interviews mit Rainer Roth, die neuerdings in regionalen Zeitungen stehen, sind vor allem Manifestationen der Ratlosigkeit. Von „Verzweiflung und Hoffnungslosigkeit" ist da immer wieder die Rede, auch von der Furcht vor dem weiteren „sozialen Absinken", von der nicht näher definierten „Bereitschaft zur Gegenwehr" aus Politikverdrossenheit.

Auch in seinen Reden vor den Empörten von Senftenberg gibt Roth keine Richtung vor. Er vermittelt keine Orientierung und ist unfähig, eine originäre Sprache für die Situation zu finden. Ein begabter und sprachmächtiger Agitator müsste seiner Gefolgschaft jetzt gedanklich den einen entscheidenden Schritt voraus sein, um sie zu führen und anzuleiten. Roth kann das alles nicht. Er spricht sprachlose Sätze wie: „So kann's nicht weitergehen, das ist ja'n unerträglicher Zustand mit der Arbeitslosigkeit." Er ruft: „Der real existierende Kapitalismus ist ein Unrechtsregime."

Irgendwie sehen die Menschen auf dem Platz das auch so, und deshalb jubeln sie an solchen Stellen oder blasen in ihre Trillerpfeifen. Rainer Roth trifft die mentale Verfassung seines Publikums ziemlich genau. Aber eine nach vorne weisende, integrierende und die Versammlung auf ein greifbares Ziel konzentrierende Botschaft hat er eben nicht. Daran versuchen sich im Anschluss andere, von außerhalb angereiste Redner, nur ist es bei ihnen genau umgehrt: Sie haben zwar irgendeine abstrakte Idee im Kopf, erreichen damit aber die Menschen auf dem Senftenberger Marktplatz nicht.

Ein studentischer Aktivist der in Gründung befindlichen „Wahlalternative Soziale Gerechtigkeit" namens Luigi Wolf doziert weitschweifig und mit großer Geste: „Die Menschen, die am 14. Juli 1889 (sic!) die Bastille in Paris stürmten, wussten sicher nicht, dass sie damit das Ende der Monarchie und den Anfang der Ära der Demokratie beginnen würden. Das gleiche gilt für uns." Aber das verstehen die meisten hier nicht, und so etwas wollen sie in Wirklichkeit auch nicht hören. Sie wollen sich über Hartz IV empören und über den Verrat schimpfen, den die Schröders, die Bankiers und Bosse, die Konzerne und das Finanzkapital am Volk begangen hätten. „Nicht wir müssen reformiert werden, sondern die Bonzen" – *solche* Sätze sind es, die in Senftenberg gut ankommen.

Mit steigender Not entwickelt sich die Mitgliedschaft bei Vereinen aus einer Gesinnungssache zu einer Interessenangelegenheit. Aber man verstehe richtig: Die Gesinnung wird nicht geändert, sie verliert nur, gegenüber den Sorgen des Alltags, an gestaltender Kraft. Es ist, als ob die kulturellen Werte, die im politischen Kampf stecken, erstarrt wären oder sogar wieder primitiveren Formen des Kampfes Platz machten.

Beängstigend genau trifft die Erwartungen der Leute an diesem Abend allein ein Redner der Splitterpartei „Wahlalternative 50plus", die bei der bevorstehenden Landtagswahl kandidiert. „Wir in der ehemaligen DDR haben besonders zu leiden unter der liberalen Wirtschaftspolitik der so genannten Volksparteien", führt er aus. „Erst haben sie unsere Betriebe mit der Treuhand abgewickelt. Sie haben uns dafür Einkaufstempel hingestellt. Aber was nützen uns die schönsten Einkaufstempel, wenn wir keine Arbeit haben oder bangen müssen, demnächst wegrationalisiert zu werden, wenn unsere Jugend keine Lehrstellen bekommt und abwandert. Es ist eine Errungenschaft, dass wir kein Nomadenvolk sind, und wir wollen kein Volk von Wanderarbeitern werden. Wir wollen hier leben, und wir wollen hier arbeiten!" Durchdringender, wilder, fast archaischer Jubel brandet an dieser Stelle auf: *Das* ist es! *Der* Mann hat Recht!

Einmal in Fahrt gekommen, legen Redner und Publikum nach: „CDU und PDS sind genauso schuld an Hartz IV wie die SPD!" Erneuter frenetischer Jubel der Massen, wütende Blicke der lokalen PDS-Aktivisten. Und schließlich: „Deutschland soll nach dem Willen der PDS ein Einwanderungsland sein. Wie sich das mit unseren schon jetzt kaum lösbaren Problemen von Arbeitslosigkeit und Sozialabbau vereinen lässt, ist uns unerfindlich." Wiederum bricht der Marktplatz in ohrenbetäubenden Beifall aus, und man braucht tatsächlich nicht viel Fantasie, um zu erahnen, wie groß erst die Begeisterung gewesen wäre, hätte der Redner an dieser Stelle kurzerhand ein kerniges „Deutschland den Deutschen, Ausländer raus!" draufgesetzt.

Er tut es nicht, und die Veranstaltung endet wie üblich: geordnet und ohne Zwischenfälle nach einem Marsch durch das benachbarte Plattenbauviertel, mit Sprechchören („Hartz IV stoppen wir") und viel Geschrei. Aber zugleich endet sie eben auch, ohne dass irgendeiner der Redner den Menschen von Senftenberg einen auch nur ansatzweise brauchbaren Vorschlag für ihr Leben, irgendeine über die trostlose Gegenwart hinausweisende Deutung ihrer Lebensverhältnisse präsentiert hätte. Zwischen dem utopischem Irrationalismus vom „neuen hohen Bau" auf der einen und dem bitterem Ressentiment gegen fast alles auf der anderen Seite blieb an diesem Abend wie in diesem ganzen Sommer des Protests von Anfang an zu wenig Raum für *realistische* Bestandsaufnahmen, für Analysen, für Strategien zum praktischen Nutzen der Menschen in Ostdeutschland. Und, bei Licht besehen, gibt es auch von Seiten der Aufbegrehenden im Grunde keine Neugier darauf oder Nachfrage danach.

Bei diesem Muster sollte es auch an den folgenden Montagen bleiben, und an genau dieser Schwäche scheiterte die ostdeutsche Demonstrationsbewegung im Sommer 2004 nicht nur in Senftenberg. Hier in der Lausitz reichte die Dynamik des Augenblicks gerade noch dazu aus, dem Ministerpräsidenten von Brandenburg am 27. August das zu bereiten, was der glücklose Demagoge Roth auf der Demonstration am Montag davor einen „würdigen Empfang" genannt hatte. Wie vorgesehen wurde Matthias Platzeck niedergebrüllt und mit einem Ei beworfen. „Senftenberg muss aufpassen, dass es nicht zur Hartz-IV-Krawallhochburg wird", kommentierte besorgt die Lokalpresse. Doch danach erstarb die Protestbewegung, durchaus vorhersehbar, nach und nach an ihrer eigenen Sprachohnmacht, ihrer intellektuellen Armseligkeit und Unzulänglichkeit. Die Revolte in Senftenberg wie in ganz Ostdeutschland blieb stecken und versandete, weil ihr keine zum 21. Jahrhundert passende Idee zugrunde lag, weil sie weder sprachmächtige Anführer noch zukunftsträchtige Begriffe oder brauchbare Symbole besaß.

Es erhebt sich die Frage: Wie lange noch kann es so weitergehen?

Gegen 21 Uhr am 16. August wird es dunkel. Für heute ist die Revolte abgeblasen. Schnell, fast fluchtartig haben die Aufständischen den Senftenberger Marktplatz verlassen. Der Reisende bleibt allein zurück. Er muss sich die Zeit bis zum letzten Zug nach Berlin vertreiben, der Senftenberg erst um 22.58 Uhr verlässt. Durch die offene Tür eines modernen Gebäudes sind die Geräusche einer Fußballübertragung zu hören. Der Reisende tritt ein. In einem großzügig eingerichteten Fitnesscenter sitzen, frisch geduscht und mit Gel im Haar, drei Dutzend entspannte junge Menschen fröhlich beim Bier vor einer Großbildleinwand. Sie sehen sich die Live-Übertragung des Zweitligaspiels von Energie Cottbus gegen Dynamo Dresden an – eine Szene wie aus der Bierwerbung im Fernsehen.

Als eine Stunde zuvor der Zug der Verbitterten lautstark draußen vorbeizog, waren diese jungen Leute noch mit ihrem Training beschäftigt. Von den Protesten wissen sie nichts Genaues, sie interessieren sich auch nicht dafür. Wichtiger ist ohnehin gerade, ob ihr Lausitzer Kultclub gegen den Aufsteiger aus Dresden die Oberhand behält. Der Reisende bestellt ein Bier und setzt sich für eine Weile dazu. Cottbus gewinnt 2:1, die Stimmung steigt. Dann wird es schon Zeit, zum Bahnhof zu laufen. Ein paar Wochen darauf hört der Reisende noch einmal etwas von jenem Senftenberger Fitnesscenter mit seinen zufriedenen Besuchern: Zahlreiche Abmeldungen auf einen Schlag seien dort gerade zu verzeichnen, berichtet ihm eine Bekannte. Was ist passiert? Neue Armut durch Hartz IV? „Hartz IV schon", sagt die Bekannte, „aber anders": Die Leute hätten jetzt begriffen, dass sie sich einen Job suchen müssten. Und weil es in Senftenberg nun einmal keine Arbeit gebe, hätten sie sich eben auch mal anderswo umgetan. Mit Erfolg. Jetzt müssten sie umziehen, woanders neu anfangen, und deshalb kündigten sie nun ihre Verträge beim Senftenberger Fitnesscenter.

Man muss diese Anpassungsfähigkeit der Jungen und Mobileren durchaus nicht in normativem Überschwang zur „Tugend" verklären. Dennoch handelt es sich um objektiv adäquate Reaktionen auf sich rapide verändernde Umweltbedingungen, die – ohne dass darum große Worte gemacht würden – im Einklang stehen mit wesentlichen Entwicklungstrends der modernen Wissensgesellschaft und -ökonomie. Wanderungsbewegungen hat es in der Geschichte immer gegeben, und es wird sie immer geben. Dass Städte und Regionen im Zeitverlauf auf- und wieder absteigen können, ist eine historische Selbstverständlichkeit. Manche heute höchst erfolgreiche, von Deutschland aus bestaunte und beneidete europäische Erfolgsregionen wie Finnland, Schweden oder Irland gehörten noch vor einem Jahrhundert zu den armseligsten und hoffnungslosesten Landschaften des Kontinents – was seinerzeit Millionen verzweifelter Menschen in diesen Ländern dazu veranlasste, sich auf der Suche nach dem besseren Leben nach Amerika einzuschiffen. Solche wiederkehrenden Wanderungsbewegungen sind nichts anderes als der historische Normalfall, und sie haben auch in den vergangenen

Jahrzehnten niemals aufgehört. Die Vorstellung, dass die materielle Gleichartig-keit von Lebensverhältnissen in verschiedenen Regionen gleichsam von Verfas-sungs wegen auf Dauer festgelegt werden könnte, ist angesichts ihrer Ge-schichtsvergessenheit ein obsoletes Postulat. Weil die Ostdeutschen in den peri-pheren Regionen spüren, wie leer dieses Versprechen heute ist, haben viele von ihnen längst aufgehört, seine Erfüllung zu fordern, sondern suchen Geld, Glück und Lebenschancen heute vernünftigerweise in Stuttgart, Hamburg oder Mün-chen – ganz so wie schlesische Landarbeiter oder polnische Tagelöhner vor 100 Jahren in den damaligen Boomtowns Berlin, Bottrop oder Gelsenkirchen. Wie zu allen Zeiten beginnen die Menschen aufs Neue, sich „vom unkritischen Festhal-ten an theoretischen oder ideologischen Schemata (zu) befreien und ihre Praxis auf die Grundlage ihrer eigenen Erfahrung (zu) stellen". Manuel Castells (2003: 411) nennt dies die „grundlegendste politische Befreiung" überhaupt.

Diesen Schritt hat der politische und intellektuelle Mainstream in Deutsch-land allerdings noch immer nicht nachvollzogen. Weiterhin verharren Politiker und neoklassische Ökonomen in den industriegesellschaftlichen Paradigmen des vorigen Jahrhunderts. Noch immer vertrauen sie wenig anders als Rex Gildo darauf, irgendwie werde „bald wieder alles so schön" wie einst. Es hat aber schlechterdings keinen Sinn, eine Politik zu fordern oder zu betreiben, die den fundamentalen ökonomischen und gesellschaftlichen Entwicklungstrends ihrer Zeit zuwider läuft, ja diese im Grunde nicht einmal zur Kenntnis nimmt. Was also passiert eigentlich? Im Übergang von den sozialräumlichen Strukturen der vergehenden Industriegesellschaft zu denen der postindustriellen Informations-und Wissensgesellschaft erleben wir in diesen Jahrzehnten die größte Urbanisie-rungswelle in der Geschichte der Menschheit. Mit dieser verbunden ist die Her-ausbildung neuartiger urbaner Agglomerationen. Überall auf der Welt organisiert sich die Wissensökonomie heute in Form von regional konzentrierten Innovati-onsmilieus, fortgeschrittenen Dienstleistungszentren und hochwertigen High-techindustrien. In diesen ausgedehnten, verkehrstechnisch und kommunikativ untereinander vernetzten Metropolenregionen werden sich in Zukunft die Orte der Innovation, der Wertschöpfung, der Kultur und der Kommunikation konzent-rieren. Damit sind diese urbanen Regionen neuen Typs zugleich die Motoren von Wachstum und Kreativität in ihrem jeweiligen regionalen Hinterland. Diese Entwicklung folgt überall einem Muster der „konzentrierten Dezentralisation" (Castells/Himanen 2002: 104) von Bevölkerung und ökonomischer Aktivität: Wir erleben die fortschreitende Ausdehnung und Dominanz urbaner Siedlungs-gebiete gegenüber ländlichen Regionen, zugleich aber entsprechen die dabei entstehenden und wachsenden urbanen Strukturen immer weniger dem indus-triegesellschaftlichen Muster von Zentrum und Peripherie. Das ist historisch beispiellos.

Zusammengenommen bilden die neuartigen Agglomerationen der Informationsgesellschaft je eigene regionale Innovationsmilieus: Integrierte Wertschöpfungs- und Wissenschaftscluster fortgeschrittener Produktion, Dienstleistung, Forschung und Kultur. Diese verkehrstechnisch und kommunikativ auch untereinander vernetzten Mega-Regionen bieten mehr und bessere Arbeitsplätze, Bildungschancen und sonstige städtische Angebote. Damit üben sie enorme Sogwirkung auf die sie umgebenden Regionen aus, die sich umso mehr und umso schneller entleeren, je größer die kulturelle und ökonomische Dominanz der konzentriert-dezentralisierten Mega-Regionen wird. Im Land Brandenburg etwa hat die Landespolitik nach 1990 jahrelang versucht, dieser Entwicklung mit einer aufwändigen Politik der „dezentralen Konzentration" entgegen zu wirken – also mit dem exakten Gegenmodell zum ökonomisch und gesellschaftlich tatsächlich stattfindenden Prozess der „konzentrierten Dezentralisation". Dieses ebenso voluntaristische wie mechanistische Brandenburger „Entwicklungsmodell" der frühen Jahre ist inzwischen komplett gescheitert und konzeptionell aufgegeben worden – und zwar nicht, weil es sich als zu teuer erwiesen hat (das auch), sondern weil es als gleichsam letzter Seufzer der industriellen Moderne im Widerspruch stand zur inhärenten Entwicklungslogik von Ökonomie und Gesellschaft unter den Bedingungen des 21. Jahrhunderts.

In diametralem Gegensatz zum gescheiterten Brandenburger Versuch, dem historischen Großtrend zu trotzen, besteht die Strategie erfolgreicher europäischer Staaten wie Finnland darin, die großen neuen Chancen des Prozesses entschlossen und ohne schlechtes Gewissen zu nutzen – gerade um jene ökonomische Dynamik hervorbringen und jene finanziellen Mittel erwirtschaften zu können, die gebraucht werden, um ins Abseits geratende Regionen überhaupt an Bildung, Wachstum, Wertschöpfung, Fortschritt oder doch wenigstens an sozialer Wohlfahrt teilhaben zu lassen. Wir werden, mit anderen Worten, den Prozess der „konzentrierten Dezentralisation" nicht aufhalten können – und sollten dies (schon deshalb) auf keinen Fall versuchen. Deutschlands einzige ökonomische Chance im 21. Jahrhundert liegt in der systematischen Förderung und Pflege seiner aufstrebenden regionalen informations- und wissensgesellschaftlichen Innovationsmilieus. Nicht zuletzt von den Erfolgen oder Misserfolgen, die dabei erzielt werden, hängt die ökonomische Zukunft unseres Landes im 21. Jahrhundert ab.

Losgelöst von ihrer Arbeit und ohne Kontakt mit der Außenwelt, haben die Arbeiter die materiellen und moralischen Möglichkeiten eingebüßt, die Zeit zu verwenden. Sie, die sich nicht mehr beeilen müssen, beginnen auch nichts mehr und gleiten allmählich ab aus einer geregelten Existenz ins Ungebundene und Leere.

Wegziehen und woanders neu anfangen: Den einen, den Jungen, Mobilen und Qualifizierten in Senftenberg, in der früheren Industrieprovinz Ostdeutschlands und anderswo steht diese Möglichkeit also offen. Sie können ihre Siebensachen packen, Fitnesscenter gibt es schließlich auch in Düsseldorf, Hamburg oder Stuttgart. Umso hoffnungsloser, zermürbter und zorniger bleiben jene zurück, die diese Option nicht mehr besitzen: Wie hatte der empörte Redner auf dem Marktplatz gerufen? „Wir wollen kein Volk von Wanderarbeitern sein." Umso dramatischer wird zugleich die Lage der an den Rand geratenen Städte und Regionen, in denen die einen sich ihren eigenen Rettungsversuchen anvertrauen und die anderen von einer vermeintlich besseren Vergangenheit träumen, die aber nicht mehr wiederkehrt, so sehr man auch auf Marktplätzen nach ihr rufen mag. Dieser neue Bruch ist nicht mehr abzuwenden.

Was wird dann also aus den abgehängten Regionen? Was aus den Menschen, die ihre Sachen nicht mehr zusammenpacken können oder wollen, um anderswo noch einmal von vorne anzufangen? Dass es diese Regionen und Menschen geben wird, ist unbestreitbar. „Man muss endlich zur Kenntnis nehmen", sagt völlig zu Recht der Regionalsoziologe Ulf Matthiesen (zit. n. Rada 2004: 189), „dass es im Prozess der europäischen Vereinigung jetzt mitten in Europa neue Peripherien geben wird. Die Ungleichmäßigkeit der Entwicklung wird sich zum Teil dramatisch erhöhen. Es wird regionale Wachstumszentren geben, und es wird peripher fallende Regionen geben, die aus der Entwicklungsdynamik mehr oder weniger herausfallen. Die Ungleichheit zwischen verschiedenen Räumen wird sich also vergrößern." Es wäre deshalb ganz sinnlos, den Menschen der ins Abseits geratenden Regionen eine goldene Zukunft in diesen Regionen selbst in Aussicht zu stellen. Es wird unweigerlich in zunehmendem Maße „Räume der funktionalen Irrelevanz" geben, „verbrauchte Orte", „abgeschaltete Territorien und Menschen" (Castells 2003: 406), die jedenfalls im Kontext der Wissens- und Informationsökonomie ganz einfach keine Bewandtnis mehr haben. „Wir werden einen Tag sehen", schreibt Castells (zit. n. Rada 2004: 191), „an dem es ein Privileg sein wird, ausgebeutet zu werden, denn noch schlimmer als Ausbeutung ist, ignoriert zu werden."

Akzeptiert man erst einmal diese revolutionäre Einsicht, kommt es in politischer Hinsicht nicht mehr darauf an, um jeden Preis die Entstehung von „Räumen der funktionalen Irrelevanz" zu verhindern – sie sind sowieso längst da, und sie werden weiter wachsen. Vielmehr muss es einer zeitgemäßen Politik für das 21. Jahrhundert darum gehen, so vielen Menschen wie irgend möglich mittels Bildung und Wissen den Aus- und Aufbruch aus abgehängten Regionen, Dörfern, Städten und Stadtteilen zu ermöglichen. Das ist ökonomisch dringend notwendig, damit die deutsche Gesellschaft vor dem Hintergrund ihrer demografischen Krise dennoch eine gewisse Dynamik bewahren kann. Es ist aber vor allem aus ethischen und normativen Gründen erforderlich: Überhaupt nur eine produktive und dynamische Wissensgesellschaft wird ökonomisch im Stande sein, auch für ihre unter funktionalen Gesichtspunkten irrelevant gewordenen Mitglieder in den „abgeschalteten" Regionen zu sorgen. Genau das muss sie aber, und zwar ohne Wenn und Aber. Ganz einfach deshalb, weil es Menschen sind, wie „funktional irrelevant" auch immer, die dort auch weiterhin leben werden und als Menschen einen ganz unveräußerlichen Anspruch auf Würde besitzen (Margalit 1997). Dass die verbitterten Übrigbleibenden der verlorenen Städte und Regionen unseres Landes heute genau jene Entwicklung nur noch als Verrat begreifen, die doch auch ihre einzige (kleine) Chance bedeutet – genau darin liegt die besondere Tragik der deutschen Verhältnisse zu Beginn des 21. Jahrhunderts.

Literatur

Abelshauser, Werner (2003), *Kulturkampf. Der deutsche Weg in die Neue Wirtschaft und die amerikanische Herausforderung*, Berlin.

Abelshauser, Werner (2004), *Deutsche Wirtschaftsgeschichte seit 1945*, München.

Castells, Manuel (2003), *Das Informationszeitalter, Bd. 3: Jahrtausendwende*, Opladen.

Castells, Manuel/Himanen, Pekka (2002), *The Information Society and the Welfare State: The Finnish Model*, Oxford/New York.

Dürr, Tobias (2003), „Die große Transformation", in: Tanja Busse/ders. (Hg.), *Das neue Deutschland. Die Zukunft als Chance*, Berlin.

Hertle, Hans-Hermann/Wolle, Stefan (2004), *Damals in der DDR. Der Alltag im Arbeiter- und Bauernstaat*, München.

Jahoda, Marie/Lazarsfeld, Paul F./Zeisel, Hans (1975), *Die Arbeitslosen von Marienthal*, Neuauflage, Frankfurt a. M.

Judt, Tony (1997), „The Social Question Redivivus", in: *Foreign Affairs*, Jg. 76, Nr. 5, S. 95-117.

Margalit, Avishai (1997), *Politik der Würde. Über Achtung und Verachtung*, Berlin.

Matthiesen, Ulf (Hg.) (2004), *Stadtregion und Wissen. Analysen und Plädoyers für eine wissensbasierte Stadtpolitik*, Wiesbaden.

Mooser, Josef (1984), *Arbeiterleben in Deutschland 1900-1970*, Frankfurt a. M.

Niethammer, Lutz/Plato, Alexander von/Wierling, Dorothee (1991), *Die volkseigene Erfahrung. Eine Archäologie des Lebens in der Industrieprovinz der DDR*, Berlin.

Rada, Uwe (2004), *Zwischenland. Geschichten aus dem deutsch-polnischen Grenzgebiet*, Berlin.

Wolle, Stefan (1998), *Die heile Welt der Diktatur. Alltag und Herrschaft in der DDR 1971-1989*, Berlin.

Das Hydra-Projekt
Fundamentalismus und Terrorismus als Herausforderungen der demokratischen Wohlstandsgesellschaft*

Karsten Fischer

Der Satz, nach den Terroranschlägen auf das World Trade Center in New York und das Pentagon in Washington, D.C. am 11. September 2001 sei nichts mehr, wie es einmal war, hat sich als Übertreibung erwiesen. Doch die einschneidenden Folgen dieses Ereignisses sind spürbar, weil sie nicht nur weltpolitische Zusammenhänge betreffen, sondern auch den Lebensalltag: Verunsicherung und Zukunftsängste haben zugenommen – laut der Shell-Jugendstudie des Jahres 2002 ist die Sorge vor Terroranschlägen sogar der stärkste Grund für Zukunftsangst unter Jugendlichen. Die Weltwirtschaft ist in einem im wahrsten Sinne des Wortes unermesslichen Maße geschädigt worden, was sich in westlichen Industriestaaten durch hohe Arbeitslosigkeit und in Entwicklungsländern durch noch größere Armut auswirkt. Maßnahmen im Bereich der so genannten inneren Sicherheit wurden allenthalben verschärft, und der Krieg erscheint nun auch dem Abendland wieder als Fortsetzung der Politik mit anderen Mitteln (Clausewitz). Gleichzeitig hat ein neues Nachdenken über das Verhältnis zwischen den Religionen, zwischen säkularen und theokratischen Gesellschaftsformen und über die Stellung und Bedeutung religiösen Glaubens in der modernen Gesellschaft eingesetzt (vgl. Sezgin in diesem Band).

Die Eigenart dieser modernen Gesellschaft als einer Weltgesellschaft im Sinne der globalen Vernetzung von Kommunikation hat der Bielefelder Soziologe Niklas Luhmann (1991: 54) bereits vor über 30 Jahren auf geradezu prophetische Weise ironisch illustriert: „Jeder kann mit normalen Lernleistungen als Fremder unter Fremden eigenen Zielen nachgehen, und diese Möglichkeit ist Horizont täglichen Bewußtseins geworden. Im übrigen gilt diese Prämisse einer Weltgesellschaft (...) auch für abweichendes Verhalten – so neuerdings etwa für Flugzeugentführungen."

Tatsächlich haben die Terroranschläge in den USA die Realität eines weltweiten Kommunikationszusammenhanges bewiesen. Ihn hat der Terrorismus genutzt, indem er auf die psychologische Macht der weltweit gesendeten Bilder

---

* Ich danke Christina Gingelmaier für Hinweise und kritische Lektüre.

vom Einsturz der *twin towers* setzte. In dieser über die Massenmedien transportierten symbolischen Qualität des Attentats auf ein Wahrzeichen des globalen Kapitalismus erweist sich die terroristische Gewalt als perverse Form sozialer Kommunikation (Fischer 2002a). Was aber soll kommuniziert werden, und mit welchem Zweck?

Provokationsterrorismus und die Dialektik seiner Bekämpfung

Das Gefühl epochaler Veränderungen und eines entsprechenden Reflexionsbedarfes ist zumindest insofern zutreffend, als die Selbstmordattentate vom 11. September eine neuartige Erscheinungsform des politischen Terrorismus darstellen, die man als „Dschihadismus" kennzeichnen kann (Ayubi 1991: 142). Von allem, was wir bisher als politischen Terrorismus kannten, unterscheidet sich der Dschihadismus durch die Opferbereitschaft der Attentäter, die nicht nur, wie die meisten Terroristen, ihr Leben riskieren, sondern die Anschläge von vornherein als Selbstmordkommandos planen.

Eine wichtige Entwicklungsbedingung für diese neue Form von politischem Terrorismus ist die Verdrängung des Staates als Monopolist politischen Handelns (Münkler 2002: 175ff.). Bislang waren es stets national definierte Staaten, die politische Auseinandersetzungen in größerem Maßstab geführt haben, ob durch friedliche Verhandlungen oder durch kriegerische Maßnahmen. Seit dem Ende des Kalten Krieges sind aber die USA die einzige verbliebene Weltmacht, und mit dem Aufstieg dieser Supermacht zur vereinzelten Hypermacht geht eine Entwicklung hin zu asymmetrischen Konfliktaustragungen einher: Niemand kann mehr militärisch mit den USA konkurrieren. Folglich antworten ihre Feinde auf die Asymmetrisierung der Machtverhältnisse mit einer Asymmetrisierung der politischen Mittel: Die Kampfzonen werden verlagert, die Mittel zur Führung eines Krieges werden umdefiniert, und neue Ressourcen werden mobilisiert. Zivile Passagierflugzeuge werden zu Bomben, deren Treibstoff zu Sprengladungen, und Bürohochhäuser werden in Schlachtfelder verwandelt.

Insofern ist es durchaus richtig, wenn im Zusammenhang des 11. September von Krieg die Rede ist, denn als asymmetrische Konfliktaustragung ist der Dschihadismus eine Kriegsstrategie. Als solche stellt sie nicht nur in Rechnung, dass die freiheitlichen Demokratien des Abendlands aufgrund ihrer politischen, rechtlichen und moralischen Wertorientierungen nicht mit den gleichen Mitteln antworten können, mit denen sie angegriffen werden. Vor allem wissen die Dschihadisten, dass die Bürger der postheroischen westlichen Wohlstandsgesellschaften nicht (mehr) am Opfertod für ihr Vaterland interessiert sind (Münkler/Fischer 2000), sondern nurmehr an dem in der amerikanischen Verfassung

beispielhaft verbrieften *individual pursuit of happiness*. Dies hat eine einge-
schränkte Einsatzbereitschaft zur Folge, was die Abwehr von Gewaltkommuni-
kation im eingangs erläuterten Sinne angeht.

Der Dschihadismus zielt mithin weniger auf die unmittelbaren physischen
Folgen seiner Gewaltanwendung, als vielmehr auf die von der Gewalt ausgehenden psychischen Effekte: die Angst und den Schrecken, die durch die Anschläge
verbreitet werden. Insoweit hat terroristische Gewalt einen doppelten Adressaten: zunächst diejenigen, die auf Seiten der Terroropfer stehen und durch die
allgegenwärtige Bedrohung verunsichert werden sollen. Der noch wichtigere,
andere Adressat terroristischer Gewalt ist hingegen der zu interessierende Dritte,
das heißt jene sozial, ethnisch oder religiös-kulturell definierten Massen, in deren
Interesse und Namen die Terroristen ihre Anschläge vorgeblich ausführen und
denen signalisiert werden soll, dass sich der Kampf gegen den nur scheinbar
übermächtigen Feind lohnt. Auch in dieser Hinsicht gibt es aber einen wichtigen
Unterschied zwischen herkömmlichem politischen Terrorismus und Dschihadismus: Der Terrorismus, wie man ihn beispielweise von den in den siebziger
und achtziger Jahren des 20. Jahrhunderts in Westeuropa aktiven, linksextremis-
tischen Gruppen kannte, unterstellte die Existenz eines interessierten Dritten. So
verstand sich etwa die deutsche „Rote Armee Fraktion" als im objektiven Interesse und mit stillschweigender Sympathie des vermeintlich unterdrückten Prole-
tariats handelnd – was ihre groteske Fehleinschätzung war. Der Dschihadismus
hingegen unterstellt nicht bloß einen interessierten Dritten, sondern zielt darauf
ab, ihn durch seine Anschläge aktiv hervorzubringen, was ihm eine besondere
Gefährlichkeit verleiht.

Insoweit ist der Dschihadismus ein „Aufmerksamkeitsterror" (Rötzer 2001);
vor allem aber ist er ein Provokationsterrorismus. Es geht ihm nämlich nicht nur
um den symbolischen Mehrwert seiner Taten, sondern um die Erzeugung direkter Wirkungen, bis hin zur Provokation zwischenstaatlicher Kriege als eines
internationalen Flächenbrandes. Insoweit ist es auch nicht richtig, dass er nur
„auf *ökonomische Faktoren* und nicht auf *politische Entscheidungen*" (Münkler
2004: 38) ziele. Viel eher handelt es sich bei der dschihadistischen Strategie um
einen politischen „Judotrick" (Minkmar 2004), der die militärische Stärke der
USA nutzen will, um sie gegen diese zu wenden. So war es ein ebenso perfider
wie naheliegender Plan, die einzig verbliebene Weltmacht mit einem terroristischen Anschlag zunächst zu einem Vergeltungsschlag in Afghanistan zu provozieren, dessen unzweifelhaft siegreicher Verlauf die Selbstüberschätzung ebenso
fördert wie das Bedürfnis nach weiteren scheinbaren Erfolgen. Dieses führt dann
im Irak zu einer an die amerikanischen Erfahrungen in Vietnam und die sowjeti-
schen Erfahrungen in Afghanistan gemahnenden Verstrickung in nahezu unlös-

bare regionalspezifische Probleme einerseits und zu einer zermürbenden Konfrontation mit dauerhaften Terroranschlägen andererseits.

Im Rahmen dieser Strategie ist es nur folgerichtig, wenn Usama bin Lâdin „in einer Parodie staatsmännischen Handelns von atemberaubender Frechheit" (ebd.) den Westen spalten wollte, indem er den Europäern Waffenstillstandsverhandlungen angeboten hat. Ebenso kalkülrational ist es, dass sich bin Lâdin wenige Tage vor der US-Präsidentschaftswahl des Jahres 2004 an die amerikanische Öffentlichkeit gewandt hat. Denn dies war keineswegs, wie amerikanische Kommentatoren typischerweise fehlinterpretiert haben, als „anti-Bush overkill" gedacht, resultierend aus einer vergeblichen Hoffnung, dass Bushs Niederlage *al-Qâ'ida* einen Zeitvorsprung zum Kauf oder Diebstahl von Waffen verschaffe. Dass mit bin Lâdins Wortmeldung Bushs Wiederwahl eher gefördert als gefährdet wurde, ist mitnichten einer falschen Einschätzung der öffentlichen Meinung in den USA geschuldet und kein erstes Zeichen von Schwäche (Safire 2004), sondern ein typisches Strategieelement des Provokationsterrorismus. Wenn die Anfachung kriegerischer Flächenbrände demnach ein Ziel des Dschihadismus zu bilden scheint, drohen militärische Einflussnahmen auf die internationalen Beziehungen zu Pyrrhus-Siegen zu werden.

Ein nicht minder fataler dialektischer Umschlag vordergründig erfolgreicher Terrorismusbekämpfung in einen langfristigen Misserfolg besteht in der tendenziellen Bestätigung jenes Zerrbildes, das die Feinde der freiheitlichen Demokratie von ihr zeichnen. Ursprünglich falsch und nur zur Legitimation des Hasses auf Freiheit, Wohlstand und Moderne dienend, würden ein angst- und hasserfüllter Aktionismus, offen geschürte Rachegelüste, Verunsicherung, Vertrauensverlust und überzogen repressive Maßnahmen der so genannten inneren Sicherheit dem Dschihadismus bei der Hervorbringung des interessierten Dritten in die Hände spielen. Wer, wie der amerikanische Präsident George W. Bush, manichäisch unterscheidet, dass jeder, der „nicht für uns ist, gegen uns ist", der „hilft dem Teufel beim Aufbau seiner Gefolgschaft" (Barber 2001). Wenn es hingegen gelingt, die Weltwirtschaftsordnung nicht als Verschlimmerung des Tierreiches mit zivilisatorischen Techniken wirken zu lassen und die Vorteile freiheitlichen Denkens und Lebens überzeugend zu vertreten, kann es gelingen, die zu interessierenden Dritten vor terroristischen Versuchungen zu bewahren, da der im Dschihadismus gipfelnde Fundamentalismus bislang ein Elitenprojekt darstellt.

Fundamentalismus als Elitenprojekt

Seit den Terroranschlägen vom 11. September 2001 besteht die Sorge, sie könnten einen gewaltsamen Protest gegen eine als ungerecht empfundene Weltwirtschaftsordnung darstellen, weshalb ein Umdenken im westlichen Wohlstandsmodell mit nachhaltigen Verstärkungen der Entwicklungshilfe erforderlich sei.[1] Entsprechend argumentieren so unterschiedliche Protagonisten wie US-Präsident George W. Bush mit seiner wiederholt vorgetragenen Begründung, die US-Administration bekämpfe Armut, da Hoffnung die Antwort auf den Terrorismus sei, der südafrikanische Bischof Desmond Tutu, der meint, auf dem Grunde von Terrorismus sei Armut, sowie Elie Wiesel und der Dalai Lama, die geltend machen, Erziehung sei der Weg zur Elimination von Terrorismus.

So berechtigt diese Mahnung in humanitärer wie auch in politischer, vor allem ökologischer Hinsicht ist, so bedenklich ist ihre Verbindung mit der Aufgabe der Terrorprävention, insofern ihr die Vorstellung zugrunde liegt, man könnte gewaltbereiten Fundamentalisten ihr terroristisches Drohpotenzial durch humanitäre und entwicklungspolitische Maßnahmen regelrecht abkaufen. Schließlich stießen die Terrorakte nur in wenigen unterentwickelten Ländern auf geringfügige, nachträgliche Zustimmung, und diese war rein politisch beziehungsweise sozio-kulturell bedingt, wie man an ihrer Konzentration auf den arabischen Kulturraum und ihrem Ausbleiben in Schwarz-Afrika, dem Armenhaus des Globus, sehen kann. Vor allem aber erfolgten Planung und Durchführung der Terrorattentate nach mittlerweile vorliegenden Erkenntnissen keineswegs durch unterprivilegierte Modernisierungsverlierer, die im Abendland lediglich kurzfristig die technisch-instrumentellen Voraussetzungen für ihre Verbrechen erlernten. Vielmehr handelt es sich um polyglotte Eliten, deren Sozialisationsprozess, wie im Fall der von Hamburg aus operierenden späteren World Trade Center-Attentäter, durch intensiven und durchaus nicht von vornherein und ausschließlich feindseligen Kontakt zur westlichen Kultur und Gesellschaft gekennzeichnet ist. Ein logistischer Helfer der Attentate vom 11. September soll sogar zeitweilig ein Fan von Formel 1-Autorennen gewesen sein (SPIEGEL 2002).

Als Nutznießer abendländischer Bildungsangebote oder gar – wie im Fall Usama bin Lâdins – der kapitalistischen Wirtschaft und ihrer internationalen Finanzmärkte betreiben diese Eliten eine selektive Modernisierung, das heißt, sie instrumentalisieren moderne Errungenschaften für antimodernistische Zwecke. Ein Beispiel hierfür ist die Internetseite der Terrororganisation „Islamischer Heiliger Krieg", auf der beispielsweise ein Interview mit der Mutter eines palästinensischen Selbstmordattentäters und Videos des Attentäters veröffentlicht wurden: Moderne, „westliche" Massenkommunikationsmittel werden für antiwestliche Zwecke genutzt. Mit Ausnahme des Iran und Syriens gilt für alle islamisch-fundamentalistischen Bewegungen, dass ihre Führungsebene von säkularen Erziehungseinflüssen ausgesetzten Mittelschichten, nicht aber von Händlern,

---

[1] Vgl. beispielsweise die Aktion „pro 0,7" der kirchlichen Hilfswerke zur Bundestagswahl 2002 (www.pronullkommasieben.de).

Bauern oder dem Industrieproletariat gebildet werden (Ayubi 1991: 158f.). Und auch islamistische Bewegungen innerhalb westlicher Gesellschaften rekrutieren sich nicht aus Jugendlichen der untersten Gesellschaftsschichten oder perspektivlosen Randgruppen, sondern aus sozial integrierten Mittelschichten mit besten Voraussetzungen für einen sozialen Aufstieg (Sag 1996: 466).

Eine zwischen 1996 und 1999 durchgeführte Studie des pakistanischen Wissenschaftlers Nasra Hassan, der fast 250 Ausbilder und Angehörige von Selbstmordattentätern sowie gescheiterte Selbstmordattentäter befragt hat, belegt, dass es sich in der Regel um männliche Personen zwischen 18 und 38 Jahren mit ausgeprägtem Sozialverhalten handelt, von denen keiner ungebildet oder arm ist. Auch eine Erhebung in der Westbank und im Gazastreifen durch das *Palestinian Center for Policy and Survey Research* (PCPSR) hat ergeben, dass die Zustimmung zu Gewalt gegenüber israelischen Zielen bis hin zu Selbstmordattentaten um so größer ist, je höher Bildungsstand und Lebensstandard sind. Und eine umfassende Umfrage des Meinungsforschungsinstitutes Gallup in fast allen relevanten muslimischen Ländern aus dem Jahr 2002 hat ergeben, dass die Zustimmung zu dem Satz, Toleranz sei einer der drei wichtigsten Werte, den es Kindern in der häuslichen Erziehung zu vermitteln gilt, mit steigendem Bildungsgrad sinkt. Dschihadisten agieren also mitnichten aus Verzweiflung und Hoffnungslosigkeit, ganz im Gegenteil. Insoweit stellt der antimodernistische Fundamentalismus ein Elitenprojekt dar (Fischer 2004). Er lehnt Freiheit, Toleranz, Rationalismus, Pluralismus und das Recht auf individuelles Glücksstreben als zivilisatorische Werte ab und geißelt den auf ihnen basierenden westlichen Lebensstil als dekadenten Sittenverfall. Hiergegen wird ein traditionalistisch verstandener Islam in Stellung gebracht. Versteht man unter Modernität die „Legitimation fortgesetzten Wandels" als spezifische Differenz der abendländischen Entwicklung zu anderen Formen sozialen Wandels (Kaufmann 1989: 35), so zeigt sich hieran jedoch die Paradoxie fundamentalistischer Strömungen, als Reaktion auf die Erfahrung kulturellen und sozialen Wandels ihrerseits einen weiteren kulturellen Wandel zu empfehlen. Für das paradoxe Vorhaben des Fundamentalismus, sich, selber durch Säkularisierung bedingt, gegen Säkularisierung zu wenden (Luhmann 2000: 295), eignen sich folglich nur bereits von Modernisierungserscheinungen erfasste Gesellschaften. Dabei reicht es aus, wenn sich diese Modernisierung, wie in Afghanistan, auf eine von Fremdmächten importierte moderne Militärtechnik beziehungsweise Regimeform beschränkt.

Solchermaßen ist der Fundamentalismus nicht wirklich traditionalistisch, sondern eine post-moderne Reaktion auf die Moderne und also nicht in erster Linie ein religiöses Phänomen, sondern eine politische Strategie. Diesbezüglich hat sie auffällige Ähnlichkeiten mit antidemokratischer und vor allem antiwestlicher Kulturkritik, wie sie zumal in Deutschland zwischen Erstem und Zweitem

Weltkrieg virulent war. So zeigen sich beispielsweise übereinstimmende Muster zwischen der eschatologischen *al-Qâ'ida*-Propaganda und einer sich von Ernst Jünger über Oswald Spengler bis hin zu Botho Strauß erstreckenden Tradition antiwestlicher Ressentiments, deren Spektrum von bildungsbürgerlicher Dekadenzkritik bis zu einer heroistischen Opfersehnsucht reicht, die sich heutzutage in subkulturellen Kontexten neuer Beliebtheit erfreut (Cremet 1996).

In Analogie zu dem von Edward W. Said diagnostizierten „Orientalismus" lässt sich dies als ein keineswegs auf islamistische Bewegungen beschränkter „Okzidentalismus" beschreiben, der sich gegen Urbanität, Bürgerlichkeit, Rationalität und Feminismus wendet (Buruma/Margalit 2002). Zugespitzt lässt sich dies auf die Formel bringen, dass Kulturkritik als Ferment für jedweden Fundamentalismus kulturrevolutionärer Eliten dient, der insofern eine „typische Intellektuellenattitüde" darstellt (Luhmann 1997: 807).

Wenn dies zutrifft, ist auch klar, weshalb es so gefährlich ist, die Aufgabe der Terrorprävention und der Entwicklungshilfe in Zusammenhang zu bringen: Die fundamentalistischen „Kulturidentitäter" erstreben lediglich rhetorisch die Erlangung massenhaften wirtschaftlichen Wohlstands in ihren Heimatregionen. In Wirklichkeit wollen sie ihre kulturelle Identität auch um den Preis wirtschaftlicher Nachteile breiter Bevölkerungsschichten verteidigen. Folglich wird man befürchten müssen, dass sich diese fundamentalistischen Eliten um so stärker provoziert und zu Terroranschlägen motiviert fühlen dürften, je mehr entwicklungspolitisches Engagement die westlichen Wohlfahrtsgesellschaften zeigen – erscheint ihnen dieses doch als kapitalistischer Imperialismus und als Hegemonie eines dekadenten Konsumismus, der seine humanitären Ideale nur vorgibt. Aufgrund dieser weiteren Gefahr eines dialektischen Umschlags wohlmeinender Abwehrmaßnahmen erscheint es fatal, die humanitär wie politisch dringend gebotene Erhöhung entwicklungspolitischer Anstrengungen mit der Aussicht auf Terrorismusbekämpfung zu begründen, da dies das Risiko um so größerer Enttäuschung nach dem wohl unausweichlich bevorstehenden, nächsten dschihadistischen Attentat birgt. Um so dringlicher stellt sich die Aufgabe, die „Infektionsgefahr" breiter Massen in nach westlichen Maßstäben unterentwickelten Gesellschaften für das Elitenprojekt eines dekadenzkritischen Fundamentalismus auszuloten und den Einfluss der fundamentalistischen Eliten nach Möglichkeit einzuhegen. Schließlich zieht die große Mehrheit auch der Muslime im Zweifel „Disneyworld dem Paradies vor. Ebenso dem Weg, der dorthin führt, dem heiligen Krieg." (Lüders 2001: 43)

Welche Chancen auf Initiierung einer sozialen Bewegung haben also fundamentalistische Eliten? Unter welchen Bedingungen vermag eine Prosperitätsstagnation in Kauf nehmende, kulturalistische Identitätskonstruktion Massenfaszination auszuüben und den Fundamentalismus von einem ursprünglich sozial marginalisierten, intellektuellen Elitenprojekt zur Massenbewegung zu machen? Wie können kulturkritisch-konsumfeindliche Eliten sozial und politisch so weit marginalisiert werden, dass sie zumindest nicht massenwirksam auf für sie provozierende globale Kooperationen zu reagieren vermögen? Und wie lassen sich die vorstehend angesprochenen, destruktiven Rezeptionskanäle okzidentalistischen Denkens konstruktiv verändern?

Darauf müssen die westlichen Gesellschaften ebenso wie die muslimischen Demokratien dringend Antworten finden. Fest steht, dass es nichts hilft, wenn US-Präsident Bush bei seiner prominenten Rede auf dem Flugzeugträger U.S.S. Abraham Lincoln am 01. Mai 2003 erklärt hat, die Amerikaner seien für Freiheit überall auf der Welt – schließt dieser Freiheitsbegriff doch die zunehmend wichtige negative Freiheit von Globalisierungsfolgen kategorisch aus, woraufhin sich außerhalb des Abendlandes zunehmend ein Freiheitsverständnis durchsetzt, dessen Maxime ausgerechnet der Refrain des von Janis Joplin berühmt gemachten Kris Kristofferson-Songs *Me and Bobby Mc Gee* formuliert: „Freedom is just another word for ‚nothing left to lose'".

Das Hydra-Projekt: Die demokratische Wohlstandsgesellschaft zwischen Selbstverteidigung und Selbstradikalisierung

Angesichts der erforderlichen Gratwanderung, eine konstruktive weltgesellschaftliche Kommunikation und Kooperation zu entwickeln, die nicht von fundamentalistischen Eliten als Anlass verstärkter Hasstiraden gegen kulturelle Hegemonie verstanden und instrumentalisiert wird, können sich die westlichen Gesellschaften nicht damit begnügen, dass der Staat als Nachsorgestaat bloß aktiv wird, wenn Probleme manifest sind (Fischer 2002b). Vielmehr bedarf es eines vorausschauenden, aktiven Handelns, das sich nicht nur gegen Symptome des Dschihadismus wie seine verzweigten, effizienten internationalen Finanzierungskanäle richtet. Ebenso wichtig ist es, dass die freiheitliche Gesellschaft offensiv in einen Wettbewerb der Kulturentwürfe eintritt und dagegen opponiert, dass ihre Kultur mit Pornographie und Verbrechen gleichgesetzt wird (Ansary 2001).

Wenn es richtig ist, dass auch in jenen Gesellschaften, die Huntingtons Kampfbegriff vom *clash of civilizations* als bereits flächendeckend islamistisch fanatisiert darstellt, Disneyworld dem durch Märtyrertod erlangten Paradies vorgezogen wird, könnte eine weitere Herausforderung für die westlichen Demokratien darin bestehen, diese Sehnsucht nach materiellem Wohlstand und ideeller Teilhabe an Produkten der westlichen „Kulturindustrie" zu befriedigen und hierdurch die Opferbereitschaft zugunsten des *individual pursuit of happi-*

ness zu minimieren. Dies könnte gerade dann zur sozialen Isolierung der fundamentalistischen Eliten beitragen, wenn sie dies als Dekadenzexport verteufeln und bekämpfen und somit enthüllen, in welchem Maße sie Gerechtigkeits- und Wohlstandsfragen bloß im Interesse ihrer okzidentalistischen Ziele propagandistisch instrumentalisieren.[2] Dass dies keinen kulturellen Neo-Kolonialismus bedeuten soll und muss, mag dadurch ersichtlich und glaubhaft sein, dass die antifundamentalistische Strategie des säkularen, aber um Eigenständigkeit bemühten ägyptischen Regimes ähnlich geartet ist (Kepel 2002: 355). Diese besondere Form „auswärtiger Kulturpolitik" in der Weltgesellschaft stieße zwar auf den erbitterten Widerstand fundamentalistischer Eliten, die sich damit der Kritik von Karl Marx (1977: 466) in seinem „Manifest der Kommunistischen Partei" anschlössen, „die wohlfeilen Preise ihrer Waren" seien „die schwere Artillerie", mit der die Bourgeoisie „alle chinesischen Mauern in den Grund schießt, mit der sie den hartnäckigsten Fremdenhass der Barbaren zur Kapitulation zwingt" und „sich eine Welt nach ihrem eigenen Bilde" schafft. Doch der Terrorismus im allgemeinen und der Dschihadismus im besonderen bleibt ohnehin die niemals gänzlich auszuschaltende Nemesis der modernen Gesellschaft, die zu bekämpfen ein „Hydra-Projekt" ausmacht:

In der antik-griechischen Mythologie ist die neunköpfige Wasserschlange Hydra von Lerna eine Mensch und Vieh peinigende Landplage, die zu töten die zweite Aufgabe der berühmten zwölf herakleischen Aufgaben ist. Mit Pfeilschüssen schreckt Herakles die Hydra auf und schlägt ihr dann die Köpfe ab. Für jeden abgeschlagenen Kopf wachsen jedoch zwei neue nach. Erst Herakles' Neffe Iolaos, der ihn begleitet, findet die Lösung, indem er an den abgeschlagenen Stellen die Wunden ausbrennt. Den letzten, unverwundbaren Kopf der Hydra begräbt Herakles schließlich unter einem riesigen Felsblock.

Dieser von Euripides überlieferte Mythos bietet gleich zwei für das Problem des Dschihadismus relevante Lehren: Einerseits besiegt nicht die Stärke des Heroen das Ungeheuer, sondern die überlegte, nachhaltige Strategie seines Neffen, was man auf die unterschiedlichen weltpolitischen Strategien der USA beziehungsweise der europäischen Staaten beziehen kann. Andererseits gibt es einen weder durch Schwert noch durch Feuer bekämpfbaren, unverwundbaren letzten Kopf des Übels. Er gemahnt an den Satz von Michel Foucault (1999: 57, 192), dass die Politik die Fortsetzung des Krieges mit anderen Mitteln ist, und nicht etwa, wie Clausewitz meinte, umgekehrt.

---

[2] P. Martin Löwenstein SJ verdanke ich den Hinweis, dass das Konzept des „Dekadenzexports" erstmalig von der Comic-Existenz Gaius Julius Cäsars angewendet wurde, zwecks Unterwerfung des berühmten, unbesiegbaren gallischen Dorfes, das durch den Kontakt mit Geldwirtschaft und Konsumismus in seiner Kampfbereitschaft beeinträchtigt werden sollte, vgl. Asterix, Bd. 23: Obelix GmbH & Co. KG.

Literatur

Ansary, Tamim (2001), „Fragen an einen lesenden Afghanen. Der Westen hat es zugelassen, daß seine Kultur als Pornographie und Verbrechen wahrgenommen wird", in: *Frankfurter Allgemeine Zeitung*, 10. Oktober.

Ayubi, Nazih N. (1991), *Political Islam. Religion and Politics in the Arab World*, London/New York.

Barber, Benjamin (2001), „Welt und Verbrechen. Offener Brief an den Präsidenten", in: *Süddeutsche Zeitung*, 24. September.

Buruma, Ian/Margalit, Avishai (2002), „‚Okzidentalismus' oder Der Haß auf den Westen", in: *Merkur*, 56. Jg., H. 4, Nr. 636, S. 277-288.

Cremet, Jean (1996), „Jenseits von Böhse Onkelz und Screwdriver: Darkwave. Über (neo-)faschistische Tendenzen in der Independent-Musik", in: *ak – analyse & kritik. Zeitung für linke Debatte und Praxis*, Nr. 389, 4. April.

Fischer, Karsten (2002a), „Der 11. September 2001 und seine Auswirkungen auf Politik und Lebensalltag", in: *Christliches ABC heute und morgen. Handbuch für Lebensfragen und kirchliche Erwachsenenbildung*, hg. v. Eckhard Lade, Loseblattsammlung, Bad Homburg: DIE Verlag 1978 ff., Ergänzungslieferung Nr. 6, S. 125-133.

Fischer, Karsten (2002b), „Das Prinzip Schadensbegrenzung im Nachsorgestaat. Zur Logik umweltpolitischer Tatenlosigkeit", in: *Politische Ökologie*, 20. Jg., Nr. 76, S. 81-83.

Fischer, Karsten (2004), „Das Projekt des Fundamentalismus. Über Kulturkritik und Identitätspolitik", in: *Merkur*, 58. Jg., H. 4, Nr. 660, S. 358-364.

Foucault, Michel (1999), *In Verteidigung der Gesellschaft. Vorlesungen am Collège de France (1975-76)*, Frankfurt a. M.

Kaufmann, Franz-Xaver (1989), *Religion und Modernität. Sozialwissenschaftliche Perspektiven*, Tübingen.

Kepel, Gilles (2002), *Das Schwarzbuch des Dschihad. Aufstieg und Niedergang des Islamismus*, München.

Lüders, Michael (2001), *„Wir hungern nach dem Tod". Woher kommt die Gewalt im Dschihad-Islam?*, Zürich.

Luhmann, Niklas (1991), „Die Weltgesellschaft", in: ders., *Soziologische Aufklärung 2. Aufsätze zur Theorie der Gesellschaft*, 4. Aufl., Opladen, S. 51-71.

Luhmann, Niklas (1997), *Die Gesellschaft der Gesellschaft*, Frankfurt a. M.

Luhmann, Niklas (2000), *Die Religion der Gesellschaft*, Frankfurt a. M.

Marx, Karl (1977), „Manifest der Kommunistischen Partei", in: ders./Friedrich Engels, *Werke*, Bd. 4, Berlin (Ost), S. 459-493.

Minkmar, Nils (2004), „Der Sieger. Er ist dabei, den ‚Krieg gegen den Terror' zu gewinnen: Usama Bin Ladin hat den Westen in die Defensive gedrängt. In der arabischen Welt ist sein Denken einflußreicher denn je", in: *Frankfurter Allgemeine Zeitung*, 25. April.

Münkler, Herfried (2002), *Die neuen Kriege*, Reinbek bei Hamburg.

Münkler, Herfried (2004), „Ältere und jüngere Formen des Terrorismus – Strategie und Organisationsstruktur", in: Werner Weidenfeld (Hg.), *Herausforderung Terrorismus. Die Zukunft der Sicherheit*, Wiesbaden, S. 29-43.

Münkler, Herfried/Fischer, Karsten (2000), „‚Nothing to kill or die for...'. Überlegungen zu einer politischen Theorie des Opfers", in: *Leviathan. Zeitschrift für Sozialwissenschaft*, Jg. 28, S. 343-362.

Rötzer, Florian (2001), „Die Bombe ist die Botschaft. Der neue Terror hat nicht Menschen, sondern deren Aufmerksamkeit zum Ziel", in: *Frankfurter Allgemeine Zeitung*, 27. September.

Safire, William (2004), „Osama Casts His Vote", in: *The New York Times*, 1. November.

Sag, Emir Ali (1996), „Üben islamisch-fundamentalistische Organisationen eine Anziehungskraft auf Jugendliche aus?", in: Wilhelm Heitmeyer/Rainer Dollase (Hg.), *Die bedrängte Toleranz*, Frankfurt a. M., S. 450-476.

SPIEGEL (2002), „Attas Armee", in: *Der Spiegel*, H. 36, 2. September, S. 110-123.

Die den Koran besitzen

Christen und Muslime auf der Suche nach dem „wahren" Islam

Hilal Sezgin

Wo immer auf der Welt von Muslimen ein Mord begangen wird, haben es sich wohlmeinende Christen und die Mehrheit der Muslime in Deutschland angewöhnt daran zu erinnern, dass dies ja nicht im Namen des „wahren" Islam geschehe, dass der Islam eine friedliche Religion ist; und im Namen dieses wahren, friedlichen Islams wird demonstriert, Dialog gefordert und betrieben. Doch wozu all diese Beteuerungen, woher die Verpflichtung, sich öffentlich auf bestimmte Glaubensinhalte einzuschwören? Vielen von uns in Deutschland lebenden Muslimen hat der 11. September 2001 Anlass gegeben, uns unserem Glauben neu zu nähern; allmählich wird es Zeit, den Glauben davor zu bewahren, dass er in eine öffentliche Politik der Versöhnung eingespannt wird.

Verunsicherung

Damit ist natürlich nicht gemeint, dass die Anschläge auf das *World Trade Center* den Muslimen aus dem Herzen gesprochen hätten. Nein, zu Herzen gingen die Bilder der sich aus den Türmen stürzenden Menschen, die staubigen Gesichter in den Straßen. Aber bereits während wir entsetzt waren (und auch ein wenig Voyeurismus an uns beobachteten, wie es bei Mitgliedern einer TV-Gesellschaft unvermeidlich ist, und die damit verbundene Scham verspürten), erschraken wir nochmals: Waren wir an diesen Morden schuld?

So schnell hatte sich herausgestellt, dass es Muslime gewesen waren, die sie geplant und durchgeführt hatten, noch dazu aus von ihnen selbst als „islamisch" verstandenen Motiven, dass man wirklich das Gefühl haben konnte, einer Religion von Mördern anzugehören. Wenn der Islam jetzt tatsächlich die „bescheuertste" Religion war, wie Michel Houellebecq es wenig später formulierte, wenn die friedliche Vision dieses Glaubens, der man bisher angehangen hatte, doch nur ein Minderheitenphänomen war? Wenn die Lehren von Gerechtigkeit, Mitleid, Solidarität und Güte, die die eigenen Eltern in der Erziehung betont hatten, vielleicht nur die Akzente der eigenen, eben gerechten und gütigen Eltern gewesen waren?

In den ersten zwei, drei Tagen nach dem 11. September konnte man dieses Schuldgefühl noch für eine Privatneurose einiger weniger halten; doch zeigte sich bald, dass es weit verbreitet war. Möglicherweise ging es Muslimen, die auch innerhalb Deutschlands in sehr fest gefügten Gemeinden leben, anders; aber es wird kaum die Mehrheit sein, die so lebt. Auch wenn man uns gern weismachen will, die meisten Muslime seien in dem einen oder anderen suspekten Verein organisiert oder liefen freitags immer in „ihre" Moschee – der Islam, den die meisten Muslime der zweiten oder gar dritten Generation hier in Deutschland erlernen, wird ihnen keineswegs als ein selbstverständlicher Teil irgendeiner geschlossenen „Parallelgesellschaft", in die sie hineinwachsen, „mitgeliefert". Falls sie überhaupt religiös sozialisiert werden, wächst dieser Minderheitenglauben neben, in Abgrenzung von, in Überschneidung mit religiösen Elementen der ihn in Kindergärten, Schulen, Literatur, Fernsehen, Nachbarschaft und Freundschaften umgebenden gesellschaftlichen Mehrheit.

Die eigenen Glaubensinhalte erscheinen daher nicht absolut, sondern relativ zu denen einer anderen Religion, sie finden in Sätzen Niederschlag, die „Ihres" und „Unseres" vermitteln, zum Beispiel: „Die Christen glauben, Jesus war Gottes Sohn, wir glauben, er war Gottes Gesandter." Oder: „So wie für uns das Almosengeben wichtig ist, haben die Christen Sankt Martin und die Nächstenliebe." Solange dieses „Wir" nicht aggressiv gemeint ist, ist nichts Schlechtes daran, den eigenen Glauben derart zu dem anderer in Beziehung zu setzen. Man könnte sogar positiv daran hervorheben, dass dies, was die alleinige Wahrheit der Dogmen, die hundertprozentige Richtigkeit seiner Riten angeht, ein sich offen gebender, verletzlich zeigender Glauben ist; einer, der sich nicht auf die Fiktion einer Ursprünglichkeit stützt, die normalerweise mit der Idee einer Offenbarungsreligion, die von *einem* Mann gestiftet wurde, einher geht. Während sich der „fundamentalistische" Glaube der wenigen gegen die vielen anderen richtet, die ja sowieso alle „verblendet" sind, ist der fragilere Glaube dagegen historisch kontingent, als von den Gläubigen mitgeformt zu erkennen.

Dies geschieht natürlich nicht programmatisch, sondern vollzieht sich sozusagen unter der Hand. Daher können sich die so Gläubigen in den entsprechenden Schrecksekunden fragen: Haben wir uns da etwas zurechtgelegt, das der Ausgangsidee nicht mehr entspricht? Insbesondere werden sie sich dies fragen, wenn plötzlich andere, die derselben Religion angehören, daher kommen und monströse Taten begehen und sagen: *Wir* haben ihn, den ursprünglichen Glauben. Und genau das will ja, in Anlehnung an die Bewegung der entsprechenden protestantischen Christen in den USA, der Begriff „Fundamentalismus" bezeichnen: Fundamentalisten behaupten, über einen Glauben zu verfügen, der eben in nichts kontingent ist, sondern so, wie er von Anfang an gemeint war, unverändert und unverfälscht – im Unterschied zu dem Glauben, zu dem sich die unwissende Mehrheit hat hinreißen lassen.

Fragen

Muslimische Fanatiker werfen die Frage nach dem wahren Islam auf, indem sie bereits die alleinige Antwort zu besitzen behaupten. Ironischerweise wollen aber auch besorgte Nicht-Muslime wissen, was es mit dem „wahren Islam" auf sich habe. Sie hoffen auf einen „guten" Islam – und fürchten, er könne doch „barbarisch" sein. Stimmt es, fragen sie, dass im Koran steht, man solle Andersgläubige töten? Verdankt sich das Kopftuchgebot einer falschen Übersetzung, und erben Töchter im Islam weniger als Söhne? Wieso trinken manche Muslime Alkohol und andere nicht, und müssten Zigaretten nicht auch verboten sein? Ist das Pilgern nicht gefährlich, weil so viele Leute an einem Ort zusammen kommen, wie viele Frauen hatte Mohammed, und wann ist das Jüngste Gericht?

Bei solchen Fragen befinden sich Unwissen, Ignoranz und Vorurteil im fließenden Übergang. Doch davon zunächst einmal abgesehen: Auch mit dem sachlichen Inhalt sind die Befragten oft überfordert. Beim rituellen Gebet werden die erste Sure (Fatiha) und die letzten, kürzeren Suren verwendet; sie sind den meisten Muslimen vertraut. Was aber das Gros des Korans, die nach absteigender Länge geordneten Suren dazwischen, angeht, ergeht es auch dem durchschnittlichen Muslim nicht anders als dem Nicht-Muslim: Er kann kein Arabisch, er greift zu einer Übersetzung, und dennoch bleibt ihm vieles aus dem Inhalt einigermaßen fremd. Die Sprache des Koran erscheint umständlich, altmodisch; man weiß nicht immer: Wer spricht zu wem?; er enthält vielerlei weltliche Reglements und Bezüge auf historische Situationen sowie mythische Figuren.

In einem solchen Text kann man nicht einfach strittige Punkte nachlesen, man muss den Umgang mit diesem Text lernen. Die hier lebenden Muslime aber sind bekanntlich nicht immer sehr gebildet, was ihre Religion angeht. Solche „Halbbildung" in Fragen der eigenen Religion muss übrigens nichts Negatives sein; und bereits ihre Ursachen sind vielfältig. Sie verdankt sich nicht nur der Tatsache, dass es vor allem ungelernte Arbeiter waren, die aus der Türkei hierher gekommen sind – anders als beispielsweise aus dem Iran – und die Mehrheit der hier lebenden Muslime stellen. Die mangelnde Sicherheit in religiösen Fragen liegt auch daran, dass es nicht immer sehr religiöse Muslime waren, die hierher gekommen sind (und aus dem Iran sogar viele Gegner der dortigen Religiösen).

Was die relative Nähe oder Ferne zum Ursprungsglauben, also der Religion der Eltern, angeht, ist die Bandbreite genauso groß wie bei den Getauften auch:

Mancher hat alles bewahrt, was ihn gelehrt wurde, mancher glaubt nur an einiges davon, viele haben vieles verlernt oder vergessen.

Kommt noch die unvermeidliche Variationsbreite jeder Weltreligion hinzu: Man darf sich also nicht einmal die religiöse Auffassung der Eltern so vorstellen, als sei es *ein und derselbe* Islam, dem die nachfolgenden Generationen bloß mehr oder minder stark anhingen – sozusagen auf einer Skala von „säkularisiert" bis „fundamentalistisch".

Wie sich die Inhalte im Einzelnen auch ausnehmen mögen: Da es im Islam keine Taufe gibt, keine Konfirmation, keine Firmung, kein Register, in das man sich ein- oder austragen lassen kann, fehlen auch die entsprechenden Schwellen, sich entweder ganz für oder gegen die Religion der Eltern zu entscheiden. Mancher machte sich bisher gar nicht so viele Gedanken darüber: „Jetzt wo du fragst... Ja, ich würde schon sagen, ich bin etwas religiös."

In den letzten Jahren aber sind viele von denen, die sich früher nicht lauthals als Muslime bezeichnet hätten, zu Muslimen geworden. Fremdbeschreibung und Dauerdrangsalierung durch die deutsche Mehrheitsbevölkerung haben sie regelrecht zu Muslimen *gemacht*: Jeder *Spiegel*-Titel, jeder Aufmacher von *stern* oder *emma*, der geknechtete Frauen im Kopftuch oder Männer, die mit der Kalaschnikow auf einem Esel reiten, zeigt, hat dem aus einem islamischen Land stammenden Kioskkunden vor Augen geführt: So sehen sie auch *mich*! Jede staunend-lobende Frage: „Aber Sie wirken ja sehr selbstbewusst, und Sie sprechen so gut Deutsch!", hat Türkinnen der zweiten und dritten Generation der Verbitterung näher gebracht. Jeder Fernsehbeitrag, der die immer gleichen Massenszenen zeigt, betende Pos zu Hunderten in die Luft gereckt, zeigt den hiesigen Muslimen, die sich bisher nicht für welche gehalten hatten, dass sie doch welche sind: Wenn ihnen diese Bilder einen peinlichen Schauer den Rücken hinunterjagen, wenn sie hören, wie sie selbst leise aufbegehren: He, so blöd sind wir auch wieder nicht! So schleicht es sich früher oder später ein: das „Wir", zu dem sich früher viel weniger hier Lebende gezählt hätten. Und es ist kein gutes „Wir"; es ist etwas gekränkt, und ein bisschen trotzig; es ist das „Wir" von Leuten, die sich missverstanden fühlen.

Oft wird das Phänomen dieser Trotzreaktion den weniger Gebildeten, wenig „Integrierten" zugeschrieben; diejenigen, die sich in Deutschland gänzlich verloren fühlten, heißt es, griffen jetzt wieder nach der Religion, um sich an etwas festzuhalten. Auch diese mag es geben. Aber die beschriebene Irritation, die Kränkung und der daraus folgende Impuls zur Verteidigung findet sich bei Vertretern aller möglichen Schichten; bei Angehörigen der zweiten Generation, die nie national empfunden haben, weder für hier noch für dort; bei Frauen, die stets Gegnerinnen derjenigen Glaubensbrüder waren, die das Kopftuchtragen zur religiösen Pflicht erklärt haben.

Es gibt nicht wenige solcher Frauen, die aus reiner Wut darüber, wie die deutsche Öffentlichkeit am Tragen oder Nichttragen eines Kopftuches seine Patriarchatsdiagnose festmacht und auf diesem Weg regelmäßig den Islam in den Dreck zieht, in Erwägung ziehen, eines zu tragen. Momentan fühlen sie sich von den Nicht-Muslimen stärker bedrängt als von Fanatikern der eigenen Religion.

Verzerrungen

Hinter der Anti-Doppelpass-Kampagne oder dem Begriff der Leitkultur machtstrategische Erwägungen zu vermuten, hat sich bereits weitgehend durchgesetzt. Insbesondere in den Medien fühlt man sich verpflichtet darauf hinzuweisen, welche möglichen Schäden solche Kampagnen in einer sehr gemischten Gesellschaft anrichten können. Schlimmer aber als die Parteipolitiker mit ihren klar umgrenzten und immerhin erkennbaren Zielen tragen Presse und Fernsehen selbst dazu bei, dass sich die Kluft zwischen den Angehörigen der verschiedenen Religionen verschärft. Selbst noch in ihrem vermeintlichen Aufklärungswillen, in ihrem Eifer, „die Muslime" und „den Islam" darzustellen, verbreiten Presse und Fernsehen mehr Unsinn und peinliche Verallgemeinerungen, als die wenigen wirklich kundigen Muslime und/oder Islamwissenschaftler, die in die Talkrunden geladen werden, je werden zurechtrücken können.

Vielleicht liegt es sogar gerade an diesem Aufklärungswillen: Die Mehrheit der Journalisten mag es durchaus gut meinen – leider ist es ein Gut-Meinen auf ziemlich niedrigem Niveau. Das Problem besteht nicht einmal unbedingt darin, dass die einzelnen Sätze, die sie in ihren Artikeln und Fernsehbeiträgen verwenden, falsch sind; über die Sätze kann man nicht einmal wirklich befinden, denn *alles* daran ist falsch. Bereits die Verständnisfragen, die zu klären die meisten Artikel und Beiträge antreten, sind keine reinen Verständnisfragen, denn sie enthalten Wertungen, implizite Befürchtungen und Vorwürfe. Wer nach dem Kopftuch fragt, denkt eigentlich ans Frauenhaus. Wer ununterbrochen beteuert, dass nicht alle Muslime böse seien, befürchtet es offenbar insgeheim doch. Wer wissen will, was Scharia bedeutet, will Demokratiefähigkeit ermitteln. Darum gibt es auch für den „dialogbereiten" Muslim auf solche Fragen keine unbefangenen Antworten. Noch während man nach der „korrekten" Antwort sucht, ist man damit beschäftigt zu überlegen: Zu welchem nächsten Missverständnis, zu welcher weiteren Befürchtung könnte diese Antwort nun wieder führen?

Bei allem Reden über den Islam hat sich leider die Erkenntnis noch nicht durchgesetzt, dass der Islam aufgrund seiner vierzehn Jahrhunderte währenden Geschichte schon viele Erscheinungsformen gehabt hat; dass es in ihm eine lange Geschichte der Rechtsauslegung, des theologischen Streits gibt. Dass, wie im

Christentum auch, die Religion von verschiedenen weltlichen Reichen adaptiert wurde, mit deren imperialen Interessen man aber nicht die „Religion an sich" verwechseln sollte. Ungeachtet all solcher Unterschiede spricht man weiterhin von „dem Islam" in allgemeiner Hinsicht, und es kann schon ein wenig dauern, bis die Quelle des jeweiligen Unbehagens oder Missverständnisses herausgefunden ist: Sind bestimmte Stellen im Koran gemeint oder Überlieferungen von Mohammed, das frühe Kalifat, das späte Osmanische Reich, der heutige Iran oder die Empfehlungen der Al-Azhar-Universität in Kairo?[1]

Schließlich kommt erschwerend der Umstand hinzu, dass die nicht-muslimischen Deutschen, die sich aufgrund politischer Konflikte jetzt erstmals mit dem Islam beschäftigen, selbst nicht unbedingt religiös sind. Folglich besteht oft eine erstaunliche Ungeübtheit in sämtlichen religiösen Fragen, die natürlich im Rahmen der vertrauten christlichen Mehrheitsreligion nicht auffällt – bei der Beschäftigung mit einer „fremden" Religion aber sehr wohl! So mag ein aus der Kirche Ausgetretener in bester Absicht in den Koran hineinblicken und entsetzt fragen: Das kann man lesen? Er wird Stellen finden, wo es um Kampf geht, oder um die Hölle, oder um Gesetze, die den Erwartungen des 20. Jahrhunderts nicht entsprechen. Das enttäuscht ihn. Eben mag er die Fundamentalisten noch kritisiert haben, dass sie den Koran als unhistorisch, als authentisches Gotteswort verstehen; im nächsten Moment bringt er selbst es fertig, sich über die – damals geradezu revolutionären – Gesetze aus dem 7. Jahrhundert zu empören.

Man möchte zurückfragen: Hast du einmal das Alte Testament komplett gelesen, oder das Johannesevangelium? Wie erklärst du dir gewisse Nichtübereinstimmungen zwischen den Evangelien, wie hältst du es mit der göttlichen Natur Christi und dem Konzil von Nicäa, und woher stammt das Gold der Kirche? – Man *würde* das gern zurückfragen, aber man hätte dabei einen leicht schnippischen Ton, und im Grunde ist es für alle Beteiligten entwürdigend.[2]

---

[1] Das heißt umgekehrt nicht, dass all diese historischen Ausprägungen nichts mit dem Islam zu tun hätten – den reinen Islam zu postulieren, also eine Religion vor jeder historischen menschlichen Praxis, wäre ja naiv. Eher will ich darauf hinaus, dass man damit einer Versuchung des Fundamentalismus in die Falle geht (wenn auch „mit den besten Absichten", um nämlich jenem aggressiven Islam einen anderen Super-Islam entgegenzuhalten). Wenig hilfreich ist es auf Dauer auch, historische Vorzüge des Islam herauszukehren, die vor Jahrhunderten einmal bestanden. Auch wenn Kalifen und Sultane oft erstaunliche Toleranz haben walten lassen, haben sie sich diese teils bezahlen lassen. Selbst wenn sie – Staatsmänner, Eroberer, Weltpolitiker! – aber aus reiner Weisheit und Menschenfreundlichkeit gehandelt hätten, gereichte das den heute lebenden Muslimen doch kaum zur Ehre.

[2] Dasselbe gilt übrigens auch für viele der „halb gebildeten" Muslime; sie schlagen den Koran auf und sind frappiert: Es kommt ihnen alles vor wie Kraut und Rüben. Allein auf dieser Basis eine Anklageschrift gegen den Islam zu schmieden, zeigt eine Unvertrautheit mit religiösen Fragen allgemein; und, wenn es sich um ansonsten recht belesene Geisteswissenschaftler handelt, darf man hier

Am schwierigsten aber gestaltet sich das Gespräch mit ehemaligen Christen, die sich entschieden von ihrer Religion abgewendet haben; den Tücken jedes Religionsvergleichs gesellen sich dann noch allgemeine anti-religiöse Ressentiments hinzu. So misst der wütende Agnostiker den Islam womöglich an einer Messlatte, die er aus den Erfahrungen mit seinem Konfirmandenunterricht mitgebracht hat. Wenn er diese Messlatte für die heute noch einzig taugliche hält, an der seine eigene Religion zu messen ist, ist das eines; aber eine andere Religion daran zu messen, führt nirgendwohin.[3]

Gewiss, man kann sich mit Angehörigen und „Abtrünnigen" aller Konfessionen über Glaubensfragen unterhalten – aber muss es ein *Streit*gespräch werden? Viel eher sollte es doch ein behutsames, am besten privates Gespräch sein; ebenso wie man sich wünschen mag, dass Religion (und auch die Abkehr von ihr) endlich eine private Angelegenheit sein dürfte.

Chance

Vermutlich wurden in Deutschland nie mehr Bücher über den Islam publiziert als in den drei Jahren seit Ende 2001, und sie wurden nicht nur von interessierten Christen gekauft (Abu Zaid 2001; Ammann 2001, 2004; Armstrong 2002). Von zwei Seiten – fanatischen Glaubensbrüdern und besorgten Nicht-Muslimen – nach dem Kern seines Glaubens befragt, musste sich mancher „laxe" Muslim erst einmal selbst schlau machen. In dieser neuen, von wenig erquicklichen äußeren Umständen initiierten Begegnung mit der Religion, in der man aufgewachsen ist und es sich mehr oder weniger bequem gemacht hat, lag auch eine große Chance: in der Wiederentdeckung von Gleichnissen und Gebeten, Vorbildern, Biografien von früheren Gläubigen, mittelalterlichen Dichtern und heutigen Politikern; in dem Ausräumen von Vorurteilen, die man sich selbst im Laufe der Jahre angeeignet hat. Freudig findet man bestimmte Antworten: Ja, der Koran hat die Situation der Frauen tatsächlich deutlich verbessert. Nein, Mohammed

---

vielleicht doch nicht nur im deskriptiven, sondern im verbreiteten pejorativen Sinn von mangelnder Bildung sprechen.

[3] „Ich finde Kirche eh scheiße", sagte mir kürzlich ein überzeugter Agnostiker, „also darf ich ja wohl den Islam auch scheiße finden, oder?" Nein. Ganz grundsätzlich: Wer die eigenen Eltern für Langweiler hält, ist zu bedauern; sobald er sich ungebeten über die eines anderen lustig macht, wird er unverschämt. Politisch gesehen ist es darüber hinaus ein Nachteil, dass gerade viele deutsche Linke so starken Verdacht gegen jede Form religiösen Glaubens hegen. Was Asylgesetzgebung angeht, Abschiebepolitik und Auffanglager in Nordafrika (von denen Otto Schily möchte, dass wir sie Auffang„zentren" nennen), kämpft man für den Menschen als Menschen. Sobald sich aber die aus den Klauen des Bundesgrenzschutzes oder aus den Mühlen der Ausländerbürokratie geretteten Menschen als religiös entpuppen, kommt die uneingeschränkte Solidarität ins Wanken.

war nicht kriegslüstern, sondern friedliebend. Ja, im Islam kommt es auf die innere Gesinnung an, nicht aufs Lippenbekenntnis und das starre Befolgen der Regeln.

Gleichzeitig begegnet man Fragen wieder, die sich jedem Kind im Religionsunterricht stellen (auch wenn es sie nicht immer erwachsenengerecht formulieren kann): Wieso hat sich Satan gegen Gott entschieden? Was ist mit den Völkern und Generationen, die keinen Propheten erlebt haben? Wieso hat Gott die Welt nicht durch und durch gut gemacht? Gibt es die Hölle wirklich – und den Himmel? Es sind Fragen, die damals nicht, oder jedenfalls nicht zur Zufriedenheit des Kindes, beantwortet werden konnten; erwachsen geworden, erkennt man, dass es Fragen sind, die nicht beantwortet werden müssen und die immer wieder umzuschichten selbst ein wesentlicher Teil von Religion *ist*.

Seit Jahrtausenden haben sich Menschen bemüht, dem Guten einen Platz in ihrem Leben einzuräumen, ohne das Hier und Jetzt für nichtig zu erklären. Sie haben Leitung und Trost gefunden, verloren, Spiritualität mal stärker und mal schwächer empfunden. Heilige Männer kannten das Gefühl der Verzweiflung – „Oh Herr, mache Raum mir in meiner engen Brust!" (Moses) – und wenig glorreiche Frauen wurden heilig durch kleinste Taten, die einem Moment echter Barmherzigkeit entsprangen (wie die Frau, die dem verdurstenden Hund in der Wüste Wasser gab). Wo einem die Schemenhaftigkeit der Vorurteile einerseits und die übergroße Gewissheit von Eiferern andererseits Furcht einflößen kann, ist es die Vielfalt des gelebten Glaubens, die einen dessen Inhalts versichert.

So schön es ist, sich als Erwachsener noch einmal mit frischem Blick mit seinem Glauben zu beschäftigen, der Anlass bleibt unschön: nicht die terroristischen Anschläge allein (die ohnehin), sondern auch der gesellschaftliche Druck, Fragen der Religion auf die eigene politische Agenda zu nehmen. Und die Situation verführt dazu, sich als Reaktion auf anti-islamische Verdächtigungen auf ein neues Islam-Verständnis festzulegen – das zwar nicht im herkömmlichen Sinne fundamentalistisch, von seinen Inhalten vielleicht philologisch präzise und wunderbar demokratiekompatibel wäre. Und doch, die Vielfalt und Freiheit des Glaubens wird jedes Mal in Frage gestellt, wenn wir uns aufschwingen, Auskunft zu geben über „den Islam", sogar wenn es mit den besten Absichten geschieht. Jede Religion hat das Gute der Menschen, letztlich der gesamten Schöpfung im Sinn; und da das doch unstrittig ist, wozu sollte man öffentlich immer wieder auf eine bestimmte „wahre" Auslegung der Religion rekurrieren?

Immer wieder weisen besonnene Muslime darauf hin, dass es im Islam keine offizielle Version, kein Äquivalent zur Kirche und keinen Papst gibt. Man legt ihnen solche Äußerungen bisweilen als Rhetorik aus; aber selbst wenn sie dies in vereinzelten Situationen sein mag, steht dahinter doch der vernünftige und für weite Teile des Islams tatsächlich tragende Gedanke, dass ein Glaube vielleicht versuchen sollte, ohne Dogmen und Autoritäten auszukommen, die festlegen, wer dazugehört, wer nicht, und was geglaubt werden muss. Es fällt der christlich geprägten Umgebung offenbar schwer, diesen Gedanken wirklich zu akzeptieren, und so gehen ihre Vorwürfe manchmal in zwei geradezu entgegengesetzte Richtungen: Sie wirft dem Islam vor, dass er keine Reformation, keinen Luther gehabt habe; dass aber im Islam kein weltlicher Richter, kein Imam zwischen Gott und dem Gläubigen steht und über die Inhalte seines Gewissens richten darf, das passt ihr (obwohl sozusagen lutherisch durch und durch) auch wieder nicht. Immer wieder verlangt die Öffentlichkeit danach, dass endlich die *eine* muslimische Autorität auftauche, die all dem abschwört, was sie dem Islam an Abscheulichem vorwirft.

Der meinem Eindruck nach zu Unrecht als „Wolf im Schafspelz" verschrieene Tariq Ramadan zum Beispiel wurde jüngst öffentlich gefragt, was er von der Steinigung von Ehebrecherinnen halte. Er erklärte, er sei dagegen und immer dagegen gewesen, man müsse ein Moratorium zu diesem Thema ins Leben rufen. Seine nicht-muslimischen Gegner waren aufgebracht: Er will nur ein Moratorium?!? Doch man sollte sich erinnern: Im Islam gibt es auch für den einflussreichsten Mann keine Möglichkeit, eine Bulle zu erlassen. Ein anderes Mal antwortete Ramadan auf die Frage nach der Beschneidung von Mädchen mit der einzig anderen ihm zur Verfügung stehenden Antwort: Diese Praxis sei unislamisch. Wieder war man empört: Bloß unislamisch – nicht noch mehr? Und wieder bleibt rätselhaft, was man mehr erwarten kann: Sagt er, „ich bin dagegen", reicht es nicht aus; sagt er „meine Religion ist dagegen", reicht es genauso wenig.

So verständlich es einerseits ist, dass Muslime auf Anwürfe und Unterstellungen mit einer Verteidigung antworten – „der Islam sagt es aber so und so" – so schade ist es doch, dass sie sich in die Situation bringen lassen, über wenige Grundsätzlichkeiten hinaus inhaltliche, programmatische Bestimmungen ihres Glaubens vorzunehmen. Die Fundamentalisten tragen ihren angeblichen Ursprungsislam wie ein Wahlplakat (es ist zum Glück eine wenig aussichtsreiche Partei) vor sich her; müssen wir anderen Muslime uns auch ein Schild malen: „Korrektes Islamverständnis nur bei uns"? Müssen wir jetzt wirklich jeden selbstverständlichen menschlichen Zug mit einem Hinweis versehen: Der Koran befiehlt es uns? Müssen wir uns von jetzt an bei jedem Mord, den ein Muslim verübt, ebenfalls als Muslim outen, um mit der dadurch erlangten Autorität zu beteuern: Der Koran verbietet Mord?

Was soll das für eine Welt werden, in der man ständig eine Art religiösen Ausweis ziehen muss? In einem nahe liegenden Reflex sucht die Politik der Verständigung Vertreter eines „guten" Verständnisses des Islam zusammen; sie ruft „gute" Christen herbei, um ihnen die Hand zu reichen. Aber diese Politik kann dazu führen, dass sich Menschen vermehrt über ihre Religionen werden identifizieren und darüber Rechenschaft ablegen müssen – eine Abkehr von der Glaubensfreiheit, die doch nicht nur bedeuten sollte, dass jeder glauben darf, wozu er sich berufen fühlt; sondern dass er diesen Glauben auch für sich behalten darf, ohne der Vernachlässigung seiner bürgerlichen Pflichten verdächtigt zu werden.

Dieser Entwicklung zu entgehen, bedürfte es einiger Disziplin und Zurückhaltung, auf beiden Seiten. Muslime müssten der Versuchung widerstehen, bei jedem Missverständnis, bei jedem historischen oder politischen Malheur Beweise für den anderen, den wahren, den guten Islam hervorzuholen. Und Nicht-Muslime müssten davon Abstand nehmen, als Antwort auf die Taten der Fanatiker von anderen Muslimen Bekenntnisse zu und Aussagen über diesen wahren, besseren Islam zu verlangen. Es ist unwahrscheinlich, dass dies auch nur ansatzweise durchzuhalten ist; die politische Atmosphäre verlangt nach entschiedenen Reaktionen, beinahe jeden Augenblick. (Und die Tendenz, verstärkt öffentlich auf Religion Bezug zu nehmen, die so genannte Wiederkehr der Religionen, findet sich auch bei den Angehörigen anderer Religionen – in diesem Fall nicht unbedingt im Kontext des 11. September, sondern als Teil einer jener verwickelten Bewegungen, Gegenbewegungen, Nachfolgebewegungen der politischen Moderne.)

Muss es aber immer gleich ein Religionsverständnis wie aus dem Schulbuch sein? Die „Halbbildung", die man vielen Muslimen vorwirft, ist doch nicht von Schaden, solange der Inhalt der Religion kein politischer Kompass, kein Gegenstand politischer Auseinandersetzungen ist. Und wozu braucht es „vollständiges" Wissen, wo jemand für die Besserung seiner selbst und der Welt betet, oder mit Gott hadert und sich der rätselhaften Leere stellt, die wohl jeder Betende kennt?

Literatur

Abu Zaid, Nasr Hamid (2001), *Ein Leben mit dem Islam* (erzählt von Navid Kermani), Freiburg.
Ammann, Ludwig (2001), *Die Geburt des Islam. Historische Innovation durch Offenbarung*, Göttingen.
Ammann, Ludwig (2004), *Cola und Koran. Das Wagnis einer islamischen Renaissance*, Freiburg.
Armstrong, Karen (2002), *Kleine Geschichte des Islam*, Berlin.

Normalität als Ausnahmezustand
Die „Berliner Republik" und die Rückkehr des Freund-Feind-Denkens

Albrecht von Lucke

Vor 40 Jahren unternahm Hans Magnus Enzensberger den Versuch, das Verbrechen als Kern und Ursprung aller Politik zu identifizieren. Auschwitz habe die Wurzeln der Politik bloßgelegt. Jürgen Habermas hielt ihm entgegen, dass die Verbrechen der bisherigen Politik, auch die bis dahin unvorstellbare Verschmelzung von Politik und Verbrechen im Nationalsozialismus, keineswegs jegliche Politik als Verbrechen entlarvten. Zum Beweis, der gleichsam zur Verteidigung der real-existierenden Bundesrepublik geriet, führte Habermas 1964 ins Felde: „Inzwischen haben wir den Krieg geächtet und die Todesstrafe abgeschafft". Für Habermas sind dies Anzeichen dafür, dass sich hier eine „Form der politischen Herrschaft" auflöst, „die bis zu Treitschke und Carl Schmitt auf ihren Begriff gebracht worden ist. (...) Ausdruck ihrer Souveränität war im Inneren die Todesstrafe, nach außen der Krieg". Der damals noch jungen Bundesrepublik bescheinigte Habermas folglich das „Verenden der Politik", genauer: „der bisherigen Form der Politik".

40 Jahre später, da Kriege für die neue „Berliner Republik" seit geraumer Zeit wieder führbar sind, mehren sich die Anzeichen für ein Abkommen vom einstigen Wege und die Rückkehr des Freund-Feind-Denkens. Um die gegenwärtige Situation und ihr Verständnis des Politischen angemessen zu begreifen, ist es somit erforderlich, sich die besondere politische Lage der alten, der „Bonner Republik" zu vergegenwärtigen. Worin bestand ihre neuartige „Form der Politik"? Und warum unterschied sich diese so fundamental von dem bis kurz zuvor herrschenden „Begriff des Politischen" Carl Schmitts?

Sonderfall „Bonner Republik"

Die alte Bundesrepublik stellt ein historisches Novum, eine historische Ausnahme dar – indem sie ohne den Ausnahmezustand auskam. In der Tradition „bis zu Treitschke und Carl Schmitt" war der Ausnahmezustand der Kristallisations- und Höhepunkt alles Politischen, nämlich der Moment der Entscheidung über Freund

und Feind, über Leben und Tod. Mit der Abschaffung der Todesstrafe hatte sich die Bundesrepublik dieses politischen Potenzials nach innen bewusst begeben.

Im Außenverhältnis waren dagegen für den von Habermas diagnostizierten „Auflösungsprozess des Politischen" im Sinne Schmitts nicht in erster Linie politische Entscheidungen verantwortlich, sondern die geschichtlichen Umstände, nämlich die globale Situation zwischen 1949 und 1989 samt ihrer besonderen Auswirkungen auf Deutschland. Der im vergangenen Jahr verstorbene Historiker Wolfgang J. Mommsen fand 1979 die treffende Metapher, als er die Bundesrepublik als „politisches Glashaus" bezeichnete, welches durch die westliche Schutzmacht gegenüber Dritten abgeschirmt wurde. Dadurch war es der Bundesrepublik überhaupt erst möglich, sich „vornehmlich ihrer wirtschaftlichen Wiedererstarkung zuzuwenden, statt, wie andere Mächte, an den Anstrengungen und an den Kosten weltweiter Sicherungspolitik, einschließlich der entsprechenden militärischen Aufwendungen, in angemessenem Umfang beteiligt zu werden" (Mommsen 1979: 195). Die Republik genoss, wie Niklas Luhmann (1992) es einmal nannte, eine Karenz von weltpolitischer Verantwortung.

Seine Identität, seinen Stolz gewann das Land primär aus post-nationalen Kategorien, insbesondere aus seinem wachsenden Wohlstand in Folge des Wirtschaftswunders. Das „Wir sind wieder wer", das Mommsen ausmachte, basierte in erster Linie auf der wirtschaftlichen Leistungsfähigkeit der Republik. Man definierte sich über Jahrzehnte nicht zuletzt als Export- und daneben, scheinbar nicht weniger wichtig, auch so manches Mal als Fußball-Weltmeister – weshalb andere gar das Jahr 1954 als den eigentlichen Beginn bundesrepublikanischen Wir-Gefühls ansehen.

Die ökonomische Identitätsstiftung der alten Bundesrepublik wurde durch den Klassenkompromiss, die Hegung des Antagonismus zwischen Arbeit und Kapital, befördert. Das Aufstiegsparadigma, das es Menschen aus kleinsten Verhältnissen ermöglichen sollte, an die Spitze von Staat und Wirtschaft zu gelangen, stiftete der einseitig wohlstandsorientierten, nivellierten Mittelstandsgesellschaft den erforderlichen sozialen Kitt. Die Überzeugung, aus eigener Anstrengung vormals unüberwindbare Klassengrenzen überwinden zu können, sorgte für sozialen Frieden und machte die Bevölkerung für revolutionäre Umsturzphantasien unempfänglich. Mit Gerhard Schröder, dem Halbwaisen aus ärmsten Verhältnissen an der Spitze des Staates, wurde dieses Paradigma 1998 an höchster Stelle exemplarisch beglaubigt.

Wirtschaftliche Fixierung wie politische Desillusionierung nach zwölf Jahren Nationalsozialismus machten zunehmend vergessen, dass das Land auch in dem von Mommsen beschriebenen Sinne post-souverän war. Post-souverän zunächst im klassischen Sinne fehlender Verfügungsgewalt über außenpolitische Hoheits- und Entscheidungsbefugnis, post-souverän damit aber auch in einem radikaleren Sinne, insofern als die Bundesrepublik nicht in der Lage war, über den Krieg als den Ausnahmezustand zu entscheiden. Nach den Kategorien Carl Schmitts war die Bundesrepublik somit kein politischer Akteur mehr, da sie über Freund und Feind nicht mehr entscheiden konnte. Nach außen mangels Souveränität, sprich: des Rechts zur Entscheidung über die Frage von Krieg und Frieden; nach innen aufgrund der Selbstbindung durch das Grundgesetz, das mit seinem Menschen- und Bürgerrechtskatalog, insbesondere der Abschaffung der Todesstrafe, die Konsequenzen aus der größtmöglichen Radikalisierung des Freund-Feind-Gegensatzes im „Dritten Reich" gezogen hatte.

Auch wenn mit der Einführung der Notstandsgesetze und im Zuge der Terrorismus-Hysterie der 70er Jahre vermeintliche Sympathisanten einigermaßen schnell zu Verfassungsfeinden erklärt werden konnten – mit dem Schmittschen Recht, den einzelnen als Feind der Rechtsordnung *hors la loi*, außerhalb des Rechts, zu setzen und bis zu dessen Vernichtung zu bekämpfen, hatte das zum Glück nur noch wenig zu tun. Und selbst wenn im „Deutschen Herbst" des Jahres 1977 vereinzelt über standrechtliche Erschießung von Terroristen nachgedacht wurde, letztlich bestand das Land seine Bewährungsprobe. „Große Politik" im Sinne Carl Schmitts, Politik gegen den Feind bis zu dessen Vernichtung, fand in der Bundesrepublik nicht statt. Derart die Konsequenz aus der nationalsozialistischen Terrorherrschaft ziehend, wurde die „Bonner Republik" zu einem dezidiert Anti-Schmittianischen Projekt.

Die „gehegte" Republik

Dabei profitierte die „gehegte" Republik in entscheidender Weise von der globalen Neutralisierung als Ergebnis des atomaren Patts. Man lernte die Bombe zwar nicht zu lieben, doch so sehr zu fürchten, dass jede kriegerische Auseinandersetzung zwischen den Blöcken sich verbot. Obwohl also in der Weltanschauung der beiden Systeme die Trennung und Unterscheidung von Freund und Feind eindeutig gegeben war, bis hin zur manichäischen Stigmatisierung des „Reichs des Bösen" unter Ronald Reagan, war doch die Möglichkeit der kriegerischen Vernichtung des Gegners faktisch, bei Gefahr des eigenen Untergangs, ausgeschlossen. „Als politisches Instrument jedenfalls hat der Krieg ausgedient, zumindest im Einzugsbereich des Ost-West-Konflikts" (Czempiel 1986: 13), bilanzierte selbst die Friedensforschung.

Insofern war auch auf globaler Ebene der Freund-Feind-Gegensatz in hohem Maße gehegt, um genau zu sein: blockiert. Tatsächlich war er im Sinne der erforderlichen Intensität als der „realen Möglichkeit" des Krieges (Schmitt 1996: 33) letztlich nicht mehr existent. Der Begriff des Feindes im Schmittschen Sinne hatte seinen „Sinn" verloren. Die Politik als radikale Freund-Feind-Unterscheidung mit der Möglichkeit des Krieges zwischen den Staaten beziehungsweise Blöcken war faktisch abgeschafft – weshalb Carl Schmitt auch im Partisanen das Prinzip des Politischen neu entdecken musste.

Die Hegung des Politischen betraf somit die Blocksituation in Gänze, weshalb man die Situation des Kalten Krieges als eine Situation des Post-Politischen im Sinne Carl Schmitts begreifen kann. An die Stelle totaler existenzieller Verneinung als dem wahren Wesen des Politischen im Schmittschen Sinne trat ein anderes Prinzip: das der Kommunikation. Noch das Verhältnis der beiden Blöcke, die Logik der Abschreckung, war hochgradig kommunikativ und basierte auf permanenter gegenseitiger Beobachtung. Beobachtung und Kommunikation waren die beiden Pole der Semantik des kalten Krieges, genauer: „Kommunikation durch Beobachtung" das Prinzip. Ost und West funktionierten gleichsam wie kommunizierende Röhren.

Das permanente Ausbleiben des atomaren Overkills im Angesicht der Bombe schien die Luhmannsche „Wahrscheinlichkeit des Unwahrscheinlichen" stets aufs Neue zu beglaubigen. Doch diese Kommunikation basierte auf der Logik einer von beiden Seiten geteilten Grundüberzeugung, nämlich dem beidseitigen Willen zum Überleben und zur Vermeidung des eigenen Untergangs. Die Zeit des „Kalten Krieges" entwickelte auf diese Weise ihre spezifische „Form der Politik": Integration und Inklusion fanden zunächst im je eigenen Block, im Kommunismus oder Liberalismus/Kapitalismus, durch Plan bzw. Markt statt. Innerhalb der Systeme garantierten die beiden unterschiedlichen Codes das Funktionieren und die Kommunikation – und die jeweiligen „Schutzmächte" den einzelnen Staaten die friedliche Existenz. Übergeordnet garantierte wiederum der Kalte Krieg den beiden Blöcken ihren Bestand

Die Bundesrepublik verdankte dieser globalen Konstellation eine für die deutsche Geschichte einzigartige Befriedung nach innen wie nach außen: weder Krieg noch Bürgerkrieg über eine Friedensperiode von gut 40 Jahren. In ihrer tatsächlichen Politik war die Bundesrepublik ein Land, welches zunehmend ohne den Feind auskam – am Ende sogar ideologisch-weltanschaulich. Hatte der Antikommunismus als eines der geistigen Fundamente der NS-Diktatur der frühen Bundesrepublik noch eine probate Anschlussideologie für den verlorenen Nationalsozialismus beschert, wurde er im Gefolge von '68 zunehmend aufgeweicht. Seinen Höhepunkt erreichte das Streben nach einer Form der friedlichen, kommunikativen Koexistenz in den 80er Jahren, was mit der massiven Ablehnung der Reaganschen Aufrüstungspolitik einher ging. Bezeichnenderweise lautete die Parole der Friedensbewegung fundamental anti-schmittianisch: Der Frieden ist der Ernstfall.

Indem die Politik der Bundesrepublik nicht mehr im Sinne Carl Schmitts als Freund-Feind-Auseinandersetzung funktionieren konnte und sollte, musste ihre neue Begründung woanders entspringen, nämlich – neben dem wachsenden Wohlstand – aus Kommunikation und Konflikt, der jedoch immer in gehegten Bahnen zu verlaufen und zum Konsens zu führen hatte. Folgerichtig verstand sich der liberale bundesrepublikanische „Verfassungspatriot" von Sternberger bis Habermas als ein durch Vernunft geläuterter, allem nationalen Überschwang abholder Bürger, dessen Patriotismus auf den Menschen- und Bürgerrechten des Grundgesetzes basierte. Es ist kein Zufall, dass die beiden beherrschenden und vermeintlich so konträren Denker der späten Bundesrepublik, Jürgen Habermas und Niklas Luhmann, Theoretiker der Kommunikation sind. Bei aller Unterschiedlichkeit überwiegt bei allgemeiner Betrachtung die Gemeinsamkeit, das geteilte Fundament der Kommunikation. Überspitzt formuliert: Was dem einen die Anschlussfähigkeit, ist dem anderen der herrschaftsfreie Diskurs. Den existenziell Anderen außerhalb der Kommunikation sollte es nicht geben. Das Denken der alten Bundesrepublik wurde so zu einem Denken in Theorien der Deliberation und der Verständigung. Die „Einziehung des Anderen" (Habermas 1996), gelebt in der friedlichen Koexistenz, war das Antidot gegen das antiliberal ausgrenzende Freund-Feind-Denken Carl Schmitts.

In diesem Sinne wurde zur „Politik der Bonner Republik" nicht die Bekämpfung oder gar Vernichtung des existenziell „Anderen", sondern dessen kommunikative Einbeziehung nach innen wie nach außen – durchaus und nicht zuletzt auch zum eigenen ökonomischen Nutzen, bei der Integration der Gastarbeiter stärker als beim grund- und menschenrechtlich verbürgten Recht auf Asyl. Ziel dieses Projekts der Versöhnung war – zuerst gen Westen, danach gen Osten – die „Entfeindung" (Eppler 1998: 21) zum Teil Jahrhunderte lang verfeindeter Gegner.

Die Rückkehr des Feindes

Mit *nine eleven* ist die Lage eine fundamental andere geworden: Am 11. September 2001 schlug die Stunde Carl Schmitts. Der globale Terrorismus Al Quaidas, der anders als frühere Gruppierungen ohne explizite Forderungen oder Bekennerschreiben auskommt, verkörpert den radikalen Kommunikationsabbruch, das Ende der Anschlussfähigkeit und das Ende einer post-metaphysischen Vernunft, die auf Dialog und Kompromiss abhebt. „Ihr liebt das Leben, wir lieben den Tod" ist nicht mehr kommunizierbar, sondern die radikale wie totale Kommunikationsverneinung und die Erklärung unüberbrückbarer Feindschaft bei unbedingter Tötungs- wie Todesbereitschaft (vgl. Fischer in diesem Band).

Der 11. September steht dabei nur am vorläufigen Ende einer dramatischen Veränderung der globalen Lage. Bereits mit dem Zerfall der Sowjetunion hatte die starre bipolare Ordnung angefangen, sich zu verflüssigen, hatten, um im Bilde zu bleiben, die vormals ordnungsstiftenden Pole zu schmelzen begonnen. Doch während 1989 kurzzeitig die Hoffnung bestand, dieses Prinzip der je halbierten Integration in einem Projekt zu vereinen, aus zwei Hälften die neue „Eine Welt" samt „Neuer Weltordnung" (George Bush der Ältere) entstehen zu lassen, wurde diese Hoffnung im Gefolge des 11. September 2001 jäh beendet. Dabei hatte gerade der 11. September paradoxerweise für einen winzigen historischen Augenblick noch einmal die Hoffnung befestigt, die Welt könne in neuer Solidarität gegen den globalen Terrorismus zusammen stehen. Ein tragischer Irrtum: Der 11.9. steht für die Renaissance des Paradigmas von Freund und Feind.

Indem George W. Bush die Feinderklärung der Terroristen nicht mit polizeilich-geheimdienstlichen, sondern mit den Mitteln des Feindes beantwortete, nämlich mit der Erklärung eines Kreuzzuges zur Herstellung von unbegrenzter Gerechtigkeit (*infinite justice*), wurde das Freund-Feind-Denken global hegemonial. Auch wenn die totale Feinderklärung der Terroristen vorausging: Der eigentliche Krieg beginnt mit der Verteidigung (Clausewitz). Die Antwort des Angegriffenen entschied über den Kriegszustand der Welt. George W. Bushs „Wer nicht für uns ist, ist gegen uns" bedeutet das Ende für jede Form der Neutralität. Die Radikalisierung im Denken des Angegriffenen wurde zum größten Erfolg der Terroristen.

Ideologisch obsiegte damit Samuel W. Huntingtons Vorstellung des *clash of civilizations*, vulgo: des „Krieges der Kulturen", über Fukuyamas „Ende der Geschichte" in Demokratie und Kapitalismus. Mit seinem „Krieg gegen den Terrorismus" verdrängte Bush der Jüngere die Proklamation einer „Neuen (friedlichen) Weltordnung" durch seinen Vater auf unabsehbare Zeit. (Die von Bush jr. propagierte *infinite justice* kann es im eigentlichen, christlichen Sinne ohnehin nicht in der irdischen Welt, sondern nur im göttlichen Paradies geben.) Mit dem 11. September datiert somit eine neue Zeit der Verfeindung und Entnèutralisierung; Blockfreiheit wie zu Zeiten des Kalten Krieges hat in dieser Weltsicht keinen Platz.

Und noch gravierender: War zu Zeiten des Kalten Krieges die heiße Schlacht zwischen den Blöcken ausgeschlossen, wird sie jetzt wieder möglich – zwischen den großen Mächten und den demgegenüber verhältnismäßig kleineren. Der Kern der Monroe-Doktrin – „Not in my backyard" – wird zum allgemein gültigen Credo der neuen „Großraumordnung mit Interventionsverbot für raumfremde Mächte" (Schmitt 1991). Im jeweiligen Hinterhof wiederum ist der Feindbekämpfung unter dem legitimatorischen Siegel des Kampfes gegen den

Terrorismus Tür und Tor geöffnet, wie dies die russische Politik in Tschetsche-
nien grausam beweist.

Mit dem Irakkrieg wurde schlagartig klar, dass vor 1989 der brüchige Frieden nicht auf der universalistischen Weltgemeinschaft, sondern primär auf der
Hegung durch den Kalten Krieg basierte. Die perverse Logik der Abschreckung
befriedete die Welt. Sie sorgte dafür, dass das Gleichgewicht des Schreckens das
eines Schreckens in der Vorstellung blieb. Diese „Ordnung" ist seit 1989 und
dem Beginn des Untergangs der Sowjetunion unwiederbringlich dahin. Dem
Ende des Ostens folgte das Ende des Westens, genauer: der durch den Kalten
Krieg zusammengeschweißten „westlichen Wertegemeinschaft" mit ihrem Bekenntnis zu UNO und Menschenrechten. Der Irakkrieg, aber auch die Ablehnung
des Protokolls von Kyoto wie des Internationalen Strafgerichtshofs symbolisie-
ren die schleichende Abkoppelung der einzigen verbliebenen Weltmacht USA
von den Institutionen der Weltgemeinschaft, die der neuen hegemonial werdenden Logik des Freund-Feind-Denkens zu folgen scheint.

Dieses neue Paradigma hat unmittelbare Auswirkungen auf die Bundesrepublik. Vieles spricht dafür, dass wir – sowohl außen- wie innenpolitisch – mit
dem 11.9.2001 am Ende der „Ausnahme Bundesrepublik" angelangt und gleichzeitig zur „Normalität" als Ausnahmezustand im Sinne Carl Schmitts zurückge-
kehrt sind. Denn bereits ab dem 9.11.1989 hatte sich die Bonner Republik
schleichend ihrer Post-Souveränität entledigt.

Bürger oder Feind

Mit der Wiederherstellung des souveränen deutschen Nationalstaats änderte sich
die Grundkonstellation fundamental: Die Republik verließ ihr „Glashaus". So
beteiligte sich die Bundesrepublik 1999 erstmalig nach 1945 an einem Krieg –
was eine große Koalition von Kanzler Schröder bis zur *Frankfurter Allgemeinen
Zeitung* umgehend als das „Ende der Nachkriegszeit" und als endgültige „Normalisierung" wertete. Mittlerweile ist die Bundesrepublik an diversen Kriegen
beteiligt gewesen – im Falle des Kosovo-Krieges sogar außerhalb der UN-
Regeln.

Die herrschende Tendenz zur Entrechtlichung in Folge von *nine eleven* wie
das Aufkommen einer neuen Freund-Feind-Terminologie drohen auch innenpolitisch zunehmend durch zu schlagen. Besonders deutlich wird dies bezeichnenderweise in der radikalen Diktion des Innenministers. Otto Schilys Aussage
„Wer den Tod will, kann ihn haben" als Reaktion auf das „Ihr liebt das Leben,
wir lieben den Tod" Al Quaidas impliziert die Akzeptanz des Freund-Feind-
Gegensatzes – selbst unter Verzicht auf bisher gültige bundesrepublikanische

Mindeststandards, nämlich den Verzicht des Staates auf mutwillige Tötung seiner Gegner.

Die gleiche Tendenz, durch das Grundgesetz vermeintlich abgesicherte Standards in Frage zu stellen, manifestiert sich in der aufgeregten Debatte über die Zulässigkeit von Folter. In der rechtswissenschaftlichen Fachdiskussion sind die relativierenden Überlegungen immerhin schon bis in die Neukommentierung des Menschenwürde-Artikels im maßgeblichen Grundgesetzkommentar Maunz/ Dürig vorgedrungen. Der Kommentator Matthias Herdegen hält es in seiner Kommentierung von Artikel 1 Absatz 1 GG „im Einzelfall" für möglich, „dass die Androhung oder Zufügung körperlichen Übels, die sonstige Überwindung willentlicher Steuerung oder die Ausforschung unwillkürlicher Vorgänge wegen der auf Lebensrettung gerichteten Finalität eben nicht den Würdeanspruch verletzen" (Herdegen 2003). Für den ehemaligen Präsidenten des Bundesverfassungsgerichts Ernst-Wolfgang Böckenförde (2003, 2004) markieren diese Änderungen einen „Epochenwechsel" in der Geschichte der Bundesrepublik, nämlich das Ende der Unantastbarkeit der Menschenwürde.

Noch erheblich weiter als die Überlegungen Herdegens gehen hingegen jene, die seit geraumer Zeit der Bonner Strafrechtsprofessor Günther Jakobs anstellt. Indem Jakobs zwischen *Bürgerstrafrecht* und *Feindstrafrecht* unterscheidet, schafft er systematisch Zonen völliger Rechtlosigkeit. Im Gegensatz zum Bürgerstrafrecht, innerhalb dessen Täterinnen und Täter weiterhin als Mitglied der Rechtsgemeinschaft geachtet werden, setzt das Jakobsche „Feindstrafrecht" die Achtung der Menschen als Rechtspersonen für eine bestimmte Gruppe von Menschen gezielt außer Kraft. Es kommt für Jakobs dann zur Anwendung, wenn Menschen sich derart fundamental gegen die Rechtsordnung stellen, dass mit ihnen eine rechtliche Gemeinschaft nicht möglich ist. Wer diese „kognitive Mindestgarantie (...) für die Behandlung als Person" (Jakobs 2004: 92) nicht erfüllt, habe keinen Anspruch darauf, wie eine Person mit gleichen Rechten behandelt zu werden. Dies gelte für Hangtäter, Berufsverbrecher und, vor allem, Terroristen.

Als Feind der Rechtsordnung verwirkt der Terrorist seinen Anspruch, als Person behandelt zu werden, und existiert rechtlich nur noch als rechtloses Individuum im Hobbesschen Naturzustand. Im Umgang mit diesen Nicht-Personen ist dem Staat nahezu alles erlaubt, was der Friedenssicherung und seiner eigenen staatlichen Selbsterhaltung dient. In der Stunde der Not müsse der Normstaat, „wenn man nicht untergehen will", so Jakobs mit Blick auf den 11. September, im Umgang mit den erklärten Feinden seiner Rechtsordnung zum „gebändigten Krieg" übergehen. Geboten sei die Reduktion des Rechts auf die rein instrumentelle „Maßnahme", um den Feind zu „bekriegen" und zu besiegen.

Diese Unterscheidung zwischen Bürger und Feind steht in völligem Widerspruch zu den Prinzipien des Grundgesetzes, wonach Personen ungeachtet ihrer Gesinnung die Menschenwürde zusteht – entspricht aber exakt der Auffassung der gegenwärtigen US-Regierung, wonach ein Präsident in Kriegszeiten Feinde des Staates, so genannte *enemy combatants*, ohne Kriegsgefangenenstatus, also ohne weitere Begründung und ohne Zugang zu den Instrumenten des Völkerrechts, festsetzen darf – wie dies in Guantanamo und an zahlreichen anderen Orten der Welt geschieht. Wenn aber gleichzeitig der Krieg gegen den Terror als unbegrenzt definiert wird, wird der Zustand der Rechtlosigkeit verewigt; die Rechtsfreiheit wird System. Die Rechtlosigkeit von Guantanamo wie die Folterungen von Abu Ghraib sind Ausfluss dieser systemischen Rechtlosigkeit. Der Rechtsstaat wird damit dauerhaft zum unkontrollierbaren „Maßnahmestaat" (Fraenkel 2001), der allein vom Ausnahmezustand her bestimmt wird.

Mit dieser Rückkehr des Ausnahmezustandes als der permanenten Entscheidung über Freund und Feind lautet die entscheidende Frage: Was macht den Feind aus? Nicht viel – wie nicht nur die fatale Definition Carl Schmitts, sondern auch eine sich immer stärker verdichtende Praxis belegen. Nach Schmitt (1996: 27) ist der Feind „eben der Andere, der Fremde, und es genügt zu seinem Wesen, dass er in einem besonders intensiven Sinne existenziell etwas Anderes und Fremdes ist". Der Feind ist somit die Bedrohung der eigenen Existenz. Was natürlich umgehend die Frage aufwirft: Was ist die eigene Existenz, und wer bestimmt sie? Die Beantwortung dieser existenziellen Frage bleibt bei Schmitt allein der Dezision des betroffenen Staates überlassen.

Damit entscheidet letztlich der jeweilige Staat, indem er über das eigene Wesen entscheidet, auch über seinen jeweiligen Feind. Wenn sich beispielsweise Amerika – ganz postmodern – auch als *American way of life* definiert und tatsächlich denselben in seiner Verteidigungsdoktrin schützt, wird ein jeder zum Feind, der Anstalten macht, Amerika an der Verfolgung eben jenes *American way of life* zu hindern. Eben dies geschieht in der neuen US-amerikanischen Sicherheitsdoktrin.

Diese Tendenz zu einer zunehmenden Verfeindung ist jedoch keineswegs amerika-spezifisch, sondern gilt auch für Deutschland und Europa. Während jedoch für Amerika der Krieg wieder zum Weltanschauungskrieg wird, genügt dem europäischen Kontinent bisher ein wesentlich „sachlicheres", nämlich weit weniger ideologisches Feindverständnis, wie es nicht zuletzt im herrschenden Asylrecht, genauer: der Praxis der Asylrechtsverhinderung zum Ausdruck kommt.

Die zunehmende Abschottung Europas funktioniert faktisch als permanente Feind-Erklärung – ohne dass der Feind überhaupt noch als ein solcher bezeichnet würde. Der potenzielle „Eindringling" wird als im Schmittschen Sinne wesent-

lich Anderer „lediglich" daran gehindert, zu uns zu gelangen – mit der Begründung, dass Europas Existenzrecht, sprich: sein wirtschaftliches Überleben, sonst
in Frage gestellt würde. Der potentielle Asylant wird damit zum Feind ohne
explizite Feind- oder Kriegserklärung, sondern durch bloße Verwaltungspraxis.
Faktisch bewirkt diese Abschottung Jahr für Jahr ungezählte Todesurteile – ohne
dass die westliche Welt daran Anteil nähme. Insofern geht auch diese Politik im
Schmittschen Sinne tatsächlich auf Leben und Tod, wie Otto Schily es bereits
gegenüber den Terroristen ankündigte.

Gilt Gleiches bald auch für den Flüchtling, der Europa anstrebt und dabei in
Zukunft riskieren könnte, in afrikanischen Sammellagern an unbekannten Orten
ohne jeden Rechtsanspruch zu verschwinden? Am Ende stünde auch hier die
reine Dezision ohne rechtliches, geschweige denn grundgesetzlich garantiertes
Verfahren. Im Prozess dieser schleichenden Verfeindung werden Individualrech-
te radikal entwertet. Abgeschlossene Kollektive gewinnen wieder an Bedeutung,
der Einzelne hingegen verliert fundamental: „Aus den Augen aus dem Sinn"
lautet die herrschende Maxime nicht nur in der Asyl- und Abschiebepraxis. Am
Ende steht tatsächlich mit Giorgio Agamben (2002) das Lager, in dem der un-
sichtbare Einzelne über keinerlei Rechte, sondern bloß über das nackte Leben
verfügt.

Sicherheit statt Solidarität

Auf der anderen Seite taucht der Feind als der Andere zunehmend auch im Eigenen auf – und das nicht nur als terroristischer „Schläfer". Es entsteht eine neue
Exterritorialität im Territorialen: die *sans-papiers*, die Staatenlosen, Menschen
ohne Staatsbürgerschaft – die immer mehr als bloße Gefährdung staatlicher Sicherheit und damit als Feinde erscheinen.

Faktisch erleben wir einen fundamentalen Paradigmenwechsel nach *nine
eleven*: Vom Prinzip der Solidarität zum Primat der Sicherheit. Der westliche
Staat als Vorsorge- oder Wohlfahrtsstaat wird immer mehr zum reinen Not- und
Sicherheitsstaat und zudem droht der Rechtsstaat durch maßnahmestaatliche
Verfahrensweisen ausgehöhlt zu werden, indem das Freund-Feind-Denken an
Macht gewinnt.

Anders als in Carl Schmitts obskurer Geschichtsphilosophie ist jedoch nicht
von einer bloß partikularen Verfeindung, in jeweils nur einem Gebiet der Gesellschaft (Theologie, Philosophie, Ökonomie) bei gleichzeitiger Neutralisierung
eines anderen auszugehen (Schmitt 1996: 89). Vieles spricht im Gegenteil dafür,
dass sich Entneutralisierung und neuerliche Verfeindung in Zukunft auf allen
Feldern der Gesellschaft gleichzeitig abspielen könnten. Der Freund-Feind-

Gegensatz würde dann nicht nur auf dem Feld des Politisch-Militärischen dominieren, sondern zunehmend auch auf dem Feld des Ökonomischen – vom Religiösen ganz zu schweigen.

Tatsächlich beginnt das Prinzip der Verfeindung bereits, wenn auch vorerst noch schleichend, als „Rückkehr der Klassengesellschaft" die Wirtschaft zu infizieren. Indem international wie national zunehmend Abstammung und Herkunft statt Talent und Befähigung den Ausschlag über Zukunftschancen geben, drohen alte Friktionen in die westlich-kapitalistischen Gesellschaften zurückzukehren (The Economist 2004). Schwindende soziale Mobilität und zunehmende soziale Deklassierung kündigen die Rückkehr der „alten sozialen Frage" (Ritter 2005) an. Gerade für die Bundesrepublik berührt jedoch die potenzielle Verfeindung im Ökonomischen die Wurzeln ihrer Identität – schließlich beruhte ihre Stabilität nicht zuletzt auf der Hegung des Klassenkampfes. Die Zustimmung zur Bonner Republik als Konsens- wie Konfliktgemeinschaft wurde in erster Linie durch die klassenübergreifende Prosperität garantiert. Die aggressive Verbitterung jener, die die Durchleuchtung ihrer Einkünfte und Vermögen im Zuge von Hartz IV als massive Deklassierung erleben, mag einen Vorschein darauf geben, welche ökonomischen Spaltungen und Spannungen in dieser Gesellschaft möglich sind, wenn der Wohlfahrtsstaat ernsthaft erodieren sollte. Wie dieser mit anhaltender Stagnation und wachsender wirtschaftlicher Schwäche umzugehen vermag, wird abzuwarten zu sein.

Recht oder Macht

Ist die „Berliner Republik" der zunehmenden globalen Verfeindung also tatsächlich hilflos ausgeliefert? Wie könnte und müsste die Antwort der Bundesrepublik angesichts fortgesetzter politischer wie religiöser Radikalisierung in Folge internationalen Terrors aussehen? Carl Schmitts Antwort auf die neue Lage wäre jedenfalls klar: Zur Bekämpfung des Feindes nach innen wie nach außen bedarf es des starken, des autoritären Staates, der den Kampf mit seinen Feinden entschieden, gegebenenfalls bis zu deren Vernichtung, aufnimmt.

Hat die Theorietradition der Bundesrepublik dem aber tatsächlich ausschließlich Kommunikation und Deliberation entgegenzusetzen? Keineswegs. Es dürfte kein Zufall sein, dass just mit dem nahenden Ende der Bonner, also gewissermaßen in der Latenz- und Übergangsphase zur Berliner Republik nach 1989, die stärkere Hinwendung zur Tradition des Rechts und der Institutionen des demokratischen Rechtsstaats datiert (Habermas 1992). Und tatsächlich ist es die Tradition der durch nationales wie internationales Recht garantierten Menschen- und Bürgerrechte, die, geschützt durch die Unabhängigkeit der Gerichte bis hin

zum Bundesverfassungsgericht und flankiert von einer Tradition der kontrollie-
renden, deliberativen Öffentlichkeit, am stärksten Gewähr dafür zu bieten
scheint, dass die Berliner Republik rechtsstaatlichen Kurs hält. Institutionell
verankert, zähmt das Recht die Macht – und lässt das verbrecherische Potenzial
jeder Politik nicht zur Entfaltung kommen. In der abstrakten Form des Rechts
manifestiert sich somit das eigentliche Erbe der neuen „Form der Politik" der
Bonner Republik. Jetzt erst wird sich jedoch zu erweisen haben, ob sich der
Rechtsstaat Bundesrepublik nicht nur im „Glashaus", sondern auch im „Frei-
land" zu behaupten vermag.

   Ironischerweise ist es gerade jene Generation der 68er, die die Bonner Republik bis zum „Deutschen Herbst" von 1977 ihrer vielleicht stärksten innenpolitischen Belastungsprobe aussetzte und nun, ihrerseits die Regierung stellend,
beweisen muss, ob die rechtsstaatlichen Traditionen der Republik angesichts der
neuen globalisierten „Normalität" des Freund-Feind-Denkens wirklich bestehen
können. Im Rahmen der Außenpolitik lässt die entschiedene Haltung der Bundesregierung gegen den völkerrechtswidrigen Irakkrieg, ungeachtet ihrer auch
wahltaktischen Motive, immerhin hoffen – während zugleich die scheinbar völlige Demokratie- und Menschenrechts-Indifferenz des Kanzlers gegenüber Russland und China gewisse Zweifel weckt, ob die Verteidigung des deutschen
Rechtsstaats in Gerhard Schröder im Ernstfall einen guten Anwalt hätte.

   Immerhin dürften die desaströsen Folgen des Irak-Krieges das Gewicht der
soft power des Rechts auf der globalen Waage vergrößert haben – zu Lasten der
hard power brachialer Machtpolitik. Dennoch ist damit der terroristische Freund-
Feind-Gegensatz nicht aus der Welt. Im Gegenteil: Vieles spricht angesichts der
rasant sich öffnenden globalen Schere zwischen arm und reich dafür, dass die
ökonomischen, politischen und religiösen Konflikte weiter zunehmen werden.

   Davon wird auch Deutschland als Teil des Westens auf Dauer nicht unbe-
rührt bleiben, auch wenn das Land den Terroristen bisher vorwiegend als
„Schlaf- und Rückzugsraum" diente. Im Zuge der Intensivierung des Kampfes
gegen den Terrorismus könnte sich dies jedoch schon bald entscheidend ändern.
Auf dem Gebiet der Inneren Sicherheit dürfte der Bundesrepublik ihre eigentliche Bewährungsprobe deshalb erst noch bevorstehen.

   Erst der Ernstfall kann jedoch letztlich den Beweis erbringen, ob sich tat-
sächlich die Einsicht durchsetzen wird, dass der Kampf gegen den Terror „nicht
gegen den Rechtsstaat, sondern nur mit ihm" (Benda 2004) zu gewinnen ist. Die
Bereitwilligkeit einer Mehrheit der Bevölkerung wie auch eines erheblichen
Teils der CDU, bereits im Fall des stellvertretenden Frankfurter Polizeipräsiden-
ten Daschner über das absolute Folterverbot hinweg zu sehen, lässt hier nichts
Gutes ahnen. Noch ist keineswegs ausgemacht, ob die Bundesrepublik als
Rechtsstaat in Zeiten radikaler Verfeindung wird bestehen können – oder ob sich

auch in Deutschland die Radikalisierung im Denken des Angegriffenen durchsetzen wird. Es wäre jedenfalls weit mehr als eine tragische Ironie der Geschichte, sollte das verheerende Freund-Feind-Denken Carl Schmitts in der Politik der „Berliner Republik" tatsächlich seine Neuauflage erleben – und damit die „Bonner Republik" nachträglich zu einem Sonderweg im deutschen Sonderweg machen.

Literatur

Agamben, Giorgio (2002), *Homo sacer*, Frankfurt a. M.

Agamben, Giorgio (2004), *Ausnahmezustand*, Frankfurt a. M.

Ernst Benda (2004), „Wer stark ist, foltert nicht", in: *Die Welt*, 26. Juli.

Böckenförde, Ernst-Wolfgang (2003), „Die Würde des Menschen war unantastbar", in: *Frankfurter Allgemeine Zeitung*, 3. September.

Böckenförde, Ernst-Wolfgang (2004), „Bleibt die Menschenwürde unantastbar?", in: *Blätter für deutsche und internationale Politik*, Jg. 49, H. 10, S. 1216-1227.

Clausewitz, Carl von (1963), *Vom Kriege*, Reinbek.

Czempiel, Ernst-Otto (1986), *Friedensstrategien. Systemwandel durch Internationale Organisationen, Demokratisierung und Wirtschaft*, Paderborn u. a.

Enzensberger, Hans Magnus (1964), *Politik als Verbrechen*, Frankfurt a. M.

Eppler, Erhard (1998), *Die Wiederkehr der Politik*, Frankfurt a. M.

Fraenkel, Ernst (2001), *Der Doppelstaat*, Hamburg.

Habermas, Jürgen (1964), „Vom Ende der Politik", in: *Frankfurter Allgemeine Zeitung*, 17. Oktober.

Habermas, Jürgen (1992), *Faktizität und Geltung*, Frankfurt a. M.

Habermas, Jürgen (1996), *Die Einbeziehung des Anderen. Studien zur politischen Theorie*, Frankfurt a. M.

Herdegen, Matthias (2003), Artikel 1 GG, Rdnr. 45, in: Maunz/Dürig, *Kommentar zum Grundgesetz*, München.

Jakobs, Günther (2004), „Bürgerstrafrecht und Feindstrafrecht", in: *HRRS. Aufsätze und Urteilsanmerkungen*, H. 3, S. 88 ff.

Luhmann, Niklas 1992), „Immer noch Bundesrepublik?" in: Ottheim Rammstedt/Gert Schmidt (Hg.), *BRD ade! Vierzig Jahre in Rückansichten*, Frankfurt a. M., S. 95-100.

Mommsen, Wolfgang J. (1979), „‚Wir sind wieder wer.' Wandlungen im politischen Selbstverständnis der Deutschen", in: Jürgen Habermas (Hg.), *Stichworte zur „Geistigen Situation der Zeit"*, Frankfurt a. M., S. 185-209.

Ritter, Henning (2005), „Die alte soziale Frage", in: *Frankfurter Allgemeine Zeitung*, 4. Januar.

Schily, Otto (2004), „‚Ich finde nichts Anstößiges daran, Menschen zurückzuführen'. Interview mit Heribert Prantl", in: *Süddeutsche Zeitung*, 2. August.

Schmitt, Carl (1950), *Der Nomos der Erde im Völkerrecht des Ius Publicum Europaeum*, Berlin.

Schmitt, Carl (1991), *Völkerrechtliche Großraumordnung mit Interventionsverbot für raumfremde Mächte*, Berlin.

Schmitt, Carl (1996), *Der Begriff des Politischen*, Berlin.

The Economist (2004), „Ever higher society, ever harder to ascend", 29. Dezember.

Zu den Autorinnen und Autoren

Alexander Cammann, Jg. 1973, verantwortlicher Redakteur der gesellschaftspolitischen Zeitschrift *vorgänge*. Zuletzt erschienen: (Hg. mit Jens Hacke und Stephan Schlak), Geschichtsgefühl. *Ästhetik & Kommunikation*, Heft 122/123, 34. Jahrgang, Winter 2003.

Robin Celikates, Jg. 1977, Philosoph, Doktorand am Max-Weber-Kolleg in Erfurt und Dozent für Gesellschaftstheorie an der Universität Jena. Zuletzt erschienen: Politik und Polizei. Jacques Rancière zur Logik von Entpolitisierungsprozessen, in: *Texte zur Kunst*, Nr. 55, 2004, S. 114ff.

Frank Decker, Dr., Jg. 1964, Politikwissenschaftler, Professor an der Universität Bonn. Zuletzt erschienen: (Hg.), Föderalismus an der Wegscheide? Optionen und Perspektiven einer Reform der bundesstaatlichen Ordnung, Wiesbaden 2004.

Tobias Dürr, Dr., Jg. 1965, Politikwissenschaftler, Chefredakteur der Zeitschrift *Berliner Republik*. Zuletzt erschienen: (Hg. mit Tanja Busse), Das neue Deutschland. Die Zukunft als Chance, Berlin 2003.

Karsten Fischer, Dr., Jg. 1967, Politikwissenschaftler, wissenschaftlicher Assistent am Institut für Sozialwissenschaften der Humboldt-Universität Berlin. Zuletzt erschienen: (Hg. mit Kai-Uwe Hellmann und Harald Bluhm), Das System der Politik. Niklas Luhmanns politische Theorie, Opladen 2003.

Jens Hacke, Dr. des., Jg. 1973, Historiker und Politikwissenschaftler, wissenschaftlicher Mitarbeiter am Institut für Sozialwissenschaften der Humboldt-Universität Berlin. Zuletzt erschienen: (Hg. mit Alexander Cammann und Stephan Schlak), Geschichtsgefühl. *Ästhetik & Kommunikation*, Heft 122/123, 34. Jahrgang, Winter 2003.

Uffa Jensen, Dr., Jg. 1969, Historiker, DAAD-Fachlektor an der University of Sussex. Zuletzt erschienen: Gebildete Doppelgänger. Juden und Nichtjuden in der bürgerlichen Bildungskultur Berlins, Göttingen 2005.

Habbo Knoch, Dr., Jg. 1969, Historiker, Wissenschaftlicher Assistent am Seminar für Mittlere und Neuere Geschichte der Universität Göttingen. Zuletzt erschienen: (Hg. mit Alexa Geisthövel), Orte der Moderne. Erfahrungswelten des 19. und 20. Jahrhunderts, Frankfurt a. M./New York 2005.

Albrecht von Lucke, Jg. 1967, Jurist und Politologe, Redakteur der Zeitschrift *Blätter für deutsche und internationale Politik*.

Daniel Morat, Jg. 1973, Historiker, Doktorand am Seminar für Mittlere und Neuere Geschichte der Universität Göttingen. Zuletzt erschienen: (Hg. mit Habbo Knoch), Kommunikation als Beobachtung. Medienwandel und Gesellschaftsbilder 1880-1960, München 2003.

Jan-Werner Müller, Dr., Jg. 1970, Politikwissenschafter und Historiker, Assistant Professor of Politics an der University of Princeton, USA. Zuletzt erschienen: A Dangerous Mind. Carl Schmitt in Post-War European Thought, New Haven/London 2003.

Elisabeth Niejahr, Jg. 1965, Diplom-Volkswirtin, Korrespondentin im Hauptstadtbüro der *ZEIT*. Zuletzt erschienen: Alt sind nur die anderen. So werden wir leben, lieben und arbeiten, Frankfurt am Main 2004.

Paul Nolte, Dr., Jg. 1963, Historiker, Professor an der International University Bremen. Zuletzt erschienen: Generation Reform. Jenseits der blockierten Republik, München 2004.

Undine Ruge, Dr., Jg. 1974, Politikwissenschaftlerin, lebt und arbeitet in Berlin. Zuletzt erschienen: Die Erfindung des „Europa der Regionen". Kritische Ideengeschichte eines konservativen Konzepts, Frankfurt am Main/New York 2003.

Hilal Sezgin, Jg. 1970, Philosophin, freie Autorin und Mitarbeiterin der *Frankfurter Rundschau*.

Juli Zeh, Jg. 1974, Juristin, lebt als Schriftstellerin in Leipzig. Zuletzt erschienen: Spieltrieb. Roman, Frankfurt am Main 2004.

Neu im Programm Politikwissenschaft

Neu im Programm
Politikwissenschaft